REVISTA DE DIREITO CIVIL

Ano IV (2019), 1

REVISTA DE DIREITO CIVIL
Ano IV (2019), 1
Diretor: ANTÓNIO MENEZES CORDEIRO

Proprietário: Instituto de Direito Privado – Faculdade de Direito de Lisboa
NIPC 513 319 425
Sede e Redação: Faculdade de Direito de Lisboa – Alameda da Universidade – 1649-014 Lisboa
Editora: Edições Almedina, SA
Rua Fernandes Tomás n.os 76, 78, 80
Telef.: 239 851 904 – Fax: 239 851 901
3000-167 Coimbra – Portugal
editora@almedina.net

Estatuto Editorial
http://www.cidp.pt/Archive/Docs/f977968173669.pdf

Publicação: quatro números anuais
Tiragem: 150 exemplares
Assinatura anual € 77,00 (12,5% de desconto sobre o total dos números avulsos)
Número avulso € 22,00

Coordenação e revisão: Veloso da Cunha

Execução gráfica: DPS - Digital Printing Services, Lda.
MLP – Quinta do Grajal
Venda Seca, 2739-511 Agualva Cacém

Depósito legal: 289864/09
N.° de registo na ERC – 126651

ÍNDICE

Editorial

O ano de 2019 anuncia-se preocupante. A crises internacionais larvares, instiladas pelo terrorismo, pelo desequilíbrio ambiental e pela instabilidade no mundo anglo-saxónico, soma-se uma dificuldade recorrente em fazer prevalecer, na aldeia global, os valores do Direito.

No plano interno, o Direito civil sofre o refluxo da incapacidade do Estado de, em sede própria e com recurso aos meios assistenciais que a Constituição lhe confere, acudir aos problemas sócio-económicos. Com apoio em conceções ideológicas datadas, 2019 abre com uma reforma do arrendamento que retoma – tudo visto – o populismo da II República. A obra iniciada em 1985 (Mário Soares), para reconstituir um mercado de arrendamento e para a sua abertura aos jovens, terá de ser retomada pelas gerações do futuro.

Numa altura em que se confirma, também no País, uma crise ambiental de consequências impensáveis, a *Revista de Direito Civil* reforça o seu rumo: discutir e aprofundar os grandes temas, pondo à disposição do público interessado os progressos mais recentes da Ciência do Direito.

A *Revista de Direito Civil*, de acordo com as boas práticas hoje em crescimento, vai adotar um sistema de revisão prévia dos seus escritos por especialistas ou *peer review*. Mas não basta anunciá-lo: a multiplicação de iniciativas desse tipo, com a subsequente publicação de artigos patentemente desatualizados, a persistir, irá lançar o descrédito na revisão por especialistas. Também neste ponto a *Revista de Direito Civil* marcará a sua posição.

Doutrina

*A mora do credor**

PROF. DOUTOR ANTÓNIO MENEZES CORDEIRO

I – Coordenadas histórico-comparatísticas

1. *Introdução*

I. Na obrigação, o devedor fica adstrito a uma prestação, normalmente a favor do seu credor (397.º)[1]. A prestação, para ser útil, deve ser efetuada num determinado momento ou prazo, a fixar de acordo com certas regras (777.º a 782.º). Se não o fizer por razões que lhe sejam imputáveis, temos mora do devedor: além de outras consequências, este constitui-se na obrigação suplementar de reparar os danos causados ao credor (804.º). Sucede ainda que, na generalidade dos casos, o cumprimento exige alguma colaboração do credor: no mínimo, a aceitação, por este, da própria prestação. Se, sem motivo justifi-

* Destinado aos Estudos Comemorativos do Cinquentenário do Código Civil.

[1] Pertencem ao Código Civil de 1966 os artigos sem indicação da sua fonte.

cado, o credor não a recebe ou não pratica os atos necessários ao cumprimento, há mora do credor, *mora creditoris* ou *mora accipiendi* (813.º). Emergem, daí, determinadas consequências, fixadas na lei (814.º a 816.º).

II. O regime do Código Civil é herdeiro de uma evolução bimilenária. Antecipando: no Direito romano, surgiram algumas situações onde aflorava a mais tarde batizada como *mora accipiendi*. Esta, com desenvolvimentos periféricos, atravessou a glosa, o comentário, a jurisprudência elegante e o *usus modernus*. Coube à pandectística isolar os seus pressupostos e calibrar o regime, em termos que permitiram a sua consagração no Código Civil alemão de 1896/1900 (§§ 293-304). Resultou, daí, um conjunto apreciável de estudos, que procuraram compaginá-la com o Direito comum anterior e com os grandes parâmetros civis. Ponto sensível era o do eventual direito, do devedor, a cumprir.

III. Esclarecidos esses pontos, o desenvolvimento da dogmática obrigacional veio repor velhos problemas e colocar alguns novos. Desta feita, trata-se de articular os parâmetros da mora do credor com a nova e complexa geografia do vínculo obrigacional. A doutrina produziu, nesse domínio, avanços significativos, que cabe reconhecer, aprofundar e divulgar. Valem, além dos hoje dominantes comentários ao Código alemão[2], a monografia, já antiga, de Uwe Hüffer[3], as dimensões multifacetadas da lealdade no contrato, aprofundadas por Marc-Philipp Weller[4], o estudo de Susanne Hähnchen sobre os encargos[5], o escrito cirúrgico de Claus-Wilhelm Canaris quanto à mora do credor e a

[2] Entre os mais recentes: Hannes Unberath, em Heinz Georg Bamberger/Herbert Roth, *Kommentar zum BGB* I, §§ 1-610, 3.ª ed. (2012), §§ 293-304 (1196-1209); Johannes Hager, em Erman, *Bürgerliches Gesetzbuch/Handkommentar* 1, 15.ª ed. (2017), §§ 293-304 (1119-1132); Martin Schmidt-Kessel, no BGB/*Nomos Kommentar* 2/1, *§§ 241-610*, 3.ª ed. (2016), §§ 293-304 (569-594); Cornelia Feldmann, no *Staudingers Kommentar zum BGB*, II – *Recht der Schuldverhältnisse §§ 255-304* (*Leistungsstörungsrecht*, 1) (2014), §§ 293-304 (977-1043); Christian Schubel, em Hans Theodor Soergel, *Kommentar zum BGB*, 212, *Schuldrecht* 1/2, *§§ 243-304*, 13.ª ed. (2014), §§ 293--304 (1062-1099); Wolfgang Ernst, no *Münchener Kommentar zum BGB*, 2, 7.ª ed. (2016), §§ 293-304 (1102-1120); Brigitta Zöchling-Jud, no PWW/BGB, 13.ª ed. (2018), §§ 293-304 (512--519); Christian Grüneberg, no *Palandt Kommentar /BGB*, 77.ª ed. (2019), §§ 293-304 (423-428).

[3] Uwe Hüffer, *Leistungsstörungen durch Gläubigerhandeln/Eine rechtsvergleichende Untersuchung der Mitwirkung des Gläubigers bei der Vertragserfüllung unter besonderer Berücksichtigung der gegenseitigen Verträge* (1976), XVI + 284 pp..

[4] Marc-Philipp Weller, *Die Vertragstreue – Vertragsbindung – Naturalerfüllungsgrundsatz – Leistungstreue* (2009), XXXI + 633 pp..

[5] Susanne Hähnchen, *Obliegenheiten und Nebenpflichten/Eine Untersuchung dieser besonderen Verhaltensanforderungen im Privatversicherungsrecht und im allgemeinen Zivilrecht unter besonderer Berücksichtigung der Dogmengeschichte* (2010), XXI + 351 pp..

impossibilidade[6], a pesquisa de Beckhaus relativa à natureza do cumprimento[7] e a análise de Jürgen Kohler sobre a sequência da resolução e o risco da coisa, na mora do credor[8]. Além disso, ocorrem múltiplos estudos sectoriais com especial incidência no Direito do trabalho[9].

IV. Numa investigação deste tipo, é incontornável a necessidade de pesquisa histórica e comparatística. De outro modo, teremos pura especulação não-científica. Recordamos ainda que, neste como noutros temas civis, os elementos disponíveis são fundamentalmente alemães. Recorrer a outras doutrinas, como veremos, tem sempre interesse: mas pouco adianta quanto a aprofundamentos.

2. *O Código Civil de 1966*

I. O Código Civil de 1966, nos seus artigos 813.° a 816.°, consagrou expressamente a mora do credor[10]. Apoiou-se num anteprojeto de Vaz Serra, de 1955[11] o qual, por seu turno, teve em especial conta a doutrina alemã anterior à 2.ª Guerra Mundial[12].

II. Cinquenta anos volvidos, sabemos hoje que as áreas mais estimulantes do Código Civil e que maiores frutos jurídico-científicos proporcionaram à

[6] Claus-Wilhelm Canaris, *Gläubigerverzug und Unmöglichkeit*, em Liber Amicorum Jürgen Prölss (2009), 21-45.

[7] Gesa Kim Beckhaus, *Die r*
Rechtsnatur der Erfüllung/Eine kritische Betrachtung der Erfüllungstheorien unter besonderer Berücksichtigung der Schuldrechtsmodernisierung (2013), XX + 421 pp..

[8] Jürgen Kohler, *Rücktrittsrechtliche Abwicklung und Sachrisiko im Annahmeverzug*, AcP 218 (2018), 67-108 (102 ss.).

[9] *Vide* as monografias citadas *infra*, notas 111 a 123.

[10] DG I, n.° 274, de 25-nov.-1966, 1955/II-1956/I.

[11] Adriano Vaz Serra, *Mora do credor*, BMJ n.° especial 1955, 375-467.

[12] Vaz Serra cita cerca de 18 autores, dos quais 12 alemães; a obra mais utilizada é o Tratado de Enneccerus/Lehmann (na trad. espanhola), com 55 citações; seguem-se von Tuhr (aliás suíço e na trad. espanhola, com 38 citações), Heck com 11, Kohler com 5, Oertmann com 4, Rosenberg com 3, Crome e Siber, ambos com 2 e Nussbaum, Dernburg, Staub e Titze, com uma cada. Na doutrina italiana, Vaz Serra refere de Ruggiero, com 7 citações e a *Relazione* explicativa do Código Civil de 1942, com 2. A doutrina francesa obteve citações de Saleilles (4) e de Cassin (1). Quanto à portuguesa: ficou representada por Guilherme Moreira, com quatro citações. Este levantamento dá uma imagem quantitativa da matriz jurídico-científica do Código de 1966, na área das obrigações. Quanto à obra seguida de perto por Vaz Serra, no original e na última edição publicada: Ludwig Enneccerus/Heinrich Lehmann, *Recht der Schuldverhältnisse/Ein Lehrbuch*, 15.ª ed. (1958), §§ 57-59 (241-248).

Ciência jurídica lusófona foram as da boa-fé e as dos institutos a ela ligados: *culpa in contrahendo* (227.°), abuso do direito (334.°), alteração das circunstâncias (437.°/1) e deveres acessórios (762.°/2). Estes últimos estão conexionados com a mora do credor, numa equação reforçada pelos demais institutos que se apoiam na boa-fé e no sistema. Mas outros institutos então formalizados têm, também, o maior interesse. Além disso, são comportáveis nalgumas dezenas de páginas. A mora do credor tem esse perfil.

III. A mora do credor está geneticamente ligada à vigorosa receção do sistema romano-germânico e à evolução deste. Ela permite documentar as raízes profundas do Código de 1966 e ilustra a evolução das correntes jurídico-científicas em que ele se apoia. A *mora accipiendi* ilustra ainda, no terreno, os mais recentes avanços jurídico-civilísticos, colocando na mesa os progressos alcançados. Em suma: a mora do credor constitui um bom campo de análise para surpreender o alcance da grande codificação de 1966. Suficientemente delimitado para prevenir meras generalidades, profundo na história e sensível aos parâmetros evolutivos do século XXI, a mora do credor ilustra, a nosso ver, o espírito do cinquentenário.

3. *Direito romano*

I. A mora do credor ou *mora accipiendi* era conhecida no Direito romano[13], tendo obtido monografias[14] e artigos relevantes[15], para além de referências nas obras gerais[16]. Muito citado é um fragmento de Pompónio[17]:

[13] Max Kaser, *Das römische Privatrecht*, I – *Das altrömische, das vorklassische und klassische Recht*, 2.ª ed. (1971), § 119, III (517-519); Martin Pennitz, no HKK/BGB, II/1, §§ 293-304 (2007) (1388-1412), Nr. 5-7 (1392-1395).

[14] Salvatore Riccobono Jr., *Profilo storico della dottrina della mora nel diritto romano*, Annali Palermo XXIX (1962), XVII + 105-458 pp., com muitos textos, p. ex., 432 ss., sobre a mora do credor; Jan Dirk Harte, *Mora debitoris und mora creditoris im klassischen römischen Recht* (2005), 116 pp., 74 ss.. As diversas monografias sobre a mora do credor, publicadas no século XIX e nos inícios do século XX e abaixo citadas, contemplam, sempre, o Direito romano. Com especial relevo, antecipamos Carl Otto von Madai, *Die Lehre von der Mora/Dargestellt nach Grundsätzen des Römischen Rechts* (1837), XXXII + 518 pp., 227 ss..

[15] Max Kaser, *Mora accipiendi*, PWRE (1933), 272-277; Peter Apathy, *Mora accipiendi und Schadensersatz*, SZRom 101 (1984), 193-204.

[16] Como exemplos: Heinrich Siber, *Römisches Recht und Grundzügen für die Vorlesung*, II – *Römisches Privatrecht* (1929), IV + 457 pp., § 95 (258-260); Herbert Hausmaninger/Walter Selb, *Römisches Privatrecht*, 9.ª ed. (2001), 313-314.

[17] Pompónio, D. 19.1.3.4. = Okko Behrends e outros, *Corpus iuris civilis/Text und Übersetzung* III (1999), 517.

Mora autem videtur esse, si nulla difficultas venditorem impediat, quo minus traderet, praesertim si omni tempore paratus fuit tradere [Considera-se haver mora (do credor) quando o vendedor, não havendo dificuldade que o impeça, seja impedido, pelo comprador, de fazer a entrega já aprontada].

II. A presença da *mora creditoris* é ainda percetível em Ulpiano, D. 13.5.18, em Marcelo, D. 46.3.72 e em Paulo, D. 45.1.91.3. Outros textos podem ser aduzidos[18].

III. Os pressupostos da *mora creditoris* incluíam uma oferta de pagamento ou, em certos casos, a disponibilidade do objeto da prestação, quando coubesse ao credor recuperá-lo. Todavia, insiste-se em que o credor não estava adstrito a receber a prestação[19]. Caso não o fizesse, o devedor mantinha-se vinculado, mas em termos mais lassos: apenas responderia por dolo[20]. Tratando-se de dinheiro, o devedor poderia depositá-lo num local público, assim se liberando[21]. Cabia a cessação de juros, embora seja controverso que ela ocorresse antes do depósito[22]. Os danos causados ao devedor eram indemnizados, em certas circunstâncias, cabendo um direito de retenção pela cifra a haver, através de uma *exceptio doli*[23]. A *mora creditoris* cessava com a aceitação da prestação pelo credor ou pela efetivação, da parte deste, da colaboração necessária para o cumprimento[24].

IV. Particularidades romanas eram a hipótese de abandono liberatório ou direito à justiça própria (*Selbsthilfe*). A hipótese surge documentada através de Ulpiano, D. 18.6.1.4 e da possibilidade, aí referida, de o devedor de certa quantidade de vinho, havendo mora do credor, poder derramá-la, quando necessitasse das vasilhas para a nova colheita[25].

V. Na base de fragmentos romanos, é possível reconstruir um sistema quase atual de mora do credor. Essa reconstrução não deve fazer perder de vista a realidade jurídico-científica romana: não havia um sistema do tipo dos atuais, mas tão-só soluções casuísticas equilibradas. Com o tempo, elas permitiram o

[18] Martin Pennitz, no HKK/BGB cit., III/1, §§ 293-304, Nr. 5-7 (1392-1393).

[19] Max Kaser, *Das römische Privatrecht* cit., I, 2.ª ed., § 119, III, 1 (517).

[20] Pompónio, D. 18.6.18 = Okko Behrends e outros cit., III, 508.

[21] Gaio 13.3.4 = Okko Behrends e outros cit., III, 144.

[22] Max Kaser, *Das römische Privatrecht* cit., I, 2.ª ed., § 119, III (518).

[23] Celso, D. 19.1.38.1 = Okko Behrends e outros cit., III, 543-544.

[24] Pompónio, D. 18.6.18 = Okko Behrends e outros cit., III, 508-509.

[25] Ulpiano, D. 18.6.1.4 = Okko Behrends e outros cit., III, 502.

estabelecimento de um esquema coerente, que apenas no BGB ganharia uma consagração expressa.

II – **Evolução histórica**

4. ***Da glosa aos códigos racionalistas***

I. No período intermédio, influências cristãs e uma preocupação de tutelar o credor provocaram uma visão diversa da *mora creditoris*. Num primeiro momento, o Direito vulgar interpretou mal a *mora accipiendi*. No fundamental, preocupou-se com a hipótese de o mutuante atrasar o pagamento, para receber juros suplementares[26]. A receção do *corpus iuris civilis* reanimou o Direito clássico. A glosa ao fragmento D. 19.1.3.4, levou à afirmação de que o credor não incorreria em mora se o devedor não oferecesse efetivamente a prestação. D. 19.1.15. pr., por seu turno, indicaria que, se a mora do devedor derivasse de uma declaração de que não iria cumprir, a do credor implicaria que este anunciasse não ir aceitar a prestação[27].

II. Rica em consequências no progresso subsequente foi a evolução ocorrida no sentido da tutela do credor. A mora deste passou a implicar, do seu lado, uma conduta consciente e censurável, isto é, a *culpa*[28].

III. Consideremos, agora, a jurisprudência elegante, que deu corpo à sistemática humanista. Cuiacius (Jacques Cujas, 1522-1590) aponta a mora do devedor a par da do credor: a frustração no dar ou no receber o que é devido[29].

Donellus (Hugues Doneau, 1527-1591), assinala a mora do credor que recuse a prestação: o devedor ficaria liberado se, sem dolo da sua parte, a coisa devida viesse a perecer[30].

[26] MAX KASER, *Das römische Privatrecht*, II – *Die nachklassischen Entwicklungen*, 2.ª ed. (1975), § 259, III (359).

[27] MARTIN PENNITZ, no HKK/BGB cit., III/1, §§ 293-304, Nr. 8 (1396). Diversas indicações podem ainda ser vistas em JOHANNES BERTACHINI, *Reportorium* 2 (1525), 259 v..

[28] HERMANN DILCHER, *Die Theorie der Leistungsstörungen bei Glossatoren, Kommentatoren und Kanonisten* (1960), 300 pp., 167 ss., 169-172; rec. ULRICH VON LÜBTOW, AcP 156 (1962), 544-549.

[29] JACOBUS CUIACIUS, *Com. de actionib. empt. Lib. XIX Digest.* (séc. XVI) = *Opera* VII (ed. Modena, 1779), 724.

[30] HUGO DONELLUS, *Com. ad tit. dig. de usuris et mora* (finais do séc. XVI) = *Opera omnia*, X, ed., Macerata (1832), 1458 (98-100).

IV. Na escola do Direito atual, cabe relevar Christian Wolff. Este Autor vai mais longe do que o *mos gallicus*: parte do princípio de que o credor está adstrito a aceitar a prestação oferecida em boa e devida ordem; assim, o *accipere recusare* representaria a violação de um dever[31]. O devedor poderia, para além da consignação em depósito, pedir a compensação por danos e por perda de lucros[32]. Também von Martini (1726-1800) sustentou que a indevida recusa do credor em aceitar a prestação poderia ocasionar pretensões de indemnização[33]. Daries, contudo, ficava-se pela possibilidade de consignação[34], sendo, nesse ponto, retomado por Höpfner[35].

V. O *Codex Maximilianeus Bavaricus* (1756) distinguia, na oferta da prestação (oblação), entre a *oblatio solennis* e a *minus solennis* ou *verbalis*[36]: *presentes já no usus modernus*, a primeira reportava-se a dinheiro e a móveis, os quais implicavam depois a consignação em depósito, para haver liberação, enquanto a segunda era exigida para imóveis. Em ambas as hipóteses era requerido que, conscientemente, o credor recusasse a prestação devida.

O *Allgemeines Landrecht* prussiano (1794) introduziu o conceito unitário de *Zögerung* [atraso, mora], correspondendo a uma demora ilícita e culposa na execução da prestação e que tanto poderia ocorrer por causa imputável ao devedor como ao credor (I, 16, §§ 15-17 e 26)[37]. Apesar de não desenvolver um regime específico para a mora do credor, o ALR permitia que, por via doutrinária e para além da hipótese de consignação em depósito, ficassem acessíveis as demais consequências, como a suspensão dos juros e a indemnização pelos danos[38].

O ABGB austríaco de 1811, fechando este ciclo, tratou em separado as moras do devedor e do credor. Todavia, o § 1419 limitou-se a mencionar as

[31] Christian Wolff, *Ius naturae methodo scientifica pertractatum*, V – *De contractibus onerosis reliquis* (1745), §§ 727 ss.. (509 ss.).
[32] *Idem*, V, § 738 (516-517).
[33] Karl Anton von Martini, *Positiones de lege naturali* (1780), § 578 (133).
[34] Joachim Georg Daries, *Institutiones Iurisprudentiae privatae Romano-germanicae* (1749), §§ 645 (321).
[35] Ludwig J. F. Höpfner, *Theoretisch-practischer Commentar über die Heineccischen Institutionen*, 7.ª ed. (1803), § 755 (833).
[36] Wigulaeus Xaverius Aloysius von Kreittmayer, *Anmerkungen über den Codicem Maximilianeum bavaricum civilem* IV (1765, 8.ª ed., inalterada, 1821), cap. 14, § 16 (687-688).
[37] A. J. Mankopff, *Allgemeines Landrecht für die Preussischen Staaten* II (1837), 166-167; F. Wilhelm Bornemann, *Systematische Darstellung des Preussischen Civilrechts mit Benutzung der Materialien des Allgemeinen Landrechts* II (1834), § 186 (558-561).
[38] F. Wilhelm Boremann, *Sistematische Darstellung des Preussischen Civilrechts* cit., II, § 187 (569).

consequências ilícitas da mora do credor[39], em termos indeterminados. A doutrina sublinha a desnecessidade de culpa, para que o sistema opere.

VI. Inserindo nesta sequência o Código Civil francês ou Código Napoleão (1804), cumpre constatar que o mesmo não se ocupou da mora do credor[40]. O tema aparece, apenas, a propósito da consignação em depósito: a oferta infrutífera de cumprimento é reduzida a um dos requisitos dessa forma de extinguir obrigações.

5. *A pandectística e a evolução doutrinária do século XIX*

I. A pandectística do século XIX, tomada como um regresso às fontes romanas, introduziu uma série de dúvidas nas águas aparentemente tranquilas da mora do credor. Numa primeira fase, manteve-se a linha jusracionalista de uma consideração unificada de mora, desdobrada pela do devedor e pela do credor. Glück (1755-1831), representa essa linha, ainda nos finais do século XVIII, limitando-se a exigir que o credor não aceite sem uma justificação conforme com o Direito (*ohne rechtsmässige Ursache*)[41].

Thibaut (1772-1840) explica claramente que a mora pode ocorrer pelo lado do devedor ou pelo do credor (*mora accipiendi*)[42]. Nesta última eventualidade, o devedor: (1) fica livre de sanções; (2) só responde por dolo ou culpa grave, correndo o risco por conta do credor; (3) pode usar a *exceptio non adimpleti contractus*; (4) havendo diversos valores em jogo, o credor só pode, ulteriormente, exigir o menor[43]. Não obstante, o devedor manter-se-ia obrigado, mau grado a voz dissonante de Zimmern, segundo o qual o devedor ficaria, de imediato, liberado[44].

[39] Johannes Stabentheiner, em Andeas Kletečka/Martin Schauer, *Kommentar zum Allgemeinen bürgerlichen Gesetzbuch* (2010), § 1419, Nr. 3 (3791); Helmut Koziol, em Helmut Koziol/Peter Bydlinski/Raimund Bollenberger, *Kurzkommentar zum ABGB*, 4.ª ed. (2014), § 1419 (1748-1750); Andreas Mair, em Michael Schwimann, *ABGB/Taschenkommentar* (2015), § 1419, Nr. 3 (1514).

[40] *Vide* Raymond Saleilles, *Essai d'une générale de l'obligation: d'après le projet de Code civil allemand* (1890), n.º 38 (30-31).

[41] Christian Friedrich von Glück, *Pandecten* IV (1796), § 328 (402). Quanto a Glück, *vide* Alessandro Hirata, *Die Vollendung des usus modernus pandectarum: Christian Friedrich von Glück (1755-1831)*, SZRom 123 (2006), 330-342.

[42] Anton Fredrich Justus Thibaut, *System des Pandekten Rechts* 1, 5.ª ed. (1818), § 102 (75).

[43] *Idem*, § 103 (78).

[44] S. Zimmern, *In wie fern wird eine Forderung durch des Gläubigers Verzug getilgt?*, AcP 3 (1820), 121-131 (123).

II. Seguiu-se a época das monografias de grande porte, que permitiram aprofundar os diversos temas civis. No campo da mora, cabe assinalar a de von Madai (1809-1850) e a de Wolff (1813-1888). Von Madai, num cuidado escrito sobre a mora, é levado a analisar a do devedor[45] e a do credor[46]. Esta última ocasionaria, fundamentalmente, a transferência do risco para o credor: o devedor apenas responderia por dolo ou por *culpa lata*[47]. *O Autor examina, de seguida, diversas outras consequências da mora creditoris*, tal como apresentadas pela doutrina da época[48]. Ponto prévio importante: a mora do credor (assim como a do devedor) exigia a culpa, resultante de violação do vínculo[49]. Wolff tomou uma posição similar[50]. Derivou, destas opções, a teoria da culpa, no tocante à mora do credor. Fazemos ainda referência a uma publicação de Ernst sobre a mora, onde a do credor vem referenciada[51].

III. A teoria da culpa assenta no pressuposto da ilicitude da conduta do credor: este estaria adstrito ao recebimento da prestação. Tal orientação foi contrariada por outro grande obrigacionista dos meados do século XIX: Friedrich Mommsen (1818-1892)[52]. Este Autor aponta uma diferença de fundo entre a mora do devedor e a do credor: o primeiro incorre numa efetiva violação de uma obrigação, o que não sucede com o segundo. A mora do devedor emerge da simples inação. Já a do credor requer uma manifestação de vontade da parte deste: mas não a culpa, com diversas consequências no regime. Com efeito, o credor está numa posição de domínio (*Herrschaft*): o devedor não tem uma pretensão ao cumprimento: a sua mora emerge da recusa arbitrária do cumprimento[53], presente numa declaração de vontade, expressa ou tácita[54]. Temos a teoria da vontade.

[45] Carl Otto von Madai, *Die Lehre von der Mora/Dargestellt nach Grundsätzen des Römischen Rechts* (1837), XXXII + 518 pp., 28 ss..

[46] *Idem*, 449-473.

[47] *Idem*, § 63 (452-461).

[48] *Idem*, § 64 (462-473).

[49] *Idem*, § 2 (14-15) e § 36 (228).

[50] Carl Wilhelm Wolff, *Zur Lehre der Mora: eine civilistische Versuch* (1841), XVI + 516 pp., § 31 (405-406); esta obra está digitalizada na Bayerische Staatsbibliothek.

[51] Max Ernst, *Rechtshistorische Begründung der mora* (1882), 68 pp., 60-65; esta obra está digitalizada no Max Planck Institut de Frankfurt.

[52] Friedrich Mommsen, *Die Lehre von der Mora, nebst Beiträgen zur Lehre von der Culpa* (1855), XII + 438 pp..

[53] *Idem*, § 14 (134-135).

[54] *Idem*, § 17 (160-161).

IV. O passo seguinte coube a Josef Kohler (1849-1919). Este Autor sublinha que o devedor suporta – o que não é justo – as consequências da não-aceitação do cumprimento, mesmo quando o credor não tenha culpa[55]. A *mora creditoris* não requer, assim, qualquer pressuposto subjetivo: trata-se, antes, de uma questão de risco, o qual corre pelo titular do direito[56]. Chamar-lhe-emos a teoria do risco. Com isto, temos fechado o grande ciclo evolutivo que permitiu a arrumação da mora do credor no BGB e, subsequentemente, nos diversos ordenamentos romano-germânicos, entre os quais o nosso.

V. Esta evolução foi-se refletindo nos clássicos pandectistas, ainda que de modo sumariado. Puchta (1798-1846) agrupa numa rubrica sobre a mora quer a do devedor, quer a do credor, sem enfocar a diferença estrutural entre ambas as situações[57]. Vangerow (1808-1870) sublinha a necessidade de culpa, em qualquer situação de mora[58]. Arndts (1803-1878) considera haver mora do credor quando este, sem fundamento jurídico, recuse ou impeça a prestação[59]. Wendt (1846-1911) sublinha a necessidade de colaboração do credor, em determinados cumprimentos[60]. Afigura-se ocorrer um progresso no sentido da mora do credor como o produto da inobservância objetiva do papel a este confiado pelo Direito. Todavia, nas vésperas da apresentação do BGB, ocorreu um certo retrocesso referido de seguida.

VI. Windscheid (1817-1892), nas suas *Pandekten*, ainda conservou o princípio da culpa do credor, para a constituição deste em mora[61]. Curiosamente, seria uma intervenção de Windscheid, de sinal contrário, que levaria à consagração, no BGB, de uma orientação objetivista[62]. Também Dernburg (1829-

[55] Josef Kohler, *Annahme und Annahmeverzug/Eine civilistische Abhandlung*, JhJb 17 (1879), 261--426 (269-270 e 409 ss.); *idem*, *Zwölf Studien zum Bürgerlichen Gesetzbuch*, III – *Der Gläubigerverzug*, AbürgR 13 (1897), 149-295 (160 ss.).

[56] *Idem*, 410 e *passim*.

[57] Georg Friedrich Puchta, *Pandekten*, 7.ª ed. (1853), §§ 268-269 (399-404, especialmente 403-404).

[58] Karl Adolph von Vangerow, *Lehrbuch der Pandekten* 3, 7.ª ed. (1876), § 588 (184).

[59] Ludwig Arndts Ritter von Arnesberg, *Lehrbuch der Pandekten*, 9.ª ed. (1877), § 251 (432-433).

[60] Otto Wendt, *Lehrbuch der Pandekten* (1888), § 232 (560).

[61] Bernard Windscheid, *Lehrbuch des Pandektenrechtes* II, 9.ª ed. (1906), § 345, 441-449 (446).

[62] Horst Heinrich Jakobs/Werner Schubert, *Die Beratung des Bürgerlichen Gesetzbuchs in systematischer Zusammenstellung der unveröffentlichen Quellen/Recht der Schuldverhältnisse*, II, *§§ 433 bis 651* (1985), § 293, 331-334 (331); Martin Pennitz, HKK/BGB cit., II/1, §§ 293-304, Nr. 18 (1403-1404).

-1907) se ocupou da mora do credor[63], subscrevendo igualmente a teoria da culpa[64].

VII. Ainda neste período, cumpre referir a monografia do austríaco Freiherr von Schey (1853-1938). Neste escrito, o Autor percorre a evolução doutrinária de língua alemã, com focagem nas teorias de Mommsen e de Kohler[65]. Acaba por se fixar na necessidade de culpa do credor: este não violaria nenhum direito mas antes o princípio de não prejudicar outrem[66]. O livro do Freiherr von Schey foi objeto de uma recensão importante de Demelius (1831-1891), que coloca a questão cardeal: a mora do devedor e a do credor abrem no mesmo campo[67]? A resposta tende para a negativa.

6. *O ciclo doutrinário do BGB*

I. O surgimento do BGB provocou um surto de estudos sobre a matéria. Ainda na fase do projeto, temos a monografia maciça de Hirsch. Este Autor, em torno da revisão da doutrina da mora do credor, analisa os diversos pontos do seu regime no Direito romano[68] e no Direito comum[69], passando depois ao projeto do BGB[70]. Também significativa é a monografia de Koch: apresenta a mora do credor como a não-aceitação ilícita da prestação[71] e desenvolve os meandros do seu regime[72].

[63] Heinrich Dernburg/Johannes Biermann, *Pandekten*, II – *Obligationenrecht*, 7.ª ed. (1903), § 43 (119-122).

[64] *Idem*, 121.

[65] Josef Freiherr von Schey, *Begriff und Wesen der Mora Creditoris im österreichischen und im gemeinen Recht/Eine civilistische Untersuchung* (1884), VI + 132 pp., 20-29.

[66] *Idem*, §§ 11-13 (56-81) e §§ 15-16 (91-106, 105).

[67] Gustav Demelius, rec. a Josef Freiherr von Schey, *Begriff und Wesen der Mora Creditoris*, GrünhutsZ 13 (1886), 457-464.

[68] Paul Hirsch, *Zur Revision der Lehre vom Gläubigerverzuge* (1895), VII + 303 pp., §§ 2 ss. (18 ss.).

[69] *Idem*, §§ 9 ss. (168 ss.), quanto à sua essência; 236-237, quanto à desnecessidade da culpa do credor.

[70] *Idem*, 238 ss..

[71] Richard Koch, *Die mora creditoris* (1895), 91 pp., § 1, 7.

[72] *Idem*, 45-83 e 84-86.

II. Com a aprovação do BGB, em 1896, os escritos multiplicaram-se. Confrontámos os de Rehbein[73], de Wentrup[74], de Munck[75], de Henrici[76], de Schignitz[77], de Duncker[78] e de Wachsner[79]. Também nesta ocasião surgem os primeiros comentários ao então jovem BGB[80], enquanto Kuhlenbeck, em obra de transição, considera a mora do credor, ao contrário da do devedor, como uma pura "previsão objetiva" independente de culpa[81].

III. A entrada em vigor do BGB deu azo a um novo surto de estudos sobre a mora do credor. Analisámos Bernstein[82], Rosenberg[83] Carl Purper[84], Char-

[73] Georg Rehbein, *Mora debitoris/eine Studie zum Bürgerlichen Gesetzbuch* (1897), 84 pp., 7 ss. (Direito comum) e 50 ss. (BGB).

[74] Adolf Wentrup, *Der Gläubigerverzug im B.G.B.* (1899), III + 58 pp., 2-33 (pressupostos), 34-57 (efeitos) e 57-58 (cessação).

[75] Walter Munck, *Wesen und Voraussetzung der mora creditoris Im Gemeinen Rechte und Im Bürgerlichen Gesetzbuche Für Das Deutsche Reich: Eine Vergleichende Studie* (1898), 72 pp..

[76] Ferdinand Henrici, *Die Vorraussetzungen der "mora creditoris" nach gemeinem Recht und nach dem deutschen bürgerlichen Gesetzbuch (§§ 293-299 B. G. B.)* (1899), 43 pp., com particular interesse pela análise feita sobre o tema da culpa (35-43) e sobre os diversos autores que a requerem. Considera (39) que a aceitação é um direito do credor e não um dever.

[77] Paul Schignitz, *Inwieweit ist zur Erfüllung einer Obligation die Mitwirkung des Gläubigers erforderlich?* (1899), 32 pp., digitalizado na Bayerische Staatsbibliothek, estudando a natureza da colaboração do credor (28 ss.).

[78] Carl Duncker, *Die Voraussetzungen des Annahmeverzuges nach gemeinem Rechte und dem Rechte des Bürgerlichen Gesetzbuchs für das Deutsche Reich* (1899), 50 pp., 12 ss. (Direito comum) e 34 ss. (BGB). O tema da culpa é ponderado (26 ss.).

[79] Josef Wachsner, *Voraussetzungen und Wirkungen des Annahmeverzuges/nach gemeinem und dem bürgerlichen Gesetzbuche* (1899), VIII + 78 pp..

[80] P. ex., Friedrich Schollmeyer, *Recht der Schuldverhältnisse*, I – *Allgemeiner Theil des Rechts der Schuldverhältnisse, §§ 241-432* (1900), §§ 293-304 (135-149).

[81] Ludwig Kuhlenbeck, *Von den Pandekten zum Bürgerlichen Gesetzbuch* II (1899), § 14 (108-113).

[82] Benno Bernstein, *Die mora creditoris nach Gemeinem Rechte und dem Rechte des Burgerlichen Gesetbuchs für das Deutsche Reich* (1900), 60 pp., especialmente § 36 (36 ss.), onde considera a hipótese da culpa.

[83] Leo Rosenberg, *Der Verzug des Gläubigers/Voraussetzungen und Wirkungen nach dem B.G.B. unter Berücksichtigung des gemeinen Rechts*, JhJb 43 (1901), 141-298, 146 ss. (pressupostos) e 209 ss. (efeitos).

[84] Carl Purper, *Der Gläubigerverzug im Bürgerlichen Gesetzbuch* (1901), 91 pp., poderando os pressupostos de ambas as partes (5-39 e 39-56, quanto ao devedor e ao credor, respetivamente), bem como os seus efeitos (56-75).

mak[85], Carl[86], Wenz[87], Wolffenstein[88], Block[89] e Klein[90]. Observa-se, ainda, o aparecimento de estudos mais especializados que ponderam a mora do credor em situações específicas, como a venda por iniciativa do devedor[91], a mora do credor nas obrigações conjuntas (Fuehr[92]) e nas genéricas (Merzinger[93] e Meier[94]), no seu confronto com situações de impossibilidade, com escritos de Boer[95], de Epstein[96], de Oertmann[97] e de Krückmann[98]. O tema foi retomado em função das especialidades de diversos contratos, como a compra e venda

[85] Martin Charmak, *Mora accipiendi nach gemeinem Recht und Gläubigerverzug nach Bürgerlichem Gesetz-Buch* (1902), 102 ss., com interesse no tocante ao tema da eventual culpa do credor (47 ss.), ainda então requerida pela doutrina dominante.

[86] Friedrich Carl, *Der Gläubigerverzug unter besonderer Berücksichtigung des Verschulders* (1902), 63 pp., especialmente virada para o estudo da culpa (23 ss.), que perdeu espaço no BGB (42).

[87] Erwin Wenz, *Die Voraussetzungen des Gläubigerverzuges nach dem Rechte des B.G.B. für das Deutsche Reich* (1902), 87 pp..

[88] Emil Wolffenstein, *Mora accipiendi des gemeinen Rechts und Gläubigerverzug des bürgerlichen Gesetzbuchs* (1902), VI + 84 pp., ponderando o tema no Direito comum (3 ss.) e no BGB (41 ss.).

[89] Johannes Block, *Die Voraussetzungen der mora creditoris nach gemeinem Rechte und dem Rechte des Bürgerlichen Gesetzbuchs für das Deutsche Reich* (1904), X + 30 pp., analisando os pressupostos (4 ss.) e a culpa (19 ss.), mantendo, com múltiplas citações (28, nota 42), que a posição dominante requer a culpa.

[90] Karl Klein, *Der Annahmeverzug/nach heutigem bürgerlichem Rechte* (1907), 65 pp., ponderando a culpa e a mudança operada no BGB, com referência aos *Motive* (39 ss.).

[91] Georg Heymann, *Die rechtliche Natur des Selbst hülfeverkaufs bei Gläubigerverzug/nach Handelrecht vor und nach den 1-Januar 1900* (1900), 61 pp., com o desenvolvimento histórico (11-20) e a sua natureza (20-60); Alfred Curt Gareis, *Die Eigenart des Selbsthilfeverkaufs bei Annahmeverzug des Gläubigers* (1904), IX + 72 pp., referindo, além da História (1 ss.), a posição do BGB (14 ss.).

[92] Alexander Fuehr, *Erfüllungs- und Annahme- Verzug in Gesamtschuldverhältnissen: nach gemeinem Recht und dem Rechte des Bürgerlichen Gesetzbuches* (1900), VI + 55 pp., especialmente § 18 (40-43) e § 19 (43-45), quanto ao BGB.

[93] Franz Merzinger, *Das Verhältnis von Konzentration und Annahmeverzug bei der Gattungsschuld* (1902), X + 81 pp., 14 ss. (pressupostos) e 66 ss. (efeitos).

[94] Georg Meier, *Der Gläubigerverzug bei einer Gattungsschuld* (1929), VII + 59 pp., 11 ss. (natureza da mora), 19 ss. (natureza da dívida de género), 26 ss. (concentração) e 51 ss. (passagem do risco).

[95] Friedrich Boer, *Leistungsunmöglichkeit und Annahmeverzug: zur Frage des Zusammentreffens beider* (1909), 56 pp., ponderando se o bloqueio da aceitação é equivalente ao da atividade do devedor – § 3 (15 ss.) –, se a prestação impossível pode ser oferecida – § 6 (25 ss.) – e quais as consequências envolvidas – § 14 (49 ss.): um escrito também publicado em Gruchot 54 (1910), 493-530.

[96] Berthold Epstein, *Der Gläubigerverzug bei unmöglichen Leistungen* (1910), X + 94 pp., analisando a possibilidade da prestação, em face dos pressupostos necessários da mora do credor (22 ss.) e apontando a nova tendência para dispensar a culpa do credor.

[97] Paul Oertmann, *Leistungsmöglichkeiten und Annahmeverzug*, AcP 116 (1918), 1-50.

[98] Paul Krückmann, *Unmöglichkeit der Leistung und Annahmeverzug*, LZ 1926, 10-18; deste artigo resultou nova intervenção de Paul Krückmann, *Leistungsmöglichkeiten und Annahmeverzug*, LZ 1927, 1177-1184.

comercial (Barth[99] e Adler[100]), na promessa de mútuo (Jaeger[101]) e na prestação de serviço, por parte do servido (Harenne[102] e Leonhardi[103]), numa crescente aproximação à problemática laboral.

IV. Neste surto doutrinário que acompanhou o BGB, cumpre mencionar análises históricas (germanísticas) (Heuer)[104] e comparatísticos (Michel)[105]. Mais tarde, cabe ainda apontar Ernst Schenker[106]. Em síntese, podemos considerar que o ciclo doutrinário que acompanhou o BGB, muito vincado quanto aos diversos institutos civis, foi particularmente intenso no tocante à mora do credor. Embora os parâmetros materiais subjacentes só viessem a ser esclarecidos um século mais tarde, mormente no seu reportar à doutrina do risco e à técnica do manuseio dos deveres acessórios, a passagem da mora do credor da órbita da culpa/ilicitude para a da imputação objetiva foi-se processando, com o abandono da dimensão ética da *mora creditoris*: hoje retomada. O regime adaptou-se a esse novo paradigma, em termos que iremos considerar.

7. ***O BGB; áreas sensíveis***

I. Na preparação do BGB, a comissão preparatória foi confrontada com a necessidade de optar: seja quanto à inserção sistemática da matéria, seja quanto

[99] Emil Adolf Barth, *Sonderrechte des Verkäufers bei Annahmeverzug des Käufers nach BGB § 373* (1907), IX + 52 pp., 7 ss. (pressupostos), 14 ss. (consignação) e 28 ss. e 46 ss. (venda pelo próprio).

[100] Karl Adler, *Der Annahmeverzug des Käufers beim Handelskauf*, ZHR 71 (1912), 449-551 (463), que vê na não entrega do devedor da mercadoria uma violação do dever de colaboração.

[101] Rolf L. Jaeger, *Annahmeverzug beim Darlehnsvorvertrag nach Bürgerlichem Gesetzbuch* (1910), 55 pp., onde se debate (virtualmente) o tema da natureza real ou não real do mútuo (9 ss.) e depois do da mora do tomador do mútuo.

[102] Albert von Harenne, *Der Annahmeverzug des Dienstberechtigten und verwandte Fälle* (1911), 108 pp., 16 ss. (natureza), 29 ss. (pressupostos), 65 ss. (possibilidade da prestação) e 94 ss. (efeitos).

[103] Rudolf Leonhardi, *Unmöglichkeit der Leistung und Gläubigerverzug im Falle der Entlassung eines Dienstverpflichteten durch den Dienstberechtigten* (1912), VIII + 38 pp, num tratamento espoletado pela denúncia sem fundamento.

[104] Peter Heuer, *Die Annahmeverzug im älteren deutschen Privatrecht*, em Konrad Beyerle, *Deutschrechtliche Beiträge/Forschung und Quellen zur Geschichte des Deutschen Rechts* (1911), 1-96, 11 ss. (pressupostos) e 44 ss. (efeitos); Heuer sustenta ser já tradição, no antigo Direito alemão, prescindir da culpa do credor (39 ss.).

[105] Johannes Michel, *Der Annahmeverzug im mitteleuropäischen Privatrecht* (s/d, mas 1919), VII + + 79 pp., focando a dispensa de culpa (3 ss.) e aludindo aos Direitos alemão (22 ss.), suíço (29 ss.), austríaco (43 ss.), francês (56 ss.) e inglês (69 ss.).

[106] Ernst Schenker, *Erfüllungsbereitschaft und Erfüllungsangebot/Zur Lehre vom Gläubigerverzug*, JhJb 79 (1928/29), 141-196 (145: o credor omite uma conduta devida para o cumprimento atempado).

à teoria que iria presidir ao regime: a da culpa, a da vontade ou a do risco. Quanto ao primeiro ponto, ficou entendido que a mora do devedor e a do credor não eram manifestações paralelas de um mesmo fenómeno mas, antes, realidades próprias, distintas entre si[107]. E assim, enquanto a mora do devedor ficou inserida num vasto título sobre o dever de prestar (§§ 241 a 292), hoje, mais precisamente, no § 286[108], a mora do credor preenche um título próprio: o da mora do credor (§§ 293 a 304). No tocante ao segundo ponto, o § 293 limita-se a dispor que:

> O credor incorre em mora, quando ele não aceite a prestação que lhe seja oferecida.

Não se fez qualquer referência à necessidade de culpa ou de ilicitude, por parte do credor. Ficou aberta a porta à teoria do risco, em termos que a doutrina ulterior iria explicitando, temperando o preceito com a da necessidade de colaboração do credor[109].

II. Com efeito, no século subsequente à sua entrada em vigor – hoje, já lá vão quase 120 anos – o dispositivo do BGB sobre a mora do credor viu alargar e precisar o seu âmbito de aplicação. Desde logo, a (pelo menos aparente) supressão de elementos subjetivos obrigou a (re)definir a fronteira entre a mora do credor e a impossibilidade da prestação. O problema, conquanto que debatido em geral[110], ganhou um relevo marcado na área do Direito do trabalho: apontamos Trautmann[111], Bier[112], Gündell[113] e Heynen[114], numa primeira fase.

[107] Horst Heinrich Jakobs/Werner Schubert, *Die Beratung des Bürgerlichen Gesetzbuchs* cit., § 293, 331-334 (332).

[108] Inicialmente, a matéria surgia no § 284; *vide* Helmut Heinrichs, no Palandt, *Kommentar zum BGB*, 42.ª ed. (1983), § 284 (327-329); a atual numeração adveio da reforma de 2000/2001.

[109] Ernst Schenker, *Erfüllungsbereitschaft und Erfüllungsangebot/Zur Lehre vom Gläubigerverzug*, JhJb 79 (1928-1929), 141-196 (142 ss., 151).

[110] *Vide supra*, notas 95 e 96.

[111] Paul Trautmann, *Unmöglichkeit der Leistung und Annahmeverzug beim Arbeitsvertrag*, Gruchot 59 (1915), 434-464.

[112] Karl Bier, *Unmöglichkeit der Leistung und Annahmeverzug beim Arbeitsvertrag (Ein Beitrag zur Lehre von der Gefahrtragung beim Arbeitsprozess)* (1921), em *Auszüge aus den Doktor-Dissertationen der Rechtswissenschaftlichen Fakultät der Universität Frankfurt a. Main* (1921-1922), 55-59.

[113] Günther von Gündell, *Leistungsunmöglichkeit und Annahmeverzug beim Arbeitsvertrag* (1921), 66 pp., com resumo nos *Auszüge aus Doktor-Dissertationen der Rechts- und wissenschaftlicher Fakultät der Georg August-Universität Göttingen* (1922), 8 pp..

[114] Paul Heynen, *Annahmeverzug beim Arbeitsvertrag*, em *Auszüge aus Doktor-Dissertationen, Rechtswissenschaftliche Fakultät der Universität Köln* (1922), 3, 87-88.

Delimita-se, nesses escritos, a mora do credor – portanto: a não-aceitação, pelo empregador, da prestação laboral – pela impossibilidade: onde esta ocorresse, não haveria espaço para aquela.

III. Numa segunda fase, já em face de uma ponderação jurisprudencial apreciável e tendo ainda em conta o peso dogmático dos direitos de personalidade, manteve-se uma produção de monografias nesta área. Foram compulsados Haas[115], Schroeder[116], Staab[117], Stoppelkamp[118], Waas[119], Winderlich[120], Bopf[121] e François[122]. Um apanhado jurisprudencial (neste momento) recente pode ser confrontado em Boemke[123]. Surgiram ainda, no segundo pós-guerra, estudos sobre aspetos parcelares como a dos credores de obrigações (título de crédito), de von Caemmerer[124] e a da empreitada, de Erman[125].

[115] Ulrich Haas, *Die Abgrenzung zwischen Annahmeverzug und Unmöglichkeit im Arbeitsrecht* (1963), 91 pp., recordando os deveres fundamentais das partes (4 ss.), as relações entre a mora do credor e a impossibilidade da prestação (23 ss.), a delimitação de ambas (32 ss.) e a necessidade de regras laborais (88 ss.).

[116] Hennig Schroeder, *Schuldner- und Gläubigerverzug im Arbeitsverhältnis* (1971), XXXI + 207 pp., percorrendo a aplicação básica do BGB às relações de trabalho (8 ss.), a natureza e os limites da mora do credor no BGB (52 ss.) e a delimitação entre ela e a impossibilidade (54 ss.).

[117] Lothar Staab, *Rechtsfragen zum Annahmeverzug des Arbeitsgebers* (1992), XII + 227 pp. + XIII + + XXXII, onde ocorrem a aplicação do BGB ao Direito do trabalho (6 ss.), o direito do trabalhador à ocupação efetiva (9 ss.) e os pressupostos da mora do credor no direito do trabalho (85 ss.).

[118] Berthold Stoppelkamp, *Annahmeverzug im Arbeitsverhältnis* (1993), XLI + 174 pp., ponderando a mora do credor e a impossibilidade já com recurso à teoria das esferas (7 ss.) e analisando aquela mesma mora (74 ss.), com um resumo (170 ss.).

[119] Bernd Waas, *Rechtsfragen des Annahmeverzugs bei Kündigung durch den Arbeitgeber*, NZA 1994, 151-158.

[120] Ute Winderlich, *Der Annahmeverzug des Arbeitsgebers: eine Studie unter besonderer Berücksichtigung der Rechtsprechung seit 1980* (1994), 322 pp., justamente em dados jurisprudenciais.

[121] Lars Michel Bopf, *Der Annahmeverzug des Arbeitsverhältnis* (2004), LXXXIX + 393 pp..

[122] Hendrick François, *Annahmeverzug des Arbeitsgebers unter besonderer Berücksichtigung eines Prozessbeschäftigungsverhältnisses* (2012), 267 pp.: pressupostos na mora do credor na relação de trabalho (55 ss.); inexigibilidade da aceitação da prestação de trabalho, por via do § 242 do BGB (boa-fé); termo da mora (111 ss.); procedimento (175 ss.).

[123] Berkhard Boemke, *Aktuelle Fragen des Annahmeverzuges*, RdA 2017, 192-199.

[124] Ernst von Caemmerer, *Anleiheschulden und Einlössungsmittel*, JZ 1951, 740-745 (742 ss.).

[125] Walter Erman, *Der Sphärengedanke und Gesichtspunkt für die Verteilung der Preisgefahr beim Werkvertrag*, JZ 1965, 657-661.

8. *Os códigos vigentes: francês, alemão e italiano*

I. Como adiantado, o Código Civil francês de 1804 não referia a mora do credor. Apesar de esta ser conhecida, designadamente pelos autores que tinham acesso à literatura alemã[126], não encontramos, no Direito civil francês, senão referência à *mise en demeure du débiteur*[127]. A reforma de 2016 alterou este estado de coisas, prevendo expressamente a mora do credor[128]: artigos 1345.° a 1345.°-3. Dispõe o primeiro parágrafo do referido artigo 1345.°:

> Quando o credor, aquando do vencimento e sem motivo legítimo, recuse receber o pagamento que lhe é devido ou, por facto seu, o impeça, o devedor pode pô-lo em mora de o aceitar ou de permitir a sua execução.

Passados dois meses e a manter-se a situação, o devedor pode recorrer ao depósito ou, sendo este impossível, vender em leilão o objeto da prestação, com autorização do juiz (1345.°/1).

II. O BGB, nos termos já referidos, ocupa-se expressamente da mora do credor, dedicando-lhe um título próprio e separando totalmente a matéria da da mora do devedor.

Recorrendo às epígrafes oficialmente introduzidas na reforma de 2000/2001, temos: § 293 (mora do credor); § 294 (oferta efetiva); § 295 (oferta verbal); § 296 (dispensa de oferta); § 297 (insolvência do devedor); § 298 [prestação e contraprestação simultâneas (*Zug-um-Zug-Leistungen*)]; § 299 (impedimento antecipado de aceitação); § 300 (efeitos da mora do credor); § 301 (direito à cessão dos juros); § 302 (despesas); § 303 (direito à cessão de posse); § 304 (indemnização por maiores despesas).

[126] *Vide supra*, nota 40, quanto a Raymond Saleilles; como exemplo, também Louis Josserand, *Cours de droit civil positif français* II (1933), n.° 865 (466).

[127] A não-aceitação da prestação, pelo credor, abria as portas à consignação. Sobre o sistema francês da mora do credor: Uwe Hüffer, *Leistungsstörungen durch Gläubigerhandeln* cit., 61-66, 95-96 e *passim*.

[128] Gaël Chantepie/Mathias Latina, *La reforme du droit des obligations/Commentaire théorique et pratique dans l'ordre du Code civil* (2016), 834-843; Barthélemy Mercadal, *Reforme du droit des contrats* (2016), 302-304; Cristophe Alleaume, em Thibaut Douville (org.), *La reforme du Droit des contrats/Commentaire article par article* (2006), 360-362.

III. O Código italiano de 1865 era pouco explícito, quanto à mora do credor. Apenas previa a consignação e alguns efeitos conexos. A figura era bem conhecida, seja pelo Direito romano[129], seja por influência alemã[130].

Pode-se considerar que o essencial da doutrina alemã relativa à mora do credor obteve acolhimento em Itália[131], tendo expressão no Código Civil de 1942. Este diploma dedicou, à mora do credor, a secção III do capítulo relativo ao cumprimento das obrigações (1206.° a 1217.°) e portanto: separadamente da mora do devedor, versada a propósito do incumprimento das obrigações, na secção subsequente. A mora ocorre quando (1206.°) o credor:

> (...) sem motivo legítimo, não receba o pagamento oferecido nos modos indicados nos artigos seguintes ou não cumpra quanto é necessário para que o devedor possa cumprir a obrigação.

Posto isso, temos:

> 1207.° (efeitos); 1208.° (requisitos para a validade da oferta); 1209.° (oferta real e oferta por intimação); 1210.° (faculdade de depósito e seus efeitos liberatórios); 1211.° (coisas perecíveis ou de conservação custosa); 1212.° (requisitos do depósito); 1213.° (revogação do depósito); 1214.° (oferta conforme com os usos e depósito); 1215.° (despesas); 1216.° (intimação para receber a entrega de um imóvel); 1217.° (obrigações de *facere*).

A doutrina italiana tem-se especialmente aplicado na fixação de fronteiras entre a mora do credor e a impossibilidade da prestação[132]. O facto de, ao contrário do modelo alemão, o Código italiano requerer, para a mora do credor, que o mesmo recuse "*senza motivo legittimo*" (1206.°), não conduziu, em face da doutrina, a soluções particularmente diferentes[133]. O mesmo sucede, como veremos, à luz do nosso Código Civil de 1966.

[129] Alberto Montel, *Mora (diritto romano)*, NDI VIII (1939), 741-743 (742).

[130] Alberto Montel, *Mora (diritto civile)*, NDI VIII (1939), 743-750, n.° 12 (748); *vide* Uwe Hüffer, *Leistungsstörungen durch Gläubigerhandeln* cit., 99.

[131] Alberto Ravazzoni, *Mora del creditore*, NssDI X (1964), 901-904; Giovanni Giacobbe, *Mora del creditore (diritto civile)*, ED XXVI (1976), 947-976.

[132] Giovanni Stella, *Impossibilità della prestazione per fatto imputabile al creditore* (1995), 351 pp., 35 ss.; Raffaele Picaro, *L'impossibilità sopravvenuta della prestazione per fatto del creditore* (2012), 351 pp., 189 ss..

[133] Uwe Hüffer, *Leistungstörung durch Gläubigerhandeln* cit., 100.

III – O Direito português

9. *Antecedentes até à preparação do Código Civil*

I. O fenómeno da mora do credor era conhecido pelo Direito comum, anterior à codificação civil. Basta ver que a *mora creditoris* constava da glosa, do comentário e dos diversos jurisprudentes europeus, conhecidos pela literatura nacional. Merece uma referência especial Mackeldey (1784-1834), cujo manual de Direito romano[134], traduzido em francês[135], tivera grande influência em Coelho da Rocha e na evolução subsequente[136].

Mackeldey distinguia, na mora, a do devedor e a do credor: esta última ocorreria caso o credor recusasse a oferta da prestação ou ainda quando não desse os elementos necessários para o cumprimento ou não comparecesse no momento e no local combinados para a execução. A culpa era dispensável. Como consequência: o devedor só responderia por dolo, enquanto o risco reverteria para o credor[137].

II. Coelho da Rocha (1793-1850) acolheu quase à letra os trechos pertinentes de Mackeldey, quanto à mora do credor[138]:

Móra é o retardamento da execução da obrigação. Póde provir ou da parte do devedor, quando este não satisfaz a obrigação no tempo em que devia; ou da parte do crédor, que a não quis aceitar. O effeito da primeira é continuar a obrigação e ficar o devedor responsavel aos fructos, perdas e interesses; ainda as do acaso, se não provar que esse acaso aconteceria egualmente, estando a cousa em poder do crédor: bem como sujeito á pena convencional, á rescisão do contracto ou a outros effeitos que se estipulassem (...). A segunda allivia o devedor de toda a responsabilidade, excepto do dólo. (...)

[134] Em especial: Ferdinand Mackeldey, *Lehrbuch des heutigen Römischen Rechts*, 1.ª ed. (1814), usado na tradução abaixo referida; confrontamos a 9.ª ed. de 1833, em dois volumes, pouco alterada em relação à de 1814.

[135] F. Mackeldey, *Manuel de Droit Romain, contenant la théorie des institutions*, trad. de J. Beving, 3.ª ed. (1846).

[136] *Vide* o nosso *Tratado de Direito civil* I, 4.ª ed. (2012), 172.

[137] F. Mackeldey, *Manuel de Droit Romain* cit., 3.ª ed., §§ 381-382 (195-194); na 9.ª ed. alemã cit., 2, §§ 345-346 (172-175).

[138] Manuel António Coelho da Rocha, *Instituições de Direito civil portuguez* 1, 2.ª ed. (1842), § 127 (1, 75).

III. Mau grado a clareza da pré-codificação, o Código de Seabra (1867) não foi sensível à mora do credor. De resto, a própria mora do devedor não obteve um tratamento claro e explícito: o seu regime era construído na base de diversos preceitos esparsos pelo seu texto[139]. Quanto à mora do credor, a doutrina nacional, sensibilizada no período da pré-codificação, não deixa de lhe fazer referência. Encontramos, nesse domínio, desenvolvimentos de Guilherme Moreira[140], de Paulo Cunha[141], de Manuel de Andrade[142] e de Inocêncio Galvão Telles[143]. Temos, ainda, a monografia não publicada, de António Dias Coelho, de 1947, sobre esse tema[144]. A mora do credor dependia – seguindo Galvão Telles – de dois pressupostos: (1) a oferta da prestação; (2) a recusa de aceitação ou, pelo menos, falta de cooperação por parte do credor. Quanto aos efeitos: (1) o devedor não incorre em responsabilidade; (2) o devedor adquire o direito de exonerar-se pela consignação em depósito; (3) o credor deve suportar os maiores danos resultantes da mora.

IV. Deve dizer-se que, apesar da omissão do Código de Seabra, a doutrina da mora do credor esteve condignamente representada na doutrina anterior a 1966. Guilherme Moreira, Paulo Cunha, Inocêncio Galvão Telles e Manuel de Andrade deram-lhe uma atenção compaginável com o desenvolvimento de Além-Reno. Questões como a da eventual necessidade de culpa do credor nem chegaram a colocar-se. O tema estava maduro para a codificação seguinte.

10. ***O anteprojeto de Vaz Serra e as revisões ministeriais***

I. O tema da mora do credor originou, no âmbito da preparação do Código Civil, o já mencionado estudo preparatório de Vaz Serra (1955)[145]. Também com adiantado, esse estudo baseou-se, fundamentalmente, na literatura alemã

[139] Inocêncio Galvão Telles, *Manual de Direito das obrigações*, 2.ª ed. (1965), 178-181. *Vide* Orlando Andrade Martins Leitão, *A mora do devedor* (1946, dact.), 177 pp..

[140] Guilherme Moreira, *Instituições de Direito civil* II (1907), n.º 39 (143-145), que, por via doutrinária, fixa o não-agravamento da posição do devedor e a transferência do risco para o credor.

[141] Paulo Cunha, *Direito das obrigações*, por Margarida Pimentel Saraiva/Orlando Garcia-Blanco Courrège (1938-1939), 336-343, já com uma verdadeira teoria geral da matéria.

[142] Manuel de Andrade, *Teoria geral das obrigações*, 3.ª ed. (1965), n.º 48 (430-440); Francisco Pereira Coelho, em *As Obrigações/Aditamentos à Teoria Geral das Obrigações de Manuel de Andrade* (1963-1964), 507 pp., não complementa essa matéria

[143] Inocêncio Galvão Telles, *Manual de Direito das obrigações* cit., 2.ª ed., 174-177.

[144] António Dias Coelho, *Da mora do credor* (1948, dact.), 141 pp.

[145] *Supra*, nota 11.

anterior à II Guerra Mundial, com relevo para Enneccerus/Lehamnn, para Andreas von Tuhr e para Philipp Heck. O próprio BGB esteve sempre presente. Vaz Serra concluiu o seu estudo com um anteprojeto de articulado em doze artigos, bastante extensos[146].

São eles: 1.° (requisitos); 2.° (impossibilidade da prestação e mora do credor); 3.° (requisitos/continuação); 4.° (requisitos/continuação); 5.° (requisitos/continuação); 6.° (requisitos/continuação); 7.° (efeitos); 8.° (efeitos); 9.° (efeitos); 10.° (efeitos); 11.° (quando começam os efeitos); 12.° (extinção).

A matéria segue os trilhos conhecidos, sendo de reter o artigo 6.°/1[147]:

A mora do credor não pressupõe a culpa deste, mas sim que o credor deixou, sem motivo legítimo objectivo, de prestar o acto de cooperação necessário para a prestação.

Deve notar-se que o escrito de Vaz Serra surgiu, em 1955, numa altura em que estavam por elaborar os diversos estudos relativos ao cumprimento. Isso explica o lato desenvolvimento dado à matéria.

II. O próprio Vaz Serra, no seu anteprojeto global de Direito das obrigações, sintetizou significativamente o espaço a dar à mora do credor: sete artigos, com o teor seguinte[148]:

108.° (requisitos); 109.° (impossibilidade da prestação e mora do credor); 110.° (oferecimento); 111.° (oferecimento); 112.° (efeitos); 113.° (quando começam os efeitos); 114.° (extinção).

III. O texto mantinha preceitos relativos ao cumprimento e aspetos conexos, que melhor ficariam na competente rubrica. Assim, a 1.ª Revisão Ministerial reduziu o articulado relativo à mora do devedor a quatro preceitos, cujo teor transcrevemos[149]:

[146] Adriano Vaz Serra, *Mora do credor* cit., 459-467.

[147] *Idem*, 463.

[148] Adriano Vaz Serra, *Direito das obrigações*, BMJ 98 (1960), 13-128 (85-90).

[149] *Código Civil/Livro II – Direito das obrigações*, BMJ 119 (1962), 204-205.

Artigo 798.º
(*Requisitos da mora*)

O credor incorre em mora quando, sem motivo legítimo, se recusa a aceitar a prestação ou não pratica os demais actos que lhe incumbe realizar para o devedor poder cumprir a obrigação.

Artigo 799.º
(*Atenuação da responsabilidade do devedor*)

1. A partir da mora do credor, o devedor apenas responde, quanto ao objecto da prestação, pelo seu dolo ou culpa lata; relativamente aos proventos da coisa, só responde também pelos que hajam sido percebidos.
2. Durante a mora do credor, a dívida deixa de vencer juros, quer legais, quer voluntários.

Artigo 800.º
(*Risco*)

1. A mora faz recair sobre o credor o risco da impossibilidade superveniente da prestação, que resulte de facto não imputável a dolo ou culpa lata do devedor.
2. Quando se trate de contrato bilateral, o credor que, estando em mora, perca total ou parcialmente o seu crédito, por impossibilidade superveniente da prestação, não fica desobrigado da contraprestação, embora nesta deva ser deduzido o valor que o devedor haja lucrado, por se libertar total ou parcialmente do cumprimento da prestação.

Artigo 801.º
(*Indemnização*)

O credor em mora tem de indemnizar as maiores despesas que o devedor haja feito com o oferecimento infrutífero da prestação e com a guarda e conservação do respectivo objecto.

IV. Na 2.ª Revisão Ministerial[150] e no Projeto definitivo[151], a matéria conheceu, fundamentalmente, alterações formais. Todavia, assinalamos a equiparação, constante do artigo 799.º da 1.ª Revisão Ministerial, acima transcrito, do dolo à culpa lata: esta última, sem justificação, desapareceu na 2.ª Revisão

[150] Cujo texto pode ser confrontado em Jacinto Rodrigues Bastos, *Das obrigações em geral* VI (1973), 116, 119, 121 e 124.
[151] *Projecto de Código Civil* (1966), 238.

Ministerial (814.º). No Projeto definitivo, o artigo 816.º introduziu o futuro "indemnizará", contra as diretrizes estilísticas aprovadas para o Código Civil.

V. Mau grado o fundo romano-germânico subjacente ao Código Civil de 1966, em cuja orientação foi decisivo o estudo de Vaz Serra, deve esclarecer-se que a redação final, patente nas revisões ministeriais, revela uma forte inspiração no Código italiano de 1942. Assim, o artigo 813.º reproduz, quase à letra, o artigo 1206.º do Código italiano, enquanto os artigos 814.º, 815.º e 816.º equivalem aos diversos números do artigo 1207.º daquele Código.

11. *O panorama doutrinário*

I. Após a publicação e a entrada em vigor do Código Civil de 1966, temos, desde logo, a assinalar as referências que, à mora do credor (813.º a 816.º), são feitas nas anotações de Pires de Lima e Antunes Varela[152]. Outros códigos anotados reportam os preceitos e algumas considerações.

II. Seguem-se as menções constantes das obras gerais de Direito das obrigações: Fernando Pessoa Jorge[153], Inocêncio Galvão Telles[154], João Antunes Varela[155], Mário Júlio de Almeida Costa[156], Jorge Ribeiro de Faria[157] e nós próprios[158]. Mais recentemente assinalamos Luís Menezes Leitão[159], Brandão Proença[160], Pinto Oliveira[161] e o nosso *Tratado de Direito civil*[162].

[152] Fernando Andrade Pires de Lima/João de Matos Antunes Varela, *Código Civil Anotado* II, 1.ª ed. (1968), 60-64; II, 2.ª ed. (1981), 75-79; II, 3.ª ed. (1986), 86-90 e II, 4.ª ed. (1997), 84-88.

[153] Fernando Pessoa Jorge, *Lições de Direito das obrigações* 1 (1967), n.º 168 (364-365).

[154] Inocêncio Galvão Telles, *Direito das obrigações*, 7.ª ed. (1997), 313-323.

[155] João Antunes Varela, *Direito das obrigações em geral* II, 7.ª ed. (1997), 160-168.

[156] Mário Júlio de Almeida Costa, *Direito das obrigações*, 9.ª ed. (2001), 1006-1011 e 12.ª ed. (2009), 1079-1084.

[157] Jorge Ribeiro de Faria, *Direito das obrigações* (1988), n.º 64 (476-493).

[158] *Direito das obrigações* 2 (1980), 451-456.

[159] Luís Menezes Leitão, *Direito das obrigações* II, 12.ª ed. (2018), 243-249.

[160] José Carlos Brandão Proença, *Lições de cumprimento e não cumprimento das obrigações* (2011), 195-208.

[161] Nuno Manuel Pinto Oliveira, *Princípios de Direito dos contratos* (2011), 467-487.

[162] *Tratado de Direito civil* IX, 3.ª ed. (2017), 246-252.

III. De especial relevância são os escritos de Baptista Machado[163], de Rita Lynce de Faria[164], de Diogo Leite de Campos[165] e de Maria de Lurdes Pereira[166]. Referimos, ainda, a monografia de Irene de Seiça Girão[167].

12. *A jurisprudência*

I. A jurisprudência relativa à mora do credor não é especialmente numerosa. Deixamos de fora as espécies relativas à consignação em depósito. Embora elevantes, elas não têm, diretamente, a ver com o objeto do presente estudo.

II. Limitando-nos a uma amostragem significativa de decisões do século XXI, afigura-se adequado sumariá-las desde já: a benefício de uma ulterior utilização doutrinária. Assim:

RPT 18-mai.-2000: há mora do credor quando um rendeiro ofereça a renda a uma filha do senhorio, a qual recusa: este deveria ter deixado instruções para o recebimento[168];
RPt 11-jul.-2000: havendo mora do credor, não vencem juros[169];
STJ 9-abr.-2002: cai em mora o credor que não aceite a garantia que se veio a provar corresponder à exata responsabilidade do devedor[170];
RPt 21-nov.-2005: se o dono não faculta o acesso do empreiteiro à obra, há mora do credor quanto aos remédios destinados a corrigir vícios, assim se eximindo o empreiteiro a responsabilidades[171];
RLx 8-fev.-2007: a mora do credor é independente da culpa deste[172];

[163] João Baptista Machado, *Risco contratual e mora do credor (Risco da perda do valor-utilidade ou do rendimento da prestação e de desperdício da capacidade de prestar vinculada)*, RLJ 116 (1983), 166-171, 194-198, 225-227, RLJ 116 (1984), 293-297, 334-337 e 357-260 e RLJ 117 (1984), 13-16 e 41-45, em especial RLJ 116, 357-360 e 117, 44-45 = João Baptista Machado, *Obra dispersa* I (1991), 257-343.
[164] Rita Lynce de Faria, *A mora do credor* (2000), 83 pp., versando os afins (10 ss.), os pressupostos (15 ss.) e os efeitos (39 ss.).
[165] Diogo Leite de Campos, *Da responsabilidade do credor e a fase de incumprimento*, ROA 52 (1992), 853-868: embora sem se reportar diretamente à mora do credor, este escrito refere deveres acessórios que lhe incumbem.
[166] Maria de Lurdes Pereira, *Conceito de prestação e destino da contraprestação* (2001), 287 ss..
[167] Irene de Seiça Girão, *Dever de cooperação e mora do credor* (2014, dact.), 511 pp..
[168] RPT 18-mai.-2000 (Leonel Serôdio), Proc. 0030539.
[169] RPt 11-jul.-2000 (Emídio Costa), Proc. 0021190.
[170] STJ 9-abr.-2002 (Faria Antunes), Proc. 02A425.
[171] RPt 21-nov.-2005 (Fonseca Ramos), Proc. 0555628.
[172] RLx 8-fev.-2007 (Ezagüy Martins), Proc. 349/2007.

RPt 1-jul.-2008: alinha os requisitos da mora do credor[173];

RLx 4-jun.-2009: o locador que não entrega a chave do locado ao locatário incorre em mora de credor quanto à obrigação de ocupação do local[174];

RCb 10-nov.-2009: o credor que não liquide o crédito, dizendo ao devedor qual o seu montante, entra em mora[175];

RLx 10-nov.-2009: havendo mora do credor, o risco cambial corre por conta deste[176];

RCb 17-nov.-2009: não basta uma recusa de colaboração, por parte do credor; antes é necessário que essa colaboração fosse essencial para o cumprimento[177];

RLx 20-abr.-2010: há mora do credor se o dono da obra não facultar o acesso do local ao empreiteiro[178];

RCb 24-abr.-2012: a mora do credor, traduzida na recusa do recebimento, não extingue a obrigação; apenas conduz às consequências previstas nos artigos 814.° a 816.°[179];

RLx 1-mar.-2013: havendo mora do credor no domínio de uma promessa unilateral, não há possibilidade de consignação em depósito; o devedor não se desvincula; mas pode cessar o interesse creditício[180];

STJ 14-jan.-2015: para haver mora do credor, não basta qualquer recusa de colaboração; têm de estar em causa atos de cooperação necessária; para o caso: não se provou que a desmontagem de um veículo fosse essencial para realizar uma peritagem[181];

RPt 14-jun.-2016: a mora do credor deriva da falta de uma atuação necessária para o cumprimento, da parte deste[182].

IV – **Regime**

13. ***Pressupostos***

I. Os pressupostos da mora do credor são, essencialmente: (1) uma obrigação vencida; (2) a oferta juridicamente adequada de cumprimento; (3) a recusa dessa oferta ou a omissão da conduta necessária para o seu acolhimento; (4) a

173 RPt 1-jul.-2008 (Guerra Banha), Proc. 0727057.

174 RLx 4-jun.-2009 (Vaz Gomes), Proc. 24943/03.

175 RCb 10-nov.-2009 (Arlindo Oliveira), Proc. 4292/06.

176 RLx 10-nov.-2009 (Abrantes Geraldes), Proc. 83/2002.

177 RCb 17-nov.-2009 (Távora Vítor), Proc. 25/07.

178 RLx 20-abr.-2010 (Rosa Ribeiro Coelho), Proc. 254/10.

179 RCb 24-abr.-2012 (Teles Pereira), Proc. 1207/09.

180 RLx 1-mar.-2013 (Vaz Gomes), Proc. 4181/09.

181 STJ 14-jan.-2015 (Fonseca Ramos), Proc. 511/11.

182 RPt 14-jun.-2016 (Anabela Dias da Silva), Proc. 2511/14.

falta de justificação para esse procedimento; (5) a manutenção da obrigação; (6) a colocação em mora.

II. A obrigação deve estar vencida, no sentido de ter chegado o momento no qual o devedor devia realizar a prestação. Há, aqui, que jogar com as diversas regras relativas ao prazo da prestação[183]. Nos casos em que a determinação desse prazo caiba ao devedor, designadamente na presença de obrigações puras (777.°/1), *cum potuerit* (778.°/1) ou *cum voluerit* (777.°/2), manda a boa-fé (762.°/2) que o devedor previna o credor, com a antecedência adequada, de que irá realizar a prestação: para que ele a possa receber ou colaborar, se necessário, para o seu acolhimento. O mesmo sucede se o próprio devedor já estiver em mora ou se, por caso fortuito, o cumprimento tiver sido retardado.

III. A oferta deve ser juridicamente adequada. Operam os princípios da correspondência[184] e da integralidade[185] (763.°/1), sendo ainda assegurada a legitimidade do próprio credor. Aproveitando as categorias tradicionais de *oblationes* e dependendo das circunstâncias, a oferta pode ser: (1) real, mediante a entrega da coisa devida; (2) simbólica, através de um ato (a entrega da chave, como exemplo) que a represente; (3) presencial, mercê da disponibilidade física para executar a prestação devida; (4) verbal, através da manifestação, expressa ou tácita da intenção de prestar; (5) solicitante, sempre que implique o pedido, ao credor, de que efetue o necessário para acolher a atuação do devedor. A oferta, no fundo, equivalerá ao desenrolar do programa previsto pelo vínculo obrigacional, até ao limiar da esfera de domínio do credor.

IV. O credor, mau grado a idoneidade da oferta, recusa o seu recebimento ou omite as atuações que lhe caibam para a concretização desse recebimento. A recusa pode exprimir-se de modo expresso (não aceito!) ou tácito (nada faço para a aceitar). Quanto à omissão das atuações devidas: insiste a jurisprudência em que devem estar em causa atos essenciais (disponibilizar a obra, permitir a entrada em casa, entregar o automóvel para reparar ou determinar a própria prestação, quando isso caiba ao credor) e não meras atuações facilitadoras. Não cabe insistir em adjetivações. A prestação tem-se como recusada ou a colaboração necessária por omitida quando: (1) o devedor não se possa desempenhar com segurança, quer em relação à sua pessoa e ao seu património, quer quanto à integralidade da prestação, sem majorações de esforço; (2) de acordo com as

[183] *Vide* o nosso *Tratado de Direito civil* cit., IX, 3.ª ed., 78 ss..
[184] *Idem*, 75.
[185] *Idem*, 76.

representações dominantes, se deva entender que há recusa ou que não estão reunidas as condições requeridas ao próprio credor. A doutrina pós-pandectística não exige, para a mora do credor, um ato deliberado deste: basta um motivo a ele atinente. O artigo 841.°/1, relativo à consignação em depósito, contrapõe o "motivo relativo à pessoa do credor" à mora do credor. Como veremos, não se trata de realidades contrapostas: apenas subsequentes.

V. A situação de bloqueio não pode ser justificada. Este ponto não comporta a interpretação lata que por vezes se lhe atribui, uma vez que é hoje pacífica a desnecessidade de culpa do credor, isto é, de culpa-ilicitude. Assim, este não pode escudar-se em causas de justificação (estado de necessidade ou conflito de deveres, por exemplo) ou de escusa (acompanhou o cônjuge doente, também por exemplo). Relativamente ao devedor, tudo isso é *res inter alios*. Apenas justifica o bloqueio *ex creditore* o facto relativo à própria prestação: parcialidade, falta de qualidade ou realização em circunstâncias que, *contra bonam fidem*, lhe retirem a sua utilidade; desrespeito pelo prazo fixado a favor do credor, pagamento por terceiro quando tal não seja permitido, desconsideração do lugar do cumprimento ou violação de deveres acessórios que ao caso caibam.

VI. O tema da "justificação" para a não-aceitação da prestação levantou, entre nós, dúvidas doutrinárias. O problema foi espoletado por Baptista Machado, segundo o qual o credor que não receba a prestação ou não dê a colaboração necessária para a sua realização, por força de contingência inesperada que disso o impeça, não se coloca na situação de mora prevista no artigo 813.°[186]. Isso porquanto este preceito, ao usar "motivo justificado", colocaria a mora do credor fora de simples esferas de risco: a favor da respondência pelas condutas de cada um[187]. Baptista Machado infere, daí, que as situações nas quais o devedor não possa cumprir por facto do credor, mas que tenham uma "justificação" no próprio credor (doenças súbitas ou bloqueio justificado), ficariam fora da norma do artigo 813.°: mas não sendo justo recorrer ao artigo 795.°/1[188]. Propõe uma "extensão teleológica" do artigo 813.° a tais situações, agora investido em regimes de risco[189]. A orientação de Baptista Machado, finamente cinzelada, parte do "motivo justificado" presente no artigo 813.°. Esta locução, até por contraste com o § 293 do BGB, acaba por implicar que o credor tenha agido sem cobertura legal. Subentende-se que

[186] João Baptista Machado, *Risco contratual e mora do credor* cit., RLJ 116, 358/I.

[187] *Idem*, 358/II-359/I.

[188] *Idem*, RLJ 117, 44-45.

[189] *Vide* o resumo da posição de Baptista Machado em Rita Lynce de Faria, *A mora do credor* cit., 63-65.

com (alguma) culpa. Baptista Machado obteve uma certa sensibilidade de Brandão Proença[190] e de Pinto Oliveira[191].

De facto, o debate tem subjacente o postulado de que o credor, para ser penalizado, deve ter "culpa". Mas como seria injusto colocar na esfera de risco do devedor eventualidades ocorridas na do credor, faz-se a extensão. Afigura-se-nos (hoje) que o problema deve ser equacionado à luz de deveres acessórios e das doutrinas do encargo e da ilicitude imperfeita, abaixo explanada.

VII. Mau grado a recusa ou a não-colaboração do devedor, é necessário que a obrigação se mantenha. À partida, ela não se extingue, pela (mera) mora do credor. Mas pode cessar, por impossibilidade – a prestação só era viável naquele preciso momento – ou por desinteresse objetivo: o devedor ia entregar uma ceia e não lhe abriram a porta. Hoje, é pacífico que, salvo impossibilitação, a obrigação fica fragilizada, mas não se extingue *ipso iure*. Isso sucederá, por hipótese, havendo subsequente consignação em depósito ou a atuação de alguns dos esquemas alternativos, abaixo tratados.

VIII. Finalmente, pressupõe-se que o credor seja colocado em mora. Isso pode suceder de modo automático (*mora ex re*), se houver um prazo prefixado ou se este resultar do concreto regime aplicável ou da natureza das coisas (*mora ex natura*). Noutras ocorrências, como sucederá com obrigações puras, com prestações *cum potuerit* ou *cum voluerit*, o credor tem de se aperceber da oferta (como oferta, reportada a determinada obrigação) ou de ser avisado, por qualquer forma, pelo devedor. Não se exige, a este, uma especial sensibilização do credor: apenas um esforço razoável, doseado pela boa-fé (762.°/2), para lhe levar, ao conhecimento, o ocorrido. Sem isso, a prestação não pode ser realizada por motivo atinente ao credor, mas não há ainda mora. Assim se compreende a afirmação, acima adiantada, de que as duas situações figuradas no artigo 841.°/1, *a*) e *b*), quanto à consignação em depósito (portanto: o não se poder realizar a prestação por motivo atinente à pessoa do credor e a mora do mesmo credor), não são contrapostas, mas consequenciais: primeiro a não-realização *creditoris causa* e segundo, a mora.

IX. Os seis requisitos alinhados foram-no para efeitos de estudo. Na prática, eles tendem a ocorrer num conjunto, de tal modo que apenas sobressaem a oferta e a recusa. Caso a caso haverá que sindicar o sucedido.

[190] José Carlos Brandão Proença, *Lições de cumprimento e não cumprimento* cit., 200 ss., especialmente 208.

[191] Nuno Manuel Pinto Oliveira, *Princípios de Direito dos contratos* cit., 482 ss..

X. O regime dos artigos 813.° a 816.° do Código Civil é o regime geral. Em princípio, as regras de impossibilidade delimitam-no negativamente. Todavia, há que atender aos regimes próprios dos diversos tipos contratuais[192]: um exercício que ultrapassa o presente escrito.

14. *Efeitos básicos; a modificação da obrigação*

I. A mora do credor tem três efeitos básicos: (1) modifica a obrigação; (2) origina novos deveres a cargo do credor; (3) faz nascer, na esfera do devedor, o direito potestativo de consignar em depósito ou, mais latamente, de fazer cessar a obrigação. Vamos ver.

II. A obrigação modifica-se em cinco pontos:

(a) o devedor responde apenas por dolo e não – como é regra – por dolo ou negligência (814.°/1, 1.ª parte); de acordo com as boas regras, há que equiparar, ao dolo, a *culpa lata* ou negligência grosseira; de outro modo, a matéria seria insindicável[193], enquanto as valorações jurídicas são idênticas[194]; todavia, deve entender-se que o aligeiramento da responsabilidade recai sobre os deveres relacionados com a execução da obrigação[195]; não, por exemplo, um dever acessório relativo à segurança do credor o qual, provindo do sistema, se mantém intacto;
(b) o devedor apenas deve dar conta, ao credor, dos frutos efetivamente percebidos (814°/1) e não dos frutos que seriam obtidos por um proprietário diligente (1271.°), como sucederia se não houvesse mora do credor;
(c) o credor perde o direito aos juros, legais ou convencionados, vencidos depois da mora (814°/2);
(d) qualquer impossibilidade superveniente da prestação vai ser suportada pelo credor, incluindo a impossibilidade devida a negligência do devedor; há, pois, uma intensificação do risco por conta do credor;

[192] Claus-Wilhelm Canaris, *Gläubigerverzug und Unmöglichkeit* cit., 44-45 e *passim*.
[193] O devedor parte a jarra objeto da prestação: foi dolo ou negligência grosseira? Nenhum tribunal humano saberá responder.
[194] O devedor deixa na rua um automóvel de coleção que o credor recusou; os emblemas são furtados: não responde?
[195] Barbara Grunewald, *Der Umfang der Haftungsmilderung für den Schuldner im Annahmeverzug des Gläubigers*, FS Claus-Wilhelm Canaris 1 (2007), 329-335 (335).

(e) em obrigações recíprocas, a impossibilidade da prestação do credor em mora não o exonera do dever de prestar, sem prejuízo do disposto no final do artigo 815°/2: qualquer benefício que o devedor retire da extinção da obrigação (p. ex., o seguro) deve ser descontado na contraprestação em jogo.

III. A modificação ocasionada pela mora não é de tipo quantitativo, equivalendo à supressão de uns quantos deveres e ao recorte de algumas margens de risco. Estamos antes em face de uma alteração qualitativa do vínculo preexistente, implicando uma redefinição dos deveres acessórios, do risco, dos poderes e dos encargos. O vínculo derivado de um contrato mantém essa sua origem, mas passa a pautar-se, também, pela lei. O vínculo obrigacional dos nossos dias assenta, fundamentalmente, nos deveres acessórios. Sem eles, a prestação principal não tem consistência; além disso, as pessoas envolvidas tornam-se vulneráveis, valendo-lhes os deveres de segurança. Em consequência da mora, a teia de deveres acessórios atua responsivamente, modificando o seu sentido básico. O desagravamento do esforço exigível ao devedor e a modificação das esferas de risco traduz isso mesmo.

15. *Novas obrigações do credor*

I. Segundo o artigo 816.°, o credor em mora indemniza o devedor das maiores despesas a este ocasionadas. A doutrina tradicional, patente em Antunes Varela[196], surgia, neste ponto, muito restritiva. Apenas estaria em jogo a compensação por essas "maiores despesas", de modo a não tornar mais gravoso o vínculo obrigacional. Fora isso, não haveria que considerar outros danos infligidos ao devedor.

II. Essa opção repousa no preconceito pandectístico de que apenas o credor tem direitos. À contraparte cabem deveres que, quando muito, não devem ser ampliados. Subjacente ainda está a negação de um "direito ao cumprimento", na esfera do devedor. De facto, não subscrevemos tal "direito": o cumprimento é um dever. Mas isso não implica que, no vínculo obrigacional complexo, não existam posições ativas na esfera do devedor, posições essas que tutelam vantagens legítimas que o sistema lhe reconhece. Ao entrar em mora, o credor pode violar essas posições: terá de indemnizar.

[196] João Antunes Varela, *Direito das obrigações em geral* cit., II, 7.ª ed., 167-168.

III. Sustentamos, pois, que estando em mora, o credor, para além das maiores despesas, deve ainda indemnizar o devedor por todos os danos que lhe cause: patrimoniais, incluindo danos emergentes e lucros cessantes e não-patrimoniais. Imagine-se que a recusa do credor obriga o devedor a manter, em armazém, o bem devido, perdendo negócios ulteriores por falta de espaço. Ou que essa mesma recusa, pelo modo por que seja realizada, represente uma afronta grave, humilhando o devedor e atentando contra a sua honra, o seu bom nome e a sua reputação. Tudo isso, até por imperativos constitucionais[197], deve ser ressarcido.

IV. Todavia, essa responsabilidade alargada do credor não resulta, direta e exclusivamente, da mora. Agora já haverá que exigir a culpa – que se presume, em face de deveres acessórios violados –, além da causalidade: são indemnizados os danos protegidos pelos deveres acessórios violados. Recordamos que estes envolvem deveres de segurança (que protegem, também, a integridade moral do visado), de lealdade (que vedam atitudes desconformes com a confiança) e de informação (que determinam que tudo o necessário seja levado ao conhecimento do devedor). Numa situação de mora, o círculo dos deveres acessórios que protege o devedor alarga-se e adensa-se. Valem as exigências do sistema, dogmatizadas pelo princípio da boa-fé na execução das obrigações (762.°/2).

16. *O direito potestativo de extinguir a obrigação*

I. A mora do credor altera o centro de gravidade da obrigação, levando a toda uma redistribuição de deveres acessórios a que podemos acrescentar: de ónus e de encargos. Não obstante, a obrigação mantém-se. Até ao Dia do Juízo? Temos de reconhecer, ao devedor, o direito potestativo de se libertar da sua obrigação. O Direito vigente oferece vários remédios, nesse sentido.

II. Estando em jogo uma coisa corpórea, o remédio tradicional era o da consignação em depósito, hoje presente nos artigos 841.° a 846.°. Dois óbices:

(a) a consignação é operacional em face de coisas corpóreas ou de dinheiro;

[197] Danos patrimoniais por ressarcir contundem com a propriedade privada (62.°/1); danos morais desconsiderados ferem a dignidade da pessoa, a sua integridade pessoal e os de mais direitos fundamentais em jogo (25.° e 26.°/1, todos da Constituição).

(b) ela implica uma ação judicial, com despesas e incertezas, não sendo de encarar em face de objetos de médio ou baixo valor.

Não haverá uma alternativa para o devedor?

III. Quando a prestação em *mora creditoris* se integre num contrato "bilateral" – portanto, com prestações recíprocas – o artigo 815.°/2 reporta um princípio de solução: a impossibilidade superveniente da prestação em causa. Essa impossibilidade pode ser física. Neste último caso, ela sobrevém sempre que, no contexto, a prestação perca relevância ou deixe de ter interesse, perante a economia objetiva do contrato. Assim sucede nos casos de empreitada, em que o dono da obra não franqueie o local ao empreiteiro: nos termos da jurisprudência acima apontada, este fica exonerado. O princípio subjacente a essas decisões pode ser generalizado: a prestação em mora extingue-se sempre que ela perca utilidade, em face da lógica do contrato. Não faz sentido manter o devedor obrigado a rituais inúteis. Estes, de resto, assumem uma feição vexatória, que o Direito civil não iria acautelar.

IV. Necessitamos, todavia, de um remédio mais geral e mais seguro. Este pode ser obtido por interpretação extensiva do artigo 808.°. Com efeito, o devedor é "credor" de uma série de deveres acessórios e, designadamente, dos de não agravar a posição do obrigado à prestação principal. Não basta dizer ou admitir a existência de deveres acessórios a cargo do credor (762.°/2): há que, daí, retirar consequências. Estes deveres acessórios consubstanciam-se com uma intensidade máxima no momento do cumprimento. O credor não "cumpre"? Entra em mora. O devedor pode dirigir-lhe uma interpelação admonitória: fixar-lhe um prazo razoável para que aceite a prestação. Não vemos como obrigar o devedor a repetir a oferta, regularmente (todos os dias?) até que o credor se torne acessível. Estamos na área do artigo 808.°/1. Passado esse prazo, o devedor fica exonerado, por via do mesmo preceito, tomado latamente.

V. Podemos admitir que, sendo possível a consignação em depósito, esta deva prevalecer, como *lex specialis*. Não sendo viável, por se tratar, *maxime*, de uma prestação de *facere* ou de uma entrega insignificante, o artigo 808.°/1 terá aplicação.

17, *A extinção por via de retenção*

I. A lei faculta ainda outra hipótese de extinção da obrigação em *mora accipiendi*: através do direito de retenção. Esta saída pode, aliás, operar como uma alternativa à dispendiosa consignação em depósito. Em face de mora do credor, o devedor tem o direito de ser indemnizado pelas maiores despesas que seja obrigado a fazer com o oferecimento infrutífero da prestação e a guarda e conservação do respetivo objeto (816.°). Esse direito dá lugar à retenção, por aplicação direta do artigo 754.°[198].

II. Havendo retenção, as posições alteram-se profundamente. O devedor fica dispensado de fazer novas ofertas: apenas terá de interpelar o credor para que pague as maiores despesas em jogo. A partir daí, se o credor não pagar, funcionam os esquemas próprios do credor pignoratício (758.°) ou hipotecário (759.°/1), conforme a coisa-objeto seja móvel ou imóvel; o devedor pode fazer executar a coisa para se pagar das despesas. Com isso cessa, naturalmente e por impossibilidade, a sua obrigação.

V – **Natureza**

18. ***A complexidade da posição do credor; os encargos***

I. O vínculo obrigacional tem uma natureza complexa. Como tem sido doutrinado e judicado, a prestação principal, eventualmente acompanhada por prestações secundárias, vive rodeada por um casulo de deveres acessórios que lhe dão feição e consistência e que protegem as partes da situação de mútua vulnerabilidade em que a confiança gerada as coloca[199]. Essa complexidade vale também para o credor. Ainda que, no núcleo, este seja titular do direito à prestação, cabendo à contraparte o dever (e não o direito) de prestar, no halo e na periferia da obrigação, o credor está adstrito a múltiplas condutas, instrumentais e de fundo. A situação varia intensamente em função do tipo contratual em jogo, sendo frequentemente o credor, em simultâneo, devedor. Mas para efeitos de análise, tomamos o credor *tout court*.

II. A posição do credor, além de incluir deveres acessórios de conduta, positivos e negativos, comporta também encargos[200], isto é: a prefiguração de condutas necessárias para a produção de certo efeito. O encargo não é de exe-

[198] Quanto ao instituto do direito de retenção, *vide* o nosso *Tratado de Direito civil* X (2015), 821 ss..

[199] Damos como conhecida a dogmática geral dos deveres acessórios; *vide* o nosso *Tratado* VI, 2.ª ed., 498 ss..

[200] *Idem*, 526 ss.. *Vide*, com indicações, SUSANNE HÄHNCHEN, *Obliegenheiten und Nebenpflichten* cit., 255-264.

cução obrigatória – ou seria uma obrigação: a sua realização judicial não é possível e o seu inacatamento não origina, só por si, o direito a uma indemnização. A inobservância do encargo implica apenas a não obtenção do efeito de cuja produção se trate ou da sua não obtenção por inteiro.

III. O encargo (*Obligenheit*) teve origem nas funções que incumbiam aos soberanos, nos séculos XVIII e XIX: estavam a seu cargo, mas não eram exigíveis judicialmente. Com a lei dos seguros alemã de 1908, a doutrina foi confrontada com posições jurídicas, designadamente na esfera do tomador do seguro, que este devia exercer se pretendesse beneficiar de certas vantagens: por exemplo, a participação do sinistro. Não eram deveres, uma vez que o seu "cumprimento" não podia ser exigido pelo segurador e a sua "omissão" não ocasionava, por si, qualquer dever de indemnizar[201]: apenas outras consequências, na esfera do tomador ou na do segurado.

A doutrina do princípio do século XX começou a analisar situações concretas de encargos[202], interrogando-se sobre a sua natureza[203]. A matéria foi acolhida e retomada na doutrina suíça dos seguros[204].

O *Reichtsgericht* deu-lhe guarida[205], passando a usá-la como uma forma de tutelar o tomador do seguro[206].

[201] Como obra de referência, com muitos elementos, SUSANNE HÄNCHEN, *Obliegenheiten und Nebenpflichten*, já citada. Existe uma bibliografia inabarcável, uma vez que o tema das *Obliegenheiten* dá corpo a um campo dogmaticamente em aberto no Direito dos seguros (e no Direito civil); em Helmut Heiss, *§ 28 – Verletzung einer vertraglichen Obliegenheit*, no Bruck/Moller, *VVG-Kommentar* I, §§ 1-32, 9.ª ed. (2008), 788-890 (789-791), podem ser confrontadas muitas dezenas de títulos sobre o tema, outro tanto sucedendo em MANFRED WANDT, no *Münchener Kommentar zum VVG* I, §§ 1-99 (2010), 1217-1359 (1217-1220). *Vide*, ainda, SVEN MARLOW, *Grundlagen zu den Obliegenheiten des VN*, em Roland Michael Beckmann/Annemarie Matusche-Beckmann, *Versicherungsrechts-Handbuch*, 2.ª ed. (2009), 657-708.

[202] WERNER MOSCHEL, *Die Obliengenheiten in dem Gesetz über den Versicherungsvertrag* (1922, dact.), VI + 111 pp. e HENRICH KREBS, *Die Stellung des Versicherten und seine Beziehung zum Versicherer bei der Versicherung für fremde Rechnung unter besonderer Berücksigtigung der Obliengenheiten* (1934), 74 pp..

[203] JOHANNES ARENS, *Zum Wesen der Obliengenheiten im Versicherungsrecht* (1940), 66 pp.. *Vide* HANS SCHACK, *Deutsches Versicherungsrecht/Übersicht über deutsches Schriftum und deutsche Rechtsprechung zum Gesetz über den Versicherungsvertrag vom 30. Mai 1908 seit dem Umbruch des Jahres 1933 bis Ende Juni 1938* (1938), 272 pp., 48 ss..

[204] AUGUST KERN, *Die Rechtsnatur der versicherungsrechtlichen Obliengenheiten* (1949), 121 pp. e ROLAND SCHAER, *Rechtsfolgen der Verletzung versicherungsrechtlicher Obliengenheiten* (1972), 164 pp..

[205] *Vide* no nosso *Direito dos seguros*, 2.ª ed. (2017), 588 ss., nota 1136, a referência a algumas decisões. Outras indicações em Susanne Hähnchen, *Obliengenheiten* cit., 147 ss..

[206] TOBIAS PRANG, *Der Schutz der Versicherungsnehmer bei der Auslegung von Versicherungsbedingungen durch das Reichtsgericht* (2003), 337 pp., 66 ss..

A grande viragem para uma teoria geral dos encargos, com uma presença no Direito civil, ficou a dever-se a Reimer Schmidt (1916-2002), numa obra incontornável publicada em 1953 e que veio dar consistência metodológica e, até, jurídico-filosófica a esta figura[207]. Seguiram-se aplicações no Direito civil[208] e novos aprofundamentos no Direito dos seguros[209] e no Direito comum[210], bem como estudos comparatísticos, que permitiram revelar o universalismo da ideia[211].

As *Obliengenheiten* estão presentes nos diversos contornos dos seguros, em dezenas de artigos[212] e são tratadas nos manuais[213], cabendo saudar grandes monografias de enquadramento[214]. Além disso, elas são, hoje, património civil[215].

[207] Reimer Schmidt, *Die Obliengenheiten/Studien auf dem Gebiet des Rechtszwanges im Zivilrecht unter besonderer Berücksichtigung des Privatversicherungsrechts* (1953), XXII + 338 pp.. *Vide* a rec. Josef Esser, AcP 154 (1955), 49-52. A análise do escrito de Reimer Schmidt pode ser confrontada em Susanne Hähnchen, *Obliengenheiten* cit., 9 ss..

[208] Gerhard Weichselbaumer, *Die Obliengenheiten im Bürgerlichen Gesetzbuch und im Handelsgesetzbuch* (1959), VI + 208 pp..

[209] Dieter Bertsch, *Die Abgrenzung von Risikobeschränkungen und vertraglich begründeten Berücksichtigung des Rechts der allgemeinen Haftpflichtversicherung* (1964), XV + 82 pp., Michael Kalka, *Die Nebenpflichten im Lebensversicherungsvertrage/Zugleich ein Beitrag zur Frage der Obliengenheiten des Versicherungsrechts* (1964), 223 pp., Ulf Michael Stultenberg, *Zur Abgrenzung und Modifizierung von vertraglich vereinbarten Obliengenheiten* (1973), XVII + 161 pp., Gerd Kühbort, *Die Obliengenheiten des Versicherungsnehmers in der Rechtsschutzversicherung beim und nach dem Eintritt eines Versicherungsfalles* (1988), XXX + 277 pp., René Steinbeck, *Die Sanktionierung von Obliengenheitsverletzung nach dem Alles-oder-Nichts- Prinzip* (2007), XIX + 237 pp. (13 ss.) e Gerhard Liening, *Versicherungsvertragliche Obliengenheiten im Spannungsfeld von Vertragspflicht und Vertragsstrafe* (1992), XXIX + 131 pp..

[210] Andreas Nelle, *Neuverhandlungspflichten/Neuverhandlungen zur Vertragsanpassung und Vertragsergänzung als Gegenstand von Pflichten und Obliengenheiten* (1993), XXXIII + 340 pp..

[211] Silvia Buck, *Die Obliengenheiten im spanischen Versicherungsrecht/Eine rechtsvergleichende Untersuchung zwischen deutschem und spanischem Recht* (2003), 329 pp. e Gisela Rühl, *Obliengenheiten im Versicherungsvertragsrecht/auf dem Weg zum Europäischen Binnenmarkt für Versicherungen* (2004), XXVII + 400 pp., onde se procede a uma comparação entre o Direito alemão e o inglês: na conclusão do contrato (37 ss.), na sua execução (141 ss.) e no sinistro (249 ss. e 285 ss.).

[212] Por exemplo: Ulrich Knappmann, *Rettungsobliengenheiten und Rettungskostenersatz bei der Vorestreckung*, VersR 2002, 129-133, Ansgar Hamann, *Anderung im Obliengenheitenrecht/ /Auswirkungen aud die Praxis in der Betrugsabwehr*, VersR 2010, 1149-1152 e Thomas Majerle, *Die vertragliche Obliengenheiten, den Umfallort nicht zu verlassen, in der Kaskoversicherung*, VersR 2011, 1492-1497.

[213] Por exemplo: Hermann Eichler, *Versicherungsrecht*, 2.ª ed. (1976), 38 ss., Hans-Leo Weyers/ /Manfred Wandt, *Versicherungsvertragsrecht*, 3.ª ed. (2003) e Manfred Wandt, *Versicherungsrecht* cit., 5.ª ed., 201-236.

[214] Assim, a recorrente Susanne Hähnchen, *Obliengenheiten und Nebenpflichten*, já citado.

[215] Por exemplo: Dirk Olzen, no *Staudingers Kommentar zum BGB, 2 – Einleitung zum Schuldrecht*; §§ 241-243 (2015), § 241, Nr. 120-132 (174-178), com muitas indicações, Dieter Medicus/Jens

19. *O encargo da aceitação*

I. Aqui chegados, temos a chave para dogmatizar a posição do credor, confrontado com a hipótese de entrar em mora quando, mesmo sem culpa, não aceite, não facilite ou não admita a realização da prestação a que tenha direito.

II. Em face de uma oferta regular e não dispondo de causas de recusa, o devedor, para permitir o desenvolvimento do programa obrigacional, tem o encargo de a aceitar[216]. A "inexecução" do encargo não pressupõe nem origina culpa: a ordem jurídica não torna obrigatório o exercício dos direitos – ou não seriam já direitos. Todavia, ela inviabiliza certos resultados e, para o caso, a execução da obrigação, implicando a suportação, pelo credor, do risco e das maiores despesas: ele não pode agravar a posição do devedor.

III. O recurso à figura do encargo permite esclarecer o pretenso "direito ao cumprimento": de facto, o devedor não tem tal direito: ele é destinatário de uma norma de obrigação e não de uma permissão normativa. O devedor dispõe apenas da contraface do encargo. O credor aceita; se o não fizer, segue-se um novo programa obrigacional.

20. *A axiologia dos deveres acessórios*

I. Aqui chegados, o cumprimento seria neutro. Tanto daria, ao credor, aceitá-lo ou recusá-lo. A lei não o penalizaria por esta última opção: apenas determinaria o regime da *mora creditoris*, A obrigação modifica-se: as esferas de risco alteram-se e surgem novos deveres acessórios. Mas o direito de crédito subsistiria, soberanamente.

II. No plano da prestação principal, assim será. O devedor recebe, todavia, direitos potestativos de, em certos termos e condições, promover a sua extinção. Além disso, funcionam os deveres acessórios, reformulados em função da nova conjuntura. O credor é colocado sob vigilância negativa. Presumir-se-á culpa sua, relativamente a todos os danos que possam ser infligidos ao devedor. A própria intensificação do risco, no que toca à suportação de danos negligentemente causados pelo devedor, vai no mesmo sentido.

Petersen, *Allgemeiner Teil des BGB/Ein Lehrbuch*, 11.ª ed. (2016), Nr. 889 (387) e Manfred Wolf/ /Jörg Neuner, *Allgemeiner Teil des Bürgerlichen Rechts*, 10.ª ed. (2016), § 19, Nr. 35-36 (226-227).

[216] Com indicações, Marc-Philipp Weller, *Die Vertragstreue* cit., 472-473.

III. O Código Civil, de acordo aliás com as boas práticas, trata a mora do credor como se entre este e o devedor houvesse, apenas, um dever de prestar, deste e a favor do primeiro. Os modelos de decisão completos são remetidos para o intérprete-aplicador. Ora, a este nível, não há uma mera prestação principal: em regra, existe um contrato, com prestações recíprocas e, no mínimo, deveres acessórios. A lealdade ao contrato manda que o credor aceite o cumprimento, assumindo o risco de imponderáveis que o impeçam. O Direito usa meios indiretos para tanto.

IV. Resta concluir que, embora titular de um direito, o credor em mora é sindicado negativamente pelo ordenamento. O próprio risco objetivo pode ser tomado como uma forma de ilicitude indireta[217], isto é: um meio subtil, usado pelo sistema, para legitimar a conduta das pessoas. O Direito não se compagina com a mora do credor. Usa a técnica da relação obrigacional complexa para a superar.

[217] O nosso *Tratado de Direito civil*, VIII, 217 ss., 619 ss. e *passim*; diversos institutos aparentemente neutros, como o enriquecimento sem causa ou a responsabilidade pelo risco traduzem formas indiretas de orientar as condutas das pessoas: donde a expressão "ilicitude indireta" ou "imperfeita".

*A ordem pública internacional: hoje**

PROF. DOUTOR LUÍS DE LIMA PINHEIRO

SUMÁRIO: *I. Aspetos gerais. II. Conteúdo da ordem pública internacional. III. Atuação da cláusula de ordem pública internacional. IV. Dois casos paradigmáticos: a alteração de circunstâncias e o direito à legítima*

I. Aspetos gerais

A reserva de ordem pública internacional é um limite à aplicação do Direito estrangeiro ou transnacional competente segundo o Direito de Conflitos ou ao reconhecimento de uma decisão estrangeira[1].

A ordem jurídica portuguesa apresenta a particularidade, comum à ordem jurídica alemã, que a violação da ordem pública internacional também é fundamento de anulação das decisões arbitrais proferidas em arbitragens realizadas em território nacional (artigo 46.º/3/*b*/*ii* LAV)[2].

A reserva de ordem pública internacional encontra-se desde logo consagrada no artigo 22.º/1 do Código Civil que exclui a aplicação dos preceitos da lei estrangeira designada pela norma de conflitos quando essa aplicação envolva a ofensa de princípios fundamentais da ordem pública internacional do Estado português. O artigo 22.º/2 determina que, neste caso, são aplicáveis as normas

* Texto que serviu de base à comunicação apresentada no Congresso Internacional de Direito Civil – Cinquentenário do Código Civil, organizado pela Faculdade de Direito da Universidade de Lisboa, em novembro de 2017.

[1] Designadamente, artigo 980.º/*f* CPC.

[2] Ver, sobre o ponto, Luís de LIMA PINHEIRO – "Ordem pública internacional, ordem pública transnacional e normas imperativas que reclamam aplicação ao mérito da causa", *Revista Internacional de Arbitragem e Conciliação* 5 (2012) 121-148, 126-127.

mais apropriadas da legislação estrangeira ou, subsidiariamente, as regras de Direito material português.

A reserva de ordem pública internacional constitui uma cláusula geral que, nas matérias abrangidas pelo Direito Internacional Privado e pelo Direito da Arbitragem Voluntária, veicula proposições jurídicas fundamentais da ordem jurídica portuguesa.

II. **Conteúdo da ordem pública internacional**

Como se determina o conteúdo da ordem pública internacional? Não é possível determinar este conteúdo *a priori*. Isto resulta não só da dificuldade em enumerar taxativamente os princípios e normas fundamentais da ordem jurídica portuguesa, mas também, e principalmente, de a atuação da reserva de ordem pública internacional depender do conjunto das circunstâncias do caso.

Só perante as circunstâncias do caso concreto e, designadamente, atendendo à intensidade da ligação do caso com o Estado português, se pode dizer se uma determinada violação de um princípio ou norma fundamental é intolerável.

Daí que já se tenha escrito que a ordem pública é um "cavalo rebelde"[3].

Na determinação do conteúdo da ordem pública internacional deve respeitar-se a sua excecionalidade.

À luz desta característica, a doutrina (designadamente Isabel de Magalhães Collaço, Ferrer Correia, Baptista Machado, Moura Ramos e Marques dos Santos) distingue a ordem pública "interna" (de Direito material), que compreende todas as regras e princípios imperativos do Direito português, e a ordem pública internacional, que protege apenas um núcleo muito restrito dessas regras e princípios[4]. Os tribunais tendem a seguir este entendimento, mas em alguns casos aplicaram a cláusula sem a devida contenção[5].

[3] Ver Nicholas Katzenbach – "Conflicts on an Unruly Horse: Reciprocal Claims and Tolerances in Interstate and International Law", *The Yale Law Journal* 65 (1956) 1087-1129, citando a decisão inglesa no caso *Richardson* v. *Mellish* 1824 [294 *E.R* 303], que, referindo-se à ordem pública em geral, afirma que "is a very unruly horse, and when once you get astride it you never know where it will carry you".

[4] Ver Rui Moura Ramos – "L'ordre public international en droit portugais" (1998), *in Estudos de Direito Internacional Privado e de Direito Processual Civil Internacional*, 245-262, Coimbra, 2002, 248-249 e 257-258, e Luís de Lima Pinheiro – *Direito Internacional Privado*, vol. I – *Introdução e Direito de Conflitos/Parte Geral*, 3.ª ed., Coimbra, 2014, § 47 A e B, com mais referências.

[5] Algumas destas decisões dizem respeito ao reconhecimento de divórcios perante o artigo 1096.º/f do antigo Código de Processo Civil (atual artigo 980.º/f) que estabelece a compatibilidade com a

Esta excecionalidade é sublinhada noutros preceitos, designadamente nos Regulamentos europeus de Direito Internacional Privado, pela exigência de uma manifesta incompatibilidade da aplicação da lei estrangeira ou do reconhecimento de decisão estrangeira com a ordem pública internacional do foro[6].

O conteúdo da ordem pública internacional tende hoje a ser determinado à luz dos direitos fundamentais protegidos pela Constituição, pelas Convenções internacionais e pelo Direito da União Europeia[7].

Nas ordens jurídicas em que a Constituição constitui a sede dos valores básicos da comunidade, como sucede com a Constituição portuguesa, as regras e princípios fundamentais têm, geralmente, dignidade constitucional.

Os direitos fundamentais também são protegidos internacionalmente, designadamente pela Convenção Europeia dos Direitos do Homem, e ao nível da União Europeia, pela Carta dos Direitos Fundamentais da União Europeia (artigo 6.º/1 do Tratado da União Europeia) e como decorrência das tradições constitucionais comuns aos Estados-Membros (artigo 6.º/3 do Tratado da União Europeia)[8].

Por exemplo, uma discriminação entre filhos nascidos dentro e fora do casamento quanto aos direitos sucessórios, traçada pela lei estrangeira reguladora da sucessão, é incompatível com a nossa ordem pública internacional[9], quando haja uma ligação suficiente com o Estado português, designadamente a nacionalidade portuguesa dos filhos em causa.

ordem pública internacional como condição do reconhecimento de decisões judiciais estrangeiras. Ver STJ 15/5/1973 [*BMJ* 227: 176] e 25/5/1982 [*BMJ* 317: 207].

[6] O artigo 21.º do Regulamento Roma I, o artigo 26.º do Regulamento Roma II, o art 12.º do Regulamento Roma III, o artigo 35.º do Regulamento sobre sucessões e o artigo 31.º dos Regulamentos sobre regimes matrimoniais e efeitos patrimoniais das parcerias registadas exigem uma manifesta incompatibilidade da lei designada com a ordem pública do foro; o artigo 980.º/f CPC, o artigo 45.º/1/a do Regulamento Bruxelas I bis, os artigos 22.º/a e 23.º/a do Regulamento Bruxelas II bis, o artigo 24.º/a do Regulamento sobre obrigações alimentares, o artigo 40.º/a do Regulamento sobre sucessões e o artigo 37.º/a dos Regulamentos sobre regimes matrimoniais e efeitos patrimoniais de parcerias registadas.

[7] Ver LIMA PINHEIRO (n.4) 669; Dário MOURA VICENTE e Maria HELENA BRITO – "Portugal", *in Application of Foreign Law*, org. por Carlos Esplugues, José Luis Iglesias e Guillermo Palao, 301-316, Munique, 2011, 309; e José de SOUSA BRITO – "O que é o direito para o jurista?", *in Est. Miguel Galvão Teles*, vol. I, 27-56, Coimbra, 2012, 40. Ver também António MENEZES CORDEIRO – *Tratado de Direito Civil*, vol. II – *Parte Geral/Negócio Jurídico*, 4.ª ed., Coimbra, 2014, 616.

[8] Já no sentido da relevância das "tradições constitucionais comuns aos Estados-Membros e dos instrumentos internacionais relativos à proteção dos direitos do homem com os quais os Estados-Membros cooperaram ou a que aderiram", entre os quais a Convenção Europeia dos Direitos do Homem, TCE 28/3/2000, no caso *Krombach*, n.ºs 26 e seg. e 38 e seg,, e 2/4/2009, no caso *Gambazzi*, n.º 28 [ambos em *curia.europa.eu*].

[9] Artigo 36.º/4 da Constituição,

Só muito excecionalmente a contrariedade a regras e princípios que não tenham dignidade constitucional pode desencadear a atuação da reserva de ordem pública internacional.

Por exemplo, a ordem pública internacional pode ser oposta à celebração de um casamento poligâmico em Portugal ao abrigo de uma lei estrangeira que o admita ou ao reconhecimento da condenação numa indemnização punitiva, se esta for manifestamente excessiva.

A referência a princípios fundamentais da ordem pública internacional não deve ser confundida com os princípios gerais de Direito. A grande maioria das regras jurídicas de Direito material privado, quer imperativas, quer supletivas, tem subjacente princípios gerais de Direito e não se tornam, por esse facto, proposições jurídicas fundamentais relevantes para a ordem pública internacional. Só certas concretizações essenciais desses princípios gerais, sobretudo daqueles que têm dignidade constitucional, relevam para a ordem pública internacional.

No quadro dos instrumentos europeus de Direito Internacional Privado, o TUE tem exercido um certo controlo sobre os limites no quadro dos quais um Estado-Membro pode invocar a ordem pública internacional, designadamente relativamente ao reconhecimento de decisões proferidas noutros Estados-Membros[10]. Este controlo relaciona-se, principalmente, com o caráter necessariamente excecional da intervenção da ordem pública internacional[11].

Assim, de acordo com o Tribunal de Justiça, o recurso à cláusula de ordem pública internacional só é concebível quando o reconhecimento ou a "execução" da decisão proferida noutro Estado-Membro viole de uma forma inaceitável a ordem jurídica do Estado requerido, por atentar contra um princípio fundamental. Esse atentado deve constituir uma violação manifesta de uma regra de Direito considerada essencial na ordem jurídica do Estado requerido ou de um direito reconhecido como fundamental nessa ordem jurídica[12].

[10] TCE 28/3/2000, no supracit. caso *Krombach*, n.º 23, 11/5/2000, no caso *Renault* [CTCE (2000) I-02973] , n.º 28; TUE 2/4/2009, no supracit. caso *Gambazzi*, n.º 26, 28/4/2009, no caso *Apostolides* [in curia.europa.eu], n.º 57, e 25/5/2016, no caso *Meroni* [*in curia.europa.eu*], n.º 40.

[11] Por outro lado, o Considerando n.º 25 do Regulamento Roma III refere expressamente que os tribunais de um Estado-Membro "não deverão poder aplicar a exceção de ordem pública para recusar uma disposição da lei de outro Estado quando tal seja contrário à Carta dos Direitos Fundamentais da União Europeia, em especial ao seu artigo 21.º, que proíbe qualquer forma de discriminação". No mesmo sentido se pronuncia o Considerando n.º 58 do Regulamento sobre sucessões.

[12] TCE 28/3/2000, no supracit. caso *Krombach*, n.º 37, 11/5/2000, no supracit. caso *Renault*, n.º 30, 2/4/2009, no supracit. caso *Gambazzi*, n.º 27, e 28/4/2009, no supracit. caso *Apostolides*, n.º 59; TUE 23/10/2014, no caso *flyLAL-Lithuanian Airlines* [*in curia.europa.eu*], n.º 49, 16/7/2015, no caso

Esta regra ou direito tanto pode ser de natureza substantiva como processual, designadamente o direito de defesa[13].

III. **Atuação da cláusula de ordem pública internacional**

De harmonia com o texto do artigo 22.º, tem disso sublinhado que a ordem pública internacional, enquanto limite à aplicação da lei estrangeira, atua *a posteriori*[14], depois de determinada a solução a que conduz a lei estrangeira competente segundo o sistema de Direito de Conflitos.

As regras imperativas que reclamam aplicação *a priori*, afastando o funcionamento do sistema de Direito de Conflitos, são abrangidas pelo conceito de normas de aplicação imediata ou necessária.

Isto não obsta a que a atuação da reserva de ordem pública internacional conduza à aplicação do Direito material português quando não haja regras apropriadas da lei estrangeira competente que produzam um resultado compatível com a ordem pública internacional.

Diageo Brands [*in curia.europa.eu*], n.º 44, e 25/5/2016, no supracit. caso *Meroni*, n.º 45. Ver também Fausto Pocar – "Relatório explicativo sobre a Convenção relativa à competência judiciária, ao reconhecimento e à execução de decisões em matéria civil e comercial assinada em Lugano, em 30 de Outubro de 2007", *JOUE* C 319/1, de 23/12/2009, n.º 133.

[13] Cf. TCE 28/3/2000, no supracit. caso *Krombach*, n.º 44; e TUE 25/5/2016, no supracit. caso *Meroni*, n.ºs 44-46. No caso *Krombach*, o tribunal decidiu que o tribunal do Estado requerido podia ter em conta o facto de o órgão jurisdicional do Estado de origem ter recusado ao arguido de uma infração dolosa o direito de se fazer representar para se defender sem comparecer pessoalmente. No caso *Gambazzi* o tribunal decidiu que tribunal do Estado requerido pode ter em conta o facto de o tribunal do Estado de origem ter decidido do pedido do demandante sem ouvir o demandado, que compareceu regularmente perante ele mas foi excluído do processo por um despacho com o fundamento de que não cumpriu as obrigações que lhe foram impostas por um despacho proferido anteriormente. Já no caso *Meroni*, o tribunal entendeu que o reconhecimento e a execução de uma decisão de um órgão jurisdicional de um Estado-Membro, proferida sem que um terceiro cujos direitos podem ser afetados por essa decisão tenha sido ouvido, não podem ser considerados como sendo manifestamente contrários à ordem pública do Estado-Membro requerido e ao direito a um processo equitativo na aceção dessas disposições, na medida em que lhe seja possível invocar os seus direitos perante esse órgão jurisdicional.

[14] Ver Moura Ramos (n. 4) 249 e segs., e Lima Pinheiro (n. 4) 664 e segs., com mais referências.

IV. **Dois casos paradigmáticos: a alteração de circunstâncias e o direito à legítima**

Passo a referir a dois casos controversos que servem para ilustrar o anteriormente exposto: direito à resolução ou modificação do contrato por alteração anormal de circunstâncias e direito à legítima.

No primeiro caso, coloca-se a questão de saber se o artigo 437.º CC constitui uma proposição jurídica fundamental que pode desencadear a atuação da cláusula de ordem pública internacional se o resultado a que conduz a lei estrangeira ou a decisão estrangeira a contrariarem. A questão coloca-se especialmente em virtude da referência feita pelo preceito aos "princípios da boa fé"[15].

Quando o artigo 437.º do Código Civil se refere aos "princípios da boa fé", o conceito indeterminado de boa fé exprime o conjunto das valorações basilares do ordenamento vigente[16]. Mas isto em nada colide com a integral supletividade da regra, que decorre do seu texto (a alteração não estar coberta pelos riscos próprios do contrato) e da sua *ratio* (que concilia o princípio da autonomia privada com a promoção de um justo equilíbrio dos interesses das partes).

Como escreve Menezes Cordeiro, quando as partes tenham estipulado sobre a alteração de circunstâncias, é a própria boa fé que requer o acatamento do ajustado[17].

A circunstância de a norma do artigo 437.º do Código Civil, à semelhança da grande maioria das normas supletivas, ter subjacente valores basilares e princípios gerais da ordem jurídica, em nada limita o seu caráter supletivo nem a converte em norma de ordem pública interna e, muito menos, em regra essencial de ordem pública internacional. A excecionalidade da ordem pública internacional vale tanto quando uma norma concretiza valores basilares ou princípios gerais da ordem jurídica em previsões e estatuições formuladas em termos gerais e abstratos, como quando essa concretização é delegada no intérprete em função das circunstâncias do caso concreto. Em ambos os casos, só um núcleo muito restrito das normas imperativas que integram a ordem pública interna é relevante para a ordem pública internacional.

[15] "Se as circunstâncias em que as partes fundaram a decisão de contratar tiver sofrido uma alteração anormal, tem a parte lesada direito à resolução do contrato ou à modificação dele segundo juízos de equidade, desde que a exigência das obrigações por ela assumidas afete gravemente os princípios da boa fé e não esteja coberta pelos riscos próprios do contrato" (artigo 437.º/1).

[16] Em sentido convergente, Menezes Cordeiro, op. cit. [2017], 688.

[17] Op. cit. [2017], 669-671 e 690.

O argumento que se pretendesse retirar da referência à boa fé para fundamentar a atuação da reserva de ordem pública internacional levaria a resultados absurdos. Ele conduziria, nomeadamente, a considerar como regras essenciais de ordem pública internacional as normas dos setenta artigos do Código Civil que fazem referência à boa fé[18].

Mesmo os deveres de conduta, bem como os limites ao exercício dos correspetivos direitos, decorrentes da boa fé por força de normas imperativas dependem, em princípio, nas relações transnacionais, da lei competente segundo o Direito de Conflitos.

Neste sentido se tem pronunciado a doutrina alemã com respeito ao artigo 242.° do Código Civil alemão[19], bem como, num plano mais geral, autores franceses e ingleses[20]. No mesmo sentido, com respeito aos ditames da boa fé relacionados com a resolução do contrato, pode ver-se o acórdão do Supremo Tribunal de Justiça de 26 de fevereiro de 2015[21]. Com efeito, toda a matéria que diga direta ou indiretamente respeito aos direitos e obrigações contratuais, bem como às causas de extinção das obrigações, está submetida à lei reguladora do contrato (artigos 12.°/1/*b* e *d* do Regulamento Roma I)[22].

Só excecionalmente proposições imperativas decorrentes da boa fé relevam para a ordem pública internacional. Em caso algum uma regra supletiva como a do artigo 437.° CC tem essa relevância.

Um segundo caso, que tem originado decisões contraditórias dos nossos tribunais, é o do direito à legítima. A questão tem-se suscitado principalmente quando, ao abrigo da liberdade de testar plena ou muito ampla permitida por um sistema de *Common Law* aplicável à sucessão, são negados a filhos portugueses direitos sucessórios significativos.

[18] Ver enumeração em Menezes Cordeiro – *Da Boa Fé no Direito Civil*, vol. I, Coimbra, 1984, 19 e segs.

[19] Ver *MünchKomm*/Spellenberg [2015: Rom I-VO Artigo 12 n.° 54]; Thorn – "Anh zu EGBGB 26, Rom I (IPR)", *in Palandt Bürgerliches Gesetzbuch Kommentar*, 76.ª ed., Munique, 2017 [Artigo 12 ROM I-VO, n.° 5]; *Soergel*/von Hoffmann [Artigo 32 EGBGB n.° 7]; e *Staudinger*/Magnus [Art 12 Rom I-VO n.° 40].

[20] Cf. Plender/Wilderspin – *The European Private International Law of Obligations*, Londres, 2015, n.° 14-027; Santa-Croce – "Domaine de la loi du contrat", *in Juris-classeur de droit international*, Fasc. 552-70, 2008, n.°s 22 e 29-31, aparentemente admitindo limitações com respeito ao dever de informação.

[21] Proc. n.° 693/10.0TVPRT.C1.P1.S1 [*in www.dgsi.pt*], embora com o entendimento discutível de que, no caso de cumprimento defeituoso, esses ditames dependeriam da lei designada nos termos do artigo 12.°/2 do Regulamento Roma I, e não da lei reguladora do contrato.

[22] Ver, além das obras referidas nas notas anteriores, Giuliano/Lagarde – "Rapport concernant la convention sur la loi applicable aux obligations contractuelles", *JOCE* C 282, de 31/10/1980, 32-33, e Ferrari, *in ECPIL. Rome I Regulation Commentary*, Colónia, 2017, Artigo 12 n.°s 20 e 26.

Uma vez que o direito à legítima é atribuído por normas imperativas da lei portuguesa não oferece dúvida que é de ordem pública interna. A imperatividade do direito à legítima visa certamente a tutela de interesses importantes. Mas daí não decorre que constitua uma proposição jurídica fundamental de ordem pública internacional do Estado português.

A circunstância de o direito à legítima não ter fundamento constitucional[23] constitui um indício muito importante de que não integra a ordem jurídica internacional do Estado português.

O que a Constituição portuguesa garante, em matéria de sucessão por morte, é a liberdade de transmissão da propriedade privada por morte (artigo 62.º/1) e não o direito dos descendentes a receberem uma quota da herança[24].

A opção pela liberdade de testar ou pelo instituto da legítima depende de uma ponderação entre um princípio estruturante da ordem jurídica portuguesa – o da autonomia privada –, e o valor da continuidade do património no seio da família. Não se trata sequer, a meu ver, de uma opção entre a autonomia privada e a proteção da família. A proteção da família é um valor partilhado pela grande maioria dos sistemas que desconhecem o instituto da legítima ou o limitam ao cônjuge sobrevivo, designadamente os sistemas do *Common Law*. Trata-se antes de uma mera divergência sobre o papel que a autonomia da vontade deve desempenhar na transmissão do património por morte.

Enquanto o legislador português optou por forçar a transmissão de uma parte do património dentro da família, de acordo com um esquema prefixado, outros sistemas consideram que o autor da sucessão deve ter uma grande liberdade na disposição dos seus bens e que, designadamente, não se justifica impor-lhe um esquema rígido de transmissão de bens para os filhos, que não atende à capacidade dos mesmos para gerir o património nem ao merecimento de cada um.

Poderá preferir-se um ou outro destes pontos de vista, mas tem forçosamente de reconhecer-se que são ambos legítimos e compatíveis com as conceções básicas de justiça dos modernos sistemas jurídicos ocidentais, entre os quais se conta o sistema jurídico português.

Acresce que na doutrina mais recente têm surgido vozes que criticam o instituto da legítima[25]. A esta luz, o instituto da legítima representa uma opção

[23] Ver, em sentido convergente, José de OLIVEIRA ASCENSÃO – *Direito Civil. Sucessões*, 5.ª ed., 2000, 29.

[24] No mesmo sentido, perante o Direito espanhol, FERNÁNDEZ ROZAS/SÁNCHEZ LORENZO – *Derecho Internacional Privado*, 10.ª ed., Cizur Menor (Navarra), 2018, n.º 432

[25] DIOGO LEITE DE CAMPOS e MÓNICA MARTINEZ DE CAMPOS – *Lições de Direito das Sucessões*, Coimbra, 2017, 29, chamam a atenção para a evolução social que levou a uma menor intensidade das

político-legislativa sem fundamento constitucional que limita o direito fundamental de disposição da propriedade e que é controversa.

Se já na época em que o instituto era geralmente aceite entre nós se devia entender que não integrava a ordem pública internacional do Estado português, torna-se hoje particularmente claro que, perante a consciência jurídica geral e, em particular, a da comunidade jurídica, não se trata de uma conceção de justiça tão fundamental que se deva impor mesmo quando a sucessão apresenta a sua ligação mais significativa, segundo o juízo do legislador, com uma ordem jurídica estrangeira.

Não pode, por conseguinte, constituir uma proposição jurídica fundamental no sentido da ordem pública internacional.

Este entendimento tem sido defendido pela doutrina internacional privatística portuguesa[26], designadamente Ferrer Correia e Marques dos Santos. Também na generalidade dos sistemas jurídicos em que a questão se tem colocado (por consagrarem, no seu Direito material interno, o direito dos filhos à legítima), tem vindo a prevalecer o entendimento de que a negação do direito à legítima não desencadeia automaticamente a atuação da reserva de ordem pública internacional[27].

Em Espanha, após uma decisão que considerou a legítima uma exigência de ordem pública internacional, o Tribunal Supremo orientou-se firmemente em sentido contrário, com a aprovação da doutrina dominante[28].

relações entre pais e filhos maiores, em que os filhos normalmente não dependem do património dos pais para a sua subsistência e em que se verificam mesmo muitas situações em que os filhos não contactam os pais nem lhes dão a necessária assistência, e pronunciam-se no sentido da plena liberdade de testar do titular dos bens, de "modo que este possa considerar livremente o peso das relações que tem com cada um dos membros da família". Segundo este entendimento, a liberdade de testar "só deve ser temperada por situações de extrema necessidade dos parentes próximos". Ver as considerações convergentes de Jorge Duarte Pinheiro – *O Direito das Sucessões Contemporâneo*, 2.ª ed., Lisboa, 2017, 177 e segs.

[26] Cf. António Ferrer Correia – "Contribuição para uma história da Fundação Calouste Gulbenkian", *in Est. Inocêncio Galvão Telles*, vol. I, 755, Coimbra, 2002, 782; António Marques dos Santos – "Lei aplicável a uma sucessão por morte aberta em Hong Kong", *Revista da Faculdade de Direito da Universidade de Lisboa* 39 (1998) 115-134, 129 e segs.; e Luís de Lima Pinheiro – *Direito Internacional Privado*, vol. II – *Direito de Conflitos/Parte Especial*, 4.ª ed., Coimbra, 2015, 695.

[27] Ver Angelo Davì e Alessandra Zanobetti – *Il nuovo diritto internazionale privato europeo delle successioni*, Turim, 2014, 67-68 e 175.

[28] Ver Fernández Rozas/Sánchez Lorenzo (n. 24) n.ºs 125 e 432, e Alfonso-Luis Calvo Caravaca e Javier Carrascosa González – *Derecho Internacional Privado*, vol. II, 18.ª ed., 2018, Granada, 668. Ver ainda, com desenvolvida argumentação, Javier Carrascosa González – *El Reglamento Sucesorio Europeo 650/2012 de 4 de Júlio 2012. Análisis crítico*, Granada, 2014, 262 e segs.

Na Itália, a jurisprudência dividiu-se, mas a questão foi definitivamente resolvida pela *Cassazione*, no seu acórdão de 24 de junho de 1996, no sentido da compatibilidade da plena liberdade de testar estabelecida pelos sistemas da família anglo-americana com a ordem pública internacional[29]. Conforme escreve Ballarino, "a questão foi definitivamente resolvida pela *Cassazione* no sentido da compatibilidade, e agora pelo artigo 46.°, n.° 2, da Lei de reforma, do qual se deduz que as normas sobre direito à legítima não são de ordem pública internacional"[30]. Na doutrina mais recente também é defendido que só haverá violação da ordem pública internacional se familiares muito chegados ao *de cuius* forem privados de direitos sucessórios minimamente significativos e se encontrem em situação de grave carência económica[31].

O mesmo se diga do Tribunal federal suíço, no seu acórdão de 17 de agosto de 1976, no caso *Hirsch* v. *Cohen*[32], com a aprovação da doutrina dominante[33]. Neste acórdão, o tribunal teve ocasião de afirmar que "uma ordenação juridicamente satisfatória, que tenha em conta a segurança jurídica, só se pode realizar quando a questão sobre a existência e a extensão de pretensões legitimárias seja submetida exclusivamente ao Direito estrangeiro competente".

No mesmo sentido se pronunciou, há muito, o *Reichsgericht* alemão (1912), bem como os mais reputados autores[34]. Kegel e Schurig escrevem a este respeito: "A liberdade ilimitada de testar não viola a ordem pública internacional alemã"[35]. Na doutrina mais recente, este entendimento é temperado pela exigência de que a lei estrangeira competente, como sucede com o Direito inglês, permita a atribuição aos membros chegados da família dos meios que sejam necessários ao seu sustento[36].

[29] Cf. Tito BALLARINO – *Diritto internazionale privato*, 3.ª ed., com a colaboração de Andrea BONOMI, Pádua, 1999, 531 e seg.

[30] Op. cit., 532.

[31] Ver Andrea BONOMI – "Il regolamento europeo sulle successioni", *RDIPP* (2013) 293-324, 309-310, e, em sentido convergente, DAVÌ/ZANOBETTI, op. cit., 175-176.

[32] *In* http://relevancy.bger.ch.

[33] Cf. *Zürcher Kommentar*/HEINI, 2.ª ed., Zurique, 2004, n.° 16; Bernard DUTOIT – *Commentaire de la loi fédérale du 18 décembre 1987*, 2.ª ed., Basileia e Francoforte-sobre-o-Meno, Artigo 90 n.° 5; Kurt SIEHR – *Das Internationale Privatrecht der Schweiz*, Zurique, 2002, 164 ; e Daniel GIRSBERGER (Org.)/FURRER/GIRSBERGER/SIEHR/TRITTEN – *Internationales Privatrecht. Besonderer Teil*, Baseileia, 2018, 184.

[34] Cf. Gerhard KEGEL e Klaus SCHURIG – *Internationales Privatrecht*, 9.ª ed., Munique, 2004,1006; *Soergel Kommentar*/SCHURIG, 12.ª ed., Estugarda, Berlim e Colónia, Art 25 n.° 104; Alexander LÜDERITZ – *Internationales Privatrecht*, 2.ª ed., Luchterhand, 1992, 93.

[35] Loc. cit.

[36] Cf. *Max Planck Institute for Comparative and International Private Law* – "Comments on the European Commission's Proposal for a Regulation of the European Parliament and of the

Em França, a doutrina largamente dominante e a jurisprudência orientam-se na mesma direção[37].

Enfim, não é outro o entendimento sufragado pelos mais conceituados autores belgas[38], que escrevem (Rigaux e Fallon): "Uma qualquer disparidade entre o Direito do foro e o Direito estrangeiro, designadamente aquela que crie uma desigualdade entre certos herdeiros, não justifica a atuação da exceção de ordem pública internacional. Do mesmo modo, é insuficiente verificar que o Direito estrangeiro não conhece o instituto da legítima"[39].

Mas não poderá em caso algum a negação de direitos sucessórios a familiares desencadear a intervenção da ordem pública internacional? Na linha de Bonomi e Lagarde, já tive a ocasião de defender que a reserva de ordem pública internacional só poderá atuar se familiares muito chegados *de cuius* ficarem privados dos meios necessários para o seu sustento[40].

Estes casos ilustram a afirmação, feita no início da minha comunicação, que só um núcleo muito restrito das proposições jurídicas imperativas vigentes na ordem jurídica portuguesa é essencial no sentido pressuposto pela ordem pública internacional.

Council on Jurisdiction, Applicable Law, Recognition and Enforcement of Decisions and Authentic Instruments in Matters of Succession and the Creation of a European Certificate of Succession", *RabelsZ.* 74 (2010 522-720, 663-664; Marianne Andrae – "Wertungswidersprüche und internationals Erbrecht", *in FS Bernd von Hoffmann*, 3-22, 12-14, Bielefeld, 2011; Anne Röthel – "Englische family provision und ordre public", in op. cit., 348-363, 362-363; *Münchener Kommentar*/Dutta [2015: Art 20 n.º 20]; e Christian Hertel, *in EuZPR – EuIPR. KSÜ. EU-ErbVO. HUntStProt 2007. Rom III-VO*, org. por Thomas Rauscher, 4.ª ed., Colónia, 2016, Artigo 35 EU-ErbVO n.º 19.

[37] Cf. Paul Lagarde – "Les principes de base du nouveau règlement européen sur les sucessions", *R. crit.* 101 (2012) 691-732, 710; Id. – "Présentation du règlement sur les successions", *in Droit européen des successions* internationals, org. por G. Khairallah e M. Revillard, 5-16, Paris, 2013, 13; Id. *in EU Regulation on Succession and Wills. Commentary*, Colónia, 2015, Artigo 35 n.º 7; Georges Khairallah – "La détermination de la loi applicable à la succession", *in Droit européen des successions internationales*, org. por G. Khairallah e M. Revillard, 47-65, Paris, 2013, 59; Mariel Revillard – *Droit international privé et européen: pratique notariale*, 8.ª ed., Paris, 2014, n.º 1031; *Cour d'appel de Paris* 3/11/1987 [*Journal du droit international* 117 (1990) 109]; e *Tribunal de grande instance de Paris* 10/7/2013 [*Droit & Patrimoine* 231 (dezembro 2013) 82]. Ver também as considerações de Dominique Bureau e Horatia Muir Watt – *Droit international privé*, tomo II, 3.ª ed., Paris, 2007, n.º 854.

[38] Cf. François Rigaux e Marc Fallon – *Droit international privé*, 3.ª ed., Bruxelas, 2005, 744.

[39] Loc. cit.

[40] Cf. *Direito Internacional Privado*, vol. II – *Direito de Conflitos/Parte Especial*, 4.ª ed., Coimbra, 2015, 695. Ver também Andrea Bonomi e Patrick Wautelet – *Le droit européen des successions*, 2.ª ed., Bruxelas, 2016, Artigo 35 n.º 35, e Carrascosa González (n. 28) 265.

*O Código Civil na lusofonia: constantes e variáveis**

PROF. DOUTOR DÁRIO MOURA VICENTE**

SUMÁRIO: *I. O Código Civil português de 1966 e a sua irradiação no mundo lusófono: 1. O Código Civil de 1966 e a sua receção nos países africanos de língua portuguesa; 2. Cont.: a modernização do Código em Macau; 3. Cont.: a influência do Código na codificação brasileira de 2002; 4. Cont.: a influência do Código na codificação timorense de 2011. II. As constantes da codificação civil na lusofonia: 5. A ideia de codificação e o reconhecimento do seu valor intrínseco; 6. Os valores comuns; 7. O Direito das Obrigações como o elemento mais estável da codificação civil. III. As variáveis da codificação civil na lusofonia: 8. O enquadramento constitucional; 9. As instâncias jurisdicionais de aplicação, interpretação e integração; 10. A concorrência de outras fontes: Direito Internacional, Direito Comunitário, Direito consuetudinário e Direito religioso; 11. Os fenómenos da descodificação e da recodificação; 12. As variáveis no Direito Internacional Privado; 13. As variáveis nos Direitos Reais; 14. As variáveis no Direito da Família; 15. As variáveis no Direito das Sucessões. IV. Síntese e conclusões: 16. Síntese e conclusões.*

I. O Código Civil português de 1966 e a sua irradiação no mundo lusófono

1. *O Código Civil de 1966 e a sua receção nos países africanos de língua portuguesa*

A 1 de janeiro de 1968, o Código Civil de 1966 tornou-se extensivo às então Províncias Ultramarinas de Portugal, por força da Portaria n.º 22.869, de

* O presente texto corresponde, com pequenos desenvolvimentos, à conferência proferida pelo autor em 23 de novembro de 2017 no *Congresso Internacional de Direito Civil* organizado pela Faculdade de Direito da Universidade de Lisboa e destina-se aos Estudos Comemorativos do Cinquentenário do Código Civil.

** Professor Catedrático da Faculdade de Direito da Universidade de Lisboa.

4 de setembro de 1967; o que este diploma legal justificou «não só como afirmação política da unidade nacional, mas também pela conveniência de regular uniformemente as múltiplas relações de direito privado de todos os portugueses, qualquer que seja o local do território nacional onde se encontrem, com exceção apenas dos que ainda se regem pelos usos e costumes legalmente reconhecidos e só na medida em que a lei admite a sua observância».

Após a independência dessas províncias, o Código Civil foi mantido em vigor nos novos Estados entretanto criados, enquanto não fosse alterado ou revogado, naquilo que não fosse contrário às respetivas Constituições e à lei ordinária[1].

Deu-se assim um fenómeno de *receção material* do Direito português nos novos Estados independentes de língua portuguesa: as normas do Código Civil foram incorporadas nos respetivos ordenamentos jurídicos, passando a fazer parte deles, tal como vigoravam à época, independentemente da sua sorte posterior em Portugal[2].

A circunstância de tais normas terem entretanto sido revogadas ou alteradas em Portugal tornou-se, por conseguinte, irrelevante para a sua aplicabilidade nestes novos países, diversamente do que sucedera aquando da sua *receção formal* ocorrida há cinquenta anos nos respetivos territórios.

Um fenómeno análogo verificara-se uma década e meia antes em Goa, Damão e Diu com o Código Civil de 1867. Também este Código fora, com efeito, tornado extensivo às províncias ultramarinas pelo Decreto do Governo de 18 de novembro de 1869, com a ressalva dos usos e costumes das populações locais, e começou a vigorar nelas a 1 de julho de 1870. Após a integração do antigo Estado Português da Índia na União Indiana, o *Goa, Daman and Diu (Administration) Act 1962*, aprovado pelo Parlamento indiano em 27 de março de 1962, manteve em vigor as leis vigentes nos respetivos territórios, até que estas fossem modificadas ou revogadas[3], situação que em parte ainda perdura. Entretanto, o *Indian Contract Act 1872* e o *Indian Transfer of Property Act 1882*

[1] Assim sucedeu na Guiné-Bissau, por força do artigo 1.º da Lei 1/73, de 24 de setembro; em Angola, em razão do artigo 58.º da Lei Constitucional de 1975; em Moçambique, nos termos do artigo 71.º da Constituição de 1975; em São Tomé e Príncipe, de acordo com o artigo 48.º da Constituição de 1975; e em Cabo Verde, em conformidade com o artigo 99.º da Constituição de 1980.

[2] Para uma análise deste tipo de fenómenos na perspetiva do Direito Comparado, veja-se Imre Zajtay, «La réception des droits étrangers et le droit comparé», *Revue Internationale de Droit Comparé*, 1957, pp. 686 ss.

[3] Cfr. a secção 5 (2) desse diploma legal: «All laws in force immediately before the appointed day in Goa, Daman and Diu or any parte thereof shall continue to be in force therein until amended or repealed by a competent Legislature or other competent authority».

foram, é certo, estendidos àqueles territórios; e em 2016 foi publicado o *The Goa Succession, Special Notaries and Inventory Proceedings Act*[4], que regula diversas matérias abrangidas pelo Código. Com a ressalva, porém, das matérias cobertas por estes diplomas, o Código Civil de 1867 continua em vigor em Goa, Damão e Diu, não obstante a sua revogação em Portugal pelo artigo 3.° do Decreto-Lei n.° 47.344, de 25 de novembro[5].

2. *Cont.: a modernização do Código em Macau*

Em Macau ocorreu uma situação um tanto diversa das anteriormente descritas.

A *Lei Básica* desse território, adotada em 31 de março de 1993 pela Assembleia Popular Nacional da República Popular da China, preservou a legislação anterior à transferência da administração de Portugal para esta, ocorrida a 20 de dezembro de 1999[6]. Deu-se assim cumprimento à *Declaração Conjunta Luso-Chinesa* de 1987[7], nos termos da qual:

> «Após o estabelecimento da Região Administrativa Especial de Macau não serão nela aplicados o sistema e as políticas socialistas, mantendo-se inalterados os atuais sistemas social e económico, bem como a respetiva maneira de viver, durante cinquenta anos.»

[4] Publicado na *Official Gazette of the Government of Goa,* série I, n.° 25, de 22 de setembro de 2016, pp. 939 ss.

[5] Ver, sobre o tema, Carmo D'Souza, *Legal System in Goa*, vol. II, *Laws and Legal Trends (1510-1969),* Pangim, 1995, pp. 253 ff.; *idem,* «Evolução do Direito português em Goa», *Revista da Faculdade de Direito da Universidade de Lisboa,* 1999, pp. 275 ss.; Manohar Sinai Usgãocar, «Bird's Eye View of the Portuguese Civil Code of 1867 and of the Portuguese Civil [Procedure] Code of 1939», *Revista da Ordem dos Advogados,* 1998, pp. 19 ff.; *idem,* «Civil Code as a Source of Civil Rights», *Goa Law Times,* 2001, vol. 1, pp. 1 ff.; *idem, Civil Code in Goa,* Pangim, 2017; e F. E. Noronha, *Understanding the Common Civil Code. An Introduction to Civil Law,* Nagpur, 2008, pp. 95 ss. e 111 ss. Uma tradução oficial do Código foi publicada na *Official Gazette of the Government of Goa,* série I, n.° 29, de 19 de outubro de 2018, pp. 1635 ss.

[6] Cfr. o artigo 145.°, 1.° §, da Lei: «Ao estabelecer-se a Região Administrativa Especial de Macau, as leis anteriormente vigentes em Macau são adoptadas como leis da Região, salvo no que seja declarado pelo Comité Permanente da Assembleia Popular Nacional como contrário a esta Lei. Se alguma lei for posteriormente descoberta como contrária a esta Lei, pode ser alterada ou deixa de vigorar, em conformidade com as disposições desta Lei e com os procedimentos legais».

[7] Aprovada, para ratificação, pela Resolução da Assembleia da República n.° 25/87, de 14 de dezembro, e ratificada pelo Decreto do Presidente da República n.° 38-A/87, da mesma data. Foi republicada no suplemento ao *Diário da República,* n.° 113, I série, de 16 de maio de 1988.

O princípio «*um país, dois sistemas*», idealizado por Deng Xiaoping nos anos 80 do século passado como fórmula política de reunificação da China, encontrou assim a sua expressão jurídica neste território, tal como havia acontecido anteriormente em Hong Kong[8].

Antes porém da referida transferência de poderes soberanos de Portugal para a China, o Código Civil fora objeto, através do Decreto-Lei n.º 39/99/M, de 3 de agosto de 1999, de uma importante reforma, dita de *localização*, que visou modernizá-lo e adequá-lo à realidade social macaense[9].

O atual Código Civil de Macau, embora mantendo-se formalmente fiel à sua matriz portuguesa, apresenta por isso diferenças não despiciendas relativamente a esta, de que se dará conta adiante nos lugares próprios deste estudo, as quais conferem ao Direito Civil macaense uma feição própria[10].

3. *Cont.: a influência do Código na codificação brasileira de 2002*

No Brasil, o Código Civil de 2002, baseado num projeto apresentado ao Governo Federal em 1975 pelo Professor Miguel Reale[11], recebeu do Código português de 1966 – para além de outras influências europeias, *maxime* a alemã, a francesa e a italiana[12] – importantes elementos de inspiração, *v.g.*, no tocante ao regime dos direitos de personalidade (regulados nos artigos 11 a 21), do negócio jurídico (cujas disposições gerais constam dos artigos 104 a 114) e da

[8] Neste sentido veja-se também Manjiao Chi *in* Yuanshi Bu (org.), *Chinese Civil Law,* Munique, 2013, p. 240.

[9] Sobre o teor e as finalidades dessa reforma pode ver-se Luís Miguel Urbano, «O Código Civil de Macau de 1999», *Boletim da Faculdade de Direito da Universidade de Macau,* 1999, pp. 37 ss.; *idem,* «Breve nota justificativa», *Código Civil. Versão portuguesa,* Macau, 1999, pp. VII ss.

[10] Para uma caracterização do atual sistema jurídico macaense e da codificação do respetivo Direito, vejam-se: Tong Io Cheng/Wu Yanni, «Legal Transplant and the on-going Formation of Macau Legal Culture», *in* Salvatore Mancuso/Tong Io Cheng, *XVIIIth International Congress on Comparative Law. Macau Regional Reports,* Macau, 2010, pp. 14 ss.; Paula Nunes Correia, «The Macanese Legal System: A Comparative Law Perspective», *in* Tong Io Cheng/Salvatore Mancuso (orgs.), *New Frontiers of Comparative Law,* Hong Kong, 2013, pp. 133 ss.; e Augusto Teixeira Garcia/Dan Wei/Paula Nunes Correia/Tong Io Cheng, «Codification in China: The Special Case of Macau», *in* Julio César Rivera (org.). *The Scope and Structure of Civil Codes,* Dordrecht, etc., 2013, pp. 83 ss.

[11] Veja-se a *Exposição de Motivos do Supervisor da Comissão Revisora e Elaboradora do Código Civil,* disponível em http://www.emerj.tjrj.jus.br.

[12] Acerca das quais *vide* Jan Peter Schmidt, *Zivilrechtskodifikation in Brasilien,* Tubinga, 2009.

representação (regulada nos artigos 115 a 120), matérias que o *Código Beviláqua*, de 1916, não disciplinava[13].

Outro tanto pode dizer-se da consagração no novo Código do dever de boa-fé na conclusão e execução dos contratos (expressamente previsto no artigo 422 e com centenas de concretizações jurisprudenciais desde 2002[14]), da proscrição do abuso de direito (plasmada no artigo 187[15]) e da obrigação de restituir o enriquecimento sem causa (que é agora objeto dos artigos 884 a 886[16]).

Ocorreu neste caso, diversamente do sucedido nos sistemas jurídicos acima referidos, um fenómeno de *transplante jurídico,* i.é, de transposição de certos institutos jurídicos para um ordenamento que os não conhecia anteriormente, a partir de outro (ou outros) que já os consagravam[17].

4. *Cont.: a influência do Código na codificação timorense de 2011*

Em Timor-Leste, o Direito português deixou de vigorar, como se sabe, durante a ocupação indonésia, ocorrida entre 1975 e 1999, tendo sido substituído nesse período pelo Direito indonésio, de ascendência romano-holandesa em matéria civil[18].

[13] Cfr. A. Santos Justo, «O Direito luso-brasileiro: codificação civil», *Boletim da Faculdade de Direito da Universidade de Coimbra,* 2003, pp. 1 ss.; e Francisco Amaral, «A parte geral do novo Código Civil brasileiro. Influência do Código Civil português», *in* Faculdade de Direito da Universidade de Coimbra (org.), *Comemorações dos 35 anos do Código Civil e dos 25 anos da Reforma de 1977,* vol. II, *A parte geral do Código e a teoria geral do Direito Civil,* Coimbra, 2006, pp. 43 ss.

[14] Sobre as quais pode ver-se Judith Martins-Costa, *A boa-fé no Direito Privado. Critérios para a sua aplicação,* São Paulo, 2015.

[15] Cfr. Judith Martins-Costa, «A contribuição do Código Civil Português ao Código Civil Brasileiro e o abuso de direito. Um caso exemplar de transversalidade cultural», *Themis,* 2008, pp. 107 ss.

[16] Ver, sobre o tema, Diogo Leite de Campos, «O enriquecimento sem causa em Direito Brasileiro», *Revista Brasileira de Direito Comparado,* n.º 23 (2003), pp. 3 ss.; e Luís Menezes Leitão, «O enriquecimento sem causa no novo Código Civil brasileiro», *Revista CEJ,* n.º 25 (junho 2004), pp. 24 ss.

[17] Veja-se, sobre esse fenómeno, o nosso *Direito Comparado,* vol. I, 4.ª ed., Coimbra, 2018, pp. 519 s., e a demais bibliografia aí citada.

[18] Cfr. Paulo Otero, «A lei aplicável às relações jurídico-privadas envolvendo timorenses e constituídas em Timor-Leste entre 1975 e 1999», *in* Jorge Miranda (org.), *Timor e o Direito,* Lisboa, 2000, pp. 37 ss.; António Marques dos Santos, «O sistema jurídico de Timor-Leste – Evolução e perspectivas», *in eiusdem, Estudos de Direito Internacional Privado e de Direito Público,* Coimbra, 2004, 595 ss.

Mas o novo Direito deste país, em formação desde a independência proclamada em 2002, revogou as disposições legais indonésias em vigor[19] e passou a refletir em numerosos aspetos a cultura jurídica portuguesa[20].

Esta manifesta-se claramente no Código Civil de 2011[21], que adota a mesma sistemática e reproduz até integralmente muitas das regras do Código português, incluindo as que nele foram inseridas após a reforma de 1977. A codificação portuguesa funcionou neste caso como *modelo de regulação jurídica.*

II. **As constantes da codificação civil na lusofonia**

5. ***A ideia de codificação e o reconhecimento do seu valor intrínseco***

Aos fenómenos descritos, pese embora a sua considerável diversidade, subjazem alguns elementos comuns que importa registar.

Entre estes sobressai o valor intrínseco desde cedo reconhecido nos países e territórios de língua e cultura portuguesa à codificação do Direito Civil – bem patente, designadamente, na obra pioneira do jurista brasileiro Teixeira de Freitas[22].

A codificação apresenta, com efeito, inequívocas vantagens – há muito identificadas na doutrina portuguesa[23] –, designadamente sob o prisma da facilidade do acesso ao Direito, da coerência das regras aplicáveis e da igualdade do tratamento de situações jurídicas idênticas.

O Código Civil fornece ao intérprete, em suma, um *sistema*, que lhe permite situar com segurança o caso concreto no contexto normativo em que este deve ser decidido e valorá-lo em conformidade com os princípios que o inspiram; o que os ordenamentos jurídicos de *Common Law* não possibilitam, pelo menos no mesmo grau, com os custos a isso inerentes[24].

[19] Assim sucedeu pelo que respeita ao Código Civil, revogado pelo artigo 17.º da Lei n.º 10/2011, de 14 de setembro.

[20] Ver Florbela Pires, «Fontes do Direito e Procedimento Legislativo na República Democrática de Timor-Leste», in *Estudos em Memória do Professor Doutor António Marques dos Santos*, vol. II, Coimbra, 2005, pp. 101 e ss.

[21] Ver Cláudio Ximenes, *Código Civil aprovado pela Lei 10/2011, de 14 de setembro*, Díli, 2012.

[22] Vejam-se, do autor, *Consolidação das Leis Civis*, Rio de Janeiro, 1858; e *Código Civil – Esboço*, Rio de Janeiro, 1864.

[23] Cfr. João de Castro Mendes, «Algumas notas sobre codificação», *Jornal do Fôro*, 1960, pp. 8 ss., e José de Oliveira Ascensão, *O Direito. Introdução e teoria geral*, 13.ª ed., Coimbra, 2005, pp. 369 ss.

[24] Ver James R. Maxeiner, «Costs of no codes», *in* Julio César Rivera (org.). *The Scope and Structure of Civil Codes*, Dordrecht, etc., 2013, pp. 409 ss.

Mesmo em Goa, onde o Código Civil convive atualmente com precedentes de matriz anglo-saxónica oriundos dos tribunais superiores indianos, bem como com compilações legislativas de usos e costumes hindus e muçulmanos, a codificação portuguesa foi preservada, como se observou acima, e é apontada como exemplo de um Código Civil Uniforme[25], cuja adoção se encontra prescrita no artigo 44 da Constituição indiana nos seguintes termos:

> «The State shall endeavour to secure for the citizens a uniform civil code throughout the territory of India.»

A codificação do Direito Civil enfrenta hoje, é certo, relevantes desafios que não podem ser ignorados[26]. Estes decorrem, desde logo, do envelhecimento de alguns códigos (de que o vigente em Goa será porventura o exemplo mais flagrante no espaço lusófono); da proliferação de diplomas avulsos em matéria civil, como os que em Portugal resultaram da transposição de diretivas europeias (*v.g.* em matéria de cláusulas contratuais gerais, comércio eletrónico, atrasos no pagamento de transações comerciais e responsabilidade do produtor) e de intervenções legislativas recorrentes em certas matérias (como o arrendamento e as relações familiares); e da primazia dada por alguns países, em certos momentos históricos, à codificação de ramos especiais do Direito Privado (de que são exemplos o Código de Defesa do Consumidor do Brasil, de 1990, e o Código Comercial de Moçambique, de 2005, nos quais se consignaram certas regras de Direito Privado comum, como as que disciplinam os contratos celebrados por adesão a cláusulas contratuais gerais, cuja sede própria é, nos sistemas romano-germânicos, o Código Civil).

Não pode, ainda assim, ter-se por realizada no espaço jurídico lusófono a errónea profecia, formulada por Natalino Irti em 1979, de uma nova *era da descodificação*[27]. Pelo contrário: os exemplos recentes de codificações civis acima

[25] Cfr. Shimon Shetreet/Hiram E. Chodosh, *Uniform Civil Code for India. Proposed Blueprint for Scholarly Discourse,* Oxford, 2015, pp. 174 ss.

[26] Veja-se sobre o ponto, numa ótica comparativa, Julio César Rivera, «The Scope and Structure of Civil Codes. Relations with Commercial Law, Family Law, Consumer Law and Private International Law. A Comparative Approach», *in eisudem* (org.). *The Scope and Structure of Civil Codes,* Dordrecht, etc., 2013, pp. 3 ss.; e Salvatore Patti, «Codification, decodification and recodification of private law in Europe», *in* Elsa Vaz de Sequeira/Fernando Oliveira e Sá (orgs.), *Edição Comemorativa do Cinquentenário do Código Civil,* Lisboa, 2017, pp. 47 ss.

[27] Cfr. *L'età della decodificazione,* 4.ª ed., Milão, 1999. Para uma crítica da tese expendida nesta obra, veja-se Reinhard Zimmermann, «Codification: history and present significance of an idea. À propos the recodification of private law in the Czech Republic», *European Review of Private Law,* 1995, pp. 95 ss. (especialmente pp. 103 ss.).

referidos, tal como as iniciativas de recodificação a que aludiremos adiante, permitem concluir que o ideal codificador se mantém vivo, nesta e noutras matérias, nos países de língua oficial portuguesa.

6. *Os valores comuns*

Mais, porém, do que uma técnica regulatória uniforme, as codificações civis dos países e territórios de língua portuguesa refletem a adesão destes a certos valores comuns e aos princípios jurídicos que constituem a sua expressão normativa.

Destacam-se a este respeito, em matéria patrimonial, a *autonomia privada* e a *justiça contratual*, ambas com múltiplas consagrações nas codificações lusófonas, entre as quais sobressaem no Código português, pelo que respeita à primeira, o artigo 405.°, e, no tocante à segunda, os artigos 282.°, 437.° e 812.°[28].

Trata-se, como é bem sabido, de princípios que se encontram em tensão recíproca, mas cuja conciliação é indispensável ao regular funcionamento de uma economia social de mercado. Essa conciliação, que constitui uma das traves mestras do Código Civil português de 1966[29], encontrou porventura a sua melhor expressão no artigo 421 do Código Civil brasileiro, que dispõe:

> «A liberdade de contratar será exercida em razão e nos limites da função social do contrato.»

Não menos significativa é a relevância que assume nestes sistemas o valor da *tolerância*. Já em 1928 Pontes de Miranda salientava, como características distintivas do Direito brasileiro, «*a tolerância, a affectividade, cercadas, porém, de sugestões patriarcaes*»[30]. Hoje constituem manifestações desse valor nos Códigos Civis lusófonos a equiparação dos estrangeiros aos nacionais quanto ao gozo de direitos civis (consignada no artigo 14.° da codificação portuguesa)[31] e a

[28] Sobre o tema, *vide*, por último, Manuel Carneiro da Frada, «Autonomia Privada e Justiça Contratual. Duas questões, nos 50 anos do Código Civil», *in* Elsa Vaz de Sequeira/Fernando Oliveira e Sá (orgs.), *Edição Comemorativa do Cinquentenário do Código Civil*, Lisboa, 2017, pp. 239 ss.

[29] Neste sentido, António Pinto Monteiro, «La codification en Europe: le code civil portugais», *Boletim da Faculdade de Direito da Universidade de Coimbra*, 1992, pp. 1 ss. (p. 4).

[30] Cfr. *Fontes e evolução do Direito Civil brasileiro*, Rio de Janeiro, 1928, p. 487.

[31] A qual tem um desenvolvimento particularmente relevante no *estatuto da igualdade* luso-brasileiro, consagrado nos artigos 12.° e seguintes do Tratado da Amizade, Cooperação e Consulta entre a República Portuguesa e a República Federativa do Brasil, celebrado em Porto Seguro em 22 de abril de 2000.

abertura por eles manifestada ao Direito religioso e consuetudinário, *maxime* em matéria de casamento (bem patente, por exemplo, no artigo 1587.°, n.° 2, do Código Civil português, que reconhece valor e eficácia civil ao matrimónio católico; no artigo 16.° da Lei de Família de Moçambique, que reconhece efeitos civis ao casamento religioso e tradicional, desde que monogâmico; e no artigo 1475.° do Código Civil de Timor-Leste, que estabelece como modalidades de casamento o civil o católico e o barlaqueado[32]).

Esta abertura corresponde, aliás, a uma longa tradição do Direito Civil português. Refletia-a já o citado Decreto de 18 de novembro de 1869, que ressalvou expressamente os usos e costumes das populações indígenas (compilados em Goa no *Código dos Usos e Costumes Hindus*, de 1880, em Moçambique no *Código dos Milandos Inhambanenses*, de 1889, e em Macau no *Código dos Usos e Costumes dos Chins de Macau*, de 1909[33]). Manteve-a o Decreto n.° 43.897, de 6 de setembro de 1961, que reconheceu, nas províncias ultramarinas, os usos e costumes locais, reguladores de relações jurídicas privadas, quer os já compilados, quer os não compilados e vigentes nas regedorias. E preservou-a ainda o artigo 348.° do Código Civil de 1966, ao estabelecer o princípio do conhecimento oficioso pelos tribunais estaduais do Direito consuetudinário, apesar da omissão nesse Código de uma regra geral sobre o costume como fonte de Direito[34].

Numa época em que alguns proclamam como inexorável o *conflito de civilizações*[35], os países e territórios de língua e cultura portuguesa demonstram assim ser possível, por via do *pluralismo jurídico* neles consagrado em matéria civil, a convivência pacífica de pessoas de origens étnicas e religiosas muito diversas.

[32] Sobre o qual pode ver-se, Jaime Valle, «O casamento na ordem jurídica timorense actual: perspectivas de evolução», *in* Jorge Bacelar Gouveia (org.), *I Congresso do direito de língua portuguesa*, Coimbra, 2010, pp. 293 ss.

[33] Cfr., sobre essas codificações, Cristina Nogueira da Silva, «"Missão Civilizacional" e codificação de *usos e costumes* na doutrina colonial portuguesa (séculos XIX-XX)», *Quaderni Fiorentini per la Storia del Pensiero Giuridico Moderno*, 2004-2005, pp. 899 ss.; Gildo Espada, «Codificação de usos e costumes em Moçambique no século XIX – inícios do século XX», *Revista de Direito de Língua Portuguesa*, 2015, pp. 97 ss.

[34] Sobre o ponto, *vide* José de Oliveira Ascensão, «O costume como fonte do direito», *Revista Trimestral de Direito Civil*, 2000, pp. 39 ss.; António Menezes Cordeiro, *Tratado de Direito Civil*, I, 4.ª ed., Coimbra, 2012, pp. 566 ss.; e Carlos Burity da Silva, «O costume como fonte de Direito na ordem jurídica plural angolana», *Revista de Direito de Língua Portuguesa*, 2015, pp. 7 ss.

[35] Ver Samuel Huntington, *The Clash of Civilizations and the Remaking of World Order*, Nova Iorque, 1997 (existe tradução portuguesa, por Henrique M. Lajes Ribeiro, com o título *O choque das civilizações e a mudança na ordem mundial*, 2.ª ed., Lisboa, 2001).

7. *O Direito das Obrigações como o elemento mais estável da codificação civil*

Entre as constantes das codificações civis lusófonas destaca-se o Direito das Obrigações, porventura a sua componente mais estável[36].

No confronto com os demais ramos do Direito Civil, este é, com efeito, o que sofreu menos mutações nos últimos cinquenta anos. O que não deve surpreender. É que o Código português de 66 já refletia a evolução para o Estado social, bem visível, designadamente, nas múltiplas referências nele feitas à boa-fé, na proibição da usura, na proscrição do abuso de direito, na consagração do *favor debitoris*, na relevância conferida à *culpa in contrahendo* e à alteração de circunstâncias em que as partes fundaram a decisão de contratar, etc.[37]. Outro tanto se dirá do Código brasileiro, com as suas emblemáticas disposições sobre a lesão (artigo 157), a função social do contrato (artigo 421) e a onerosidade excessiva da prestação (artigo 478)[38].

O Direito das Obrigações lusófono toma, assim, como modelo inspirador do regime jurídico das relações creditícias uma economia social de mercado com forte intervenção do Estado e preocupada com a justiça comutativa nas relações jurídicas patrimoniais; modelo este que passou, tanto no Brasil como em Portugal, dos regimes autocráticos que vigoraram em ambos os países durante boa parte do século XX para os atuais regimes democráticos[39]. O Direito das Obrigações adaptou-se bem, por isso, às mutações políticas posteriores a 1974, em Portugal, e a 1985, no Brasil – geralmente orientadas, também elas, para uma acentuação das preocupações sociais subjacentes à legislação em vigor.

Não acompanhamos, por isso, a afirmação, constante do preâmbulo do diploma legal que aprovou a reforma de 1977 do Código português, segundo a qual:

[36] Neste sentido também António Menezes Cordeiro, «O sistema lusófono de Direito», *Revista da Ordem dos Advogados*, 2010, pp. 17 ss. (p. 83).

[37] Neste sentido, veja-se Antunes Varela, «Código Civil», *Enciclopédia Polis*, vol. I, cols. 929 ss. (cols. 931 ss.); e também, do mesmo autor, «Do projecto ao Código Civil», *Boletim do Ministério da Justiça*, vol. 161 (1966), pp. 5 ss., onde se apontavam como traços fundamentais da conceção de fundo subjacente ao Código Civil então apresentado à Assembleia Nacional a «reação contra o individualismo», o «colectivismo nacionalista português» e o «personalismo cristão». Cfr. ainda, sobre o ponto, o estudo de Luís Correia de Mendonça, «As origens do Código Civil de 1966: esboço para uma contribuição», *Análise Social*, 1982-3, pp. 829 ss. (especialmente pp. 856 ss.).

[38] Sobre as quais podem ver-se Teresa Negreiros, *Teoria do Contrato. Novos Paradigmas*, Rio de Janeiro/São Paulo, 2002, especialmente pp. 105 ss.; Maria Helena Diniz, *Manual de Direito Civil*, São Paulo, 2011, pp. 163 ss.; Francisco Amaral, *Direito Civil. Introdução*, 8.ª ed., Rio de Janeiro, 2014, pp. 198 ss.; e Arnoldo Wald, *Direito Civil*, 22.ª ed., São Paulo, 2015, pp. 229 ss.

[39] Ver sobre o ponto, para mais desenvolvimentos, o nosso *Direito Comparado*, vol. II, *Obrigações*, Coimbra, 2017, especialmente pp. 213 ss.

> «A parte geral do direito das obrigações – e o mesmo vale para a disciplina do negócio jurídico – é um dos sectores menos diretamente afetados pela filosofia política em cada momento dominante.»

O que sucede é antes, a nosso ver, que a «filosofia política» (como se diz no trecho citado) que inspirou regimes português e brasileiro já acolhia, muito antes das mutações constitucionais de 1976 e 1988, o *princípio social* que impregna o atual Direito das Obrigações de ambos os países[40]. Este tem no Direito alemão, tal como desenvolvido pela doutrina e pela jurisprudência ao longo do século XX, a sua origem mais próxima[41]; ao que não é evidentemente estranha a forte componente comparatística dos trabalhos preparatórios dos Códigos Civis dos dois países, particularmente no domínio das Obrigações[42].

A corroborá-lo aí está a mais notória exceção a esta linha evolutiva, que é a nosso ver o Código Civil de Macau. Nesta Região Administrativa Especial da China, o Direito das Obrigações experimentou, com efeito, uma mutação muito acentuada no sentido do reforço da *efetividade* dos direitos do credor (expressa, por exemplo, no novo regime da sanção pecuniária compulsória, da cláusula penal e do contrato-promessa), do alargamento dos direitos indemnizatórios da vítima de acidente de viação (através, nomeadamente, da revisão dos limites da responsabilidade objetiva) e de uma atenuação muito significativa do caráter vinculístico do contrato de arrendamento. O *favor debitoris* diluiu-se, assim, consideravelmente em Macau; ao que não é alheio o sistema económico,

[40] Nesta linha de orientação, veja-se Inocêncio Galvão Telles, «Revisão do Código Civil Português», *in Anales de la Universidad de Murcia,* 1954-55, pp. 827 ss., onde o autor afirmava: «A filosofia extremamente individualista, de que o Código português é produto genuíno, como o é o napoleónico ou o espanhol, encontra-se ultrapassada pela sã preocupação de uma justiça social, que sem exageros proteja os fracos das prepotências dos fortes, transforme as convenções e os direitos, de instrumentos egoístas, em meios ao serviço do Bem-comum e de maneira geral dê a este a máxima valorização, com imprescindível e até mais acentuado respeito da personalidade humana./O Direito português tem evoluído neste sentido, através da Constituição Política, de 1933, do Estatuto do Trabalho Nacional, também de 1933, e de múltipla legislação avulsa [...]».

[41] Veja-se sobre esse princípio, na doutrina alemã, Manfred Wolf/Jörg Neuner, *Allgemeiner Teil des Bürgerlichen Rechts,* 10.ª ed., Munique, 2012, pp. 101 ss. Acerca da influência do Direito alemão nos dois sistemas jurídicos lusófonos, vejam-se, respetivamente, António Menezes Cordeiro, *Teoria Geral do Direito Civil – Relatório,* Lisboa, 1988, pp. 110 ss., e *Tratado de Direito Civil,* I, cit., pp. 235 ss.; e Otavio Luiz Rodrigues Junior, «A influência do BGB e da doutrina alemã no Direito Civil brasileiro do século XX», *Revista dos Tribunais,* dezembro de 2013, pp. 79 ss.

[42] Da qual dão elucidativo testemunho, designadamente, os estudos elaborados por Adriano Vaz Serra, publicados no *Boletim do Ministério da Justiça,* cujo elenco completo pode ser consultado em *Código Civil português. Exposição documental,* Lisboa, 1966, pp. 61 ss.

de pendor fortemente liberal, em que hoje se insere o Direito macaense e que o Código Civil local de alguma sorte reflete[43].

Apesar da sua relativa estabilidade nas últimas cinco décadas, o Direito das Obrigações não é, pois, nos sistemas jurídicos lusófonos (nem em quaisquer outros), *ideologicamente neutro*.

III. **As variáveis da codificação civil na lusofonia**

8. ***O enquadramento constitucional***

Mas os Códigos Civis da lusofonia sofreram também o embate decorrente da necessidade de se adaptarem a novos textos constitucionais, que em parte se revelaram incompatíveis com as suas disposições.

Em Portugal, essa circunstância ditou a reforma levada a cabo pelo Decreto-Lei n.º 496/77, de 25 de novembro, o qual procurou em primeira linha, como se referia no respetivo preâmbulo:

> «Dar satisfação aos princípios constitucionais que impõem a plena igualdade de direitos e deveres dos cônjuges e a não discriminação dos filhos nascidos fora do casamento.»

Procedeu-se assim a uma revisão profunda do regime do casamento e da filiação, bem como à adaptação de outros institutos que não podiam manter-se alheios às inovações introduzidas pela Constituição de 1976, como a adoção e as sucessões por morte[44]. Por outro lado, o princípio constitucional da liberdade de associação obrigou a alterar o capítulo do Código sobre as pessoas coletivas; assim como a outorga pela Constituição de capacidade eleitoral ativa e passiva a maiores de dezoito anos levou à revisão das soluções naquele anteriormente acolhidas sobre a maioridade.

O impacto de um diferente enquadramento constitucional foi também muito nítido nos países africanos de língua oficial portuguesa, em virtude do acolhimento neles dado, após as independências, à propriedade pública dos

[43] Ver, sobre o ponto, ALMENO DE SÁ, «Traços inovadores do Direito das Obrigações no Código Civil de Macau. O princípio da efectividade dos direitos do credor», *Boletim da Faculdade de Direito da Universidade de Macau*, 1999, pp. 133 ss.

[44] Ver, sobre esta matéria, numa ótica comparativa, o nosso estudo «O princípio da igualdade entre cônjuges no Direito Comparado», *Revista da Faculdade de Direito da Universidade de Lisboa/ Lisbon Law Review*, 2018-I, pp. 93 ss.

meios de produção, à planificação estadual da economia e à separação entre o Estado e as Igrejas. Voltaremos a estes pontos adiante.

No Brasil, a irradiação da Constituição Federal de 1988 para a esfera do Direito Civil é igualmente muito significativa; e constitui mesmo o esteio de uma corrente de pensamento jurídico que enfatiza o papel da lei fundamental na modelação das relações civis, inclusive mediante a sua aplicação direta a estas[45].

9. *As instâncias jurisdicionais de aplicação, interpretação e integração*

Entre as variáveis da codificação civil nos sistemas lusófonos sobressai também a circunstância de os Códigos Civis em apreço serem aplicados, nos países e territórios onde vigoram, por instâncias jurisdicionais com características muito distintas.

Assim sucede, por exemplo, em Moçambique, onde a resolução de litígios em matéria civil foi confiada, a partir de 1978, a tribunais integrados por juízes eleitos por assembleias populares, os quais foram substituídos em 1992 por *tribunais comunitários*[46].

Por seu turno, na Índia, desde a abolição, em 1963, da Relação de Goa, o *Mumbai High Court* passou a ter jurisdição, enquanto tribunal de recurso, sobre Goa, Damão e Diu. Existe, é certo, um *Goa Bench* desse tribunal desde 1982; mas o Código Civil é aí aplicado por juízes com formação anglo-saxónica, de cujas decisões há recurso para o Supremo Tribunal indiano; o que tem tido inequívoco impacto sobre o modo como são interpretadas e aplicadas as disposições desse Código[47].

[45] Ver Gustavo Tepedino, «Normas constitucionais e Direito Civil», *Revista da Faculdade de Direito de Campos,* 2003/2004, pp. 167 ss.; e Anderson Schreiber, *Manual de Direito Civil Contemporâneo,* São Paulo, 2018, pp. 53 ss. Esta corrente, todavia, não permaneceu incontroversa na doutrina brasileira: cfr., designadamente, Otavio Luiz Rodrigues Júnior, «Estatuto epistemológico do Direito Civil contemporâneo na tradição de *civil law* em face do neoconstitucionalismo e dos princípios», *Meritum,* julho/dezembro 2010, pp. 13 ss.; *idem, Direito Civil contemporâneo. Estatuto epistemológico, Constituição e direitos fundamentais,* São Paulo, 2018.

[46] Sobre os quais pode ver-se Boaventura Sousa Santos/João Carlos Trindade (orgs.), *Conflito e transformação social: uma paisagem das justiças em Moçambique,* Porto, 2003, vol. I, pp. 71 ss., e vol. II, pp. 189 ss.

[47] Ver Elgar Noronha, «O Direito português na jurisprudência e legislação indianas», disponível na Biblioteca Digital *Ius Commune,* acessível em http://www.fd.ulisboa.pt.

Uma situação próxima verifica-se em Macau, onde o Tribunal de Última Instância, que decide os recursos das decisões dos tribunais macaenses, é hoje maioritariamente constituído por juízes formados na China[48].

10. *A concorrência de outras fontes: Direito Internacional, Direito Comunitário, Direito consuetudinário e Direito religioso*

Os Códigos Civis sofrem, além disso, a concorrência de outras fontes de Direito aplicáveis em matéria civil.

Estão neste caso, desde logo, as fontes internacionais. Entre estas destaca-se a Convenção das Nações Unidas Sobre a Compra e Venda Internacional de Mercadorias, de 1980[49], a que o Brasil aderiu em 2015[50] e que prevalece, no seu âmbito próprio de aplicação[51], sobre as disposições do Código Civil relativas ao contrato de compra e venda.

A elas acresce, em Portugal e na Guiné-Bissau, o Direito derivado de certas organizações supranacionais a que estes países pertencem, com destaque, respetivamente, para a União Europeia e a Organização Para a Harmonização do Direito dos Negócios em África (OHADA). A produção normativa oriunda destas entidades tem, contudo, alcance muito variável em matéria civil: se é certo que na primeira é identificável um fenómeno de *europeização do Direito Privado*, patente designadamente nas Diretivas dela emanadas em matéria contratos e de responsabilidade civil e na jurisprudência do Tribunal de Justiça da União Europeia a elas respeitante, na segunda a aproximação de legislações neste domínio é, por enquanto, bastante mais incipiente[52].

[48] Veja-se o respetivo elenco em https://www.gov.mo/pt/apm-info-page/estrutura-politica-da-regiao-administrativa-especial-de-macau/orgaos-judiciarios-da-regiao-administrativa-especial-de-macau/juizes-dos-tribunais-das-diferentes-instancias.

[49] Cujo texto e estado das ratificações podem ser confrontados em http://www.uncitral.org.

[50] Ver Ingeborg Schwenzer/Cesar Pereira/Leandro Tripodi (orgs.), *A CISG e o Brasil. Convenção das Nações Unidas para os Contratos de Compra e Venda Internacional de Mercadorias,* Madrid, etc., 2015.

[51] Sobre o qual pode ver-se o nosso estudo «A Convenção de Viena Sobre a Compra e Venda Internacional de Mercadorias: características gerais e âmbito de aplicação», *in* Luís de Lima Pinheiro (organizador), *Estudos de Direito Comercial Internacional,* Coimbra, 2004, pp. 271 ss.

[52] É matéria que não podemos desenvolver aqui. Vejam-se, na bibliografia mais recente, Salvatore Mancuso, *Direito Comercial Africano - OHADA,* Coimbra, 2012; Norbert Reich, *General Principles of EU Civil Law,* Cambridge, etc., 2014; Reiner Schulze/Fryderyk Zoll, *Europäisches Vertragsrecht*, Baden-Baden, 2015; e Reinhard Zimmermann/Nils Jansen, «Direito Europeu dos Contratos: Fundamentos, Comentários, Síntese», *in* Elsa Vaz de Sequeira/Fernando Oliveira e

Outra fonte não menos relevante em matéria civil é o Direito consuetudinário, reconhecido como fonte de Direito pelas atuais constituições de Angola[53], do Brasil[54] e de Moçambique[55], bem como pelo Código Civil de Timor-Leste[56], o qual tem especial impacto, como notámos acima, em matéria familiar e sucessória; Direito esse que é aplicável não apenas pelos tribunais do Estado, mas também pelas autoridades tradicionais, a que nesses países se vem reconhecendo crescentemente nos textos oficiais o papel que há muito de facto desempenham na administração da justiça, sobretudo nos meios rurais[57].

O mesmo pode dizer-se do Direito religioso: na Índia, como se viu, as compilações de usos e costumes hindus e muçulmanos prevalecem, no seu campo próprio de aplicação, sobre as disposições do Código Civil[58]; e na Guiné-Bissau e em Moçambique a *Xaria* islâmica é correntemente aplicada entre os membros das etnias muçulmanas, como é o caso dos fulas e dos mandingas naquele primeiro país e dos macuas no segundo.

11. *Os fenómenos da descodificação e da recodificação*

Outro fenómeno que contribuiu poderosamente para a diversidade dos sistemas civis lusófonos foi a *descodificação* ocorrida em certas matérias, não raro resultante da necessidade de se adotarem, em curto prazo, reformas legislativas sobre questões pontuais ou, consoante tem sucedido em Portugal, de satisfazer

Sá (orgs.), *Edição Comemorativa do Cinquentenário do Código Civil,* Lisboa, 2017, pp. 15 ss.; e o nosso *Direito Comparado*, vol. II, *Obrigações,* cit., pp. 591 ss.

53 Artigo 7.º: «É reconhecida a validade e a força jurídica do costume que não seja contrário à Constituição nem atente contra a dignidade da pessoa humana».

54 Artigo 231: «São reconhecidos aos índios sua organização social, costumes, línguas, crenças e tradições, e os direitos originários sobre as terras que tradicionalmente ocupam, competindo à União demarcá-las, proteger e fazer respeitar todos os seus bens».

55 Artigo 4.º: «O Estado reconhece os vários sistemas normativos e de resolução de conflitos que coexistem na sociedade moçambicana, na medida em que não contrariem os valores e os princípios fundamentais da Constituição».

56 Artigo 2.º: «As normas e os usos costumeiros que não contrariem a Constituição e as leis são juridicamente atendíveis».

57 Vejam-se sobre o tema, a respeito de Moçambique, Boaventura Sousa Santos/João Carlos Trindade (orgs.), *Conflito e transformação social: uma paisagem das justiças em Moçambique,* cit., vol. I, pp. 73 ss. e vol. II, pp. 341 ss.; e, com referência à realidade angolana, Carlos Feijó, *A coexistência normativa entre o Estado e as autoridades tradicionais na ordem jurídica plural angolana,* Coimbra, 2012; e Carlos Burity da Silva, *Teoria geral do Direito Civil,* 2.ª ed., Luanda, 2018, pp. 44 ss.

58 Ver Luís da Cunha Gonçalves, *Direito Hindú e Mahometano. Comentário ao Decreto de 16 de Dezembro de 1880,* Coimbra, 1923; e Carmo D'Souza, *Legal System in Goa*, vol. II, cit., pp. 211 ss.

compromissos internacionais do país, *maxime* em matéria de transposição de diretivas de União Europeia.

Em Portugal, esse fenómeno fez-se sentir designadamente nas leis sobre as cláusulas contratuais gerais, o comércio eletrónico, o arrendamento, etc.; em Angola, nas leis sobre as cláusulas contratuais gerais, as terras, as águas, as associações, a adoção e o arrendamento urbano; em Moçambique, nas leis da família, de terras, do arrendamento e de defesa do consumidor; e em Goa, em matéria de contratos, de transferência da propriedade e, por último, de sucessões por morte.

Cumpre todavia salientar, a este respeito, o esforço de *recodificação* empreendido (ou pelo menos projetado) em alguns países lusófonos[59]. Assim, em Cabo Verde o Decreto Legislativo n.º 12-C/97, de 30 de junho, revogou o Código da Família e reintroduziu no Código Civil o Livro IV, no qual se contêm todas as alterações entretanto operadas na legislação da família. Em Portugal, o Novo Regime do Arrendamento Urbano, aprovado pela Lei n.º 6/2006, de 27 de fevereiro, repôs, com nova redação, os artigos 1064.º a 1113.º do Código Civil; e não falta na doutrina quem admita a necessidade de uma reforma mais ampla deste diploma legal, dirigida não apenas à recodificação de leis especiais mas também à modernização do Código[60]. E em Angola o *Estudo Diagnóstico Sobre a Compatibilização do Código Civil com a Constituição,* de 2011, concluiu também pela necessidade de recodificação da legislação civil avulsa adotada desde a independência[61].

12. *As variáveis no Direito Internacional Privado*

O Direito Internacional Privado é um dos domínios onde se regista hoje maior variabilidade dos sistemas lusófonos, apesar da inclusão desta matéria na codificação civil de 1966.

[59] *Vide* sobre o tema, pelo que respeita aos países africanos de língua oficial portuguesa e a Timor-Leste, Helena Leitão, «O Código Civil português de 1966 nos PALOP e as tendências de reforma», *Themis,* 2008, pp. 129 ss.; e, quanto ao Brasil, Mário Luiz Delgado, *Codificação, descodificação e recodificação do Direito Civil brasileiro,* São Paulo, 2011.

[60] A questão não é, porém, inteiramente pacífica: cfr. António Menezes Cordeiro, *Da modernização do Direito Civil,* Coimbra, 2004, pp. 56 ss.; *idem, Tratado de Direito Civil,* I, cit., pp. 390 ss.; Carlos Ferreira de Almeida, «Código Civil: atear a chama da reforma», *Themis,* 2008, pp. 345 ss.; e Paulo Mota Pinto, «O Código Civil português: "de uma possível tendência para o esvaziamento a uma também possível necessidade de reforma"? Algumas reflexões», *Themis,* 2008, pp. 25 ss.

[61] Cfr. Orlando Fernandes, *A vigência do Código Civil em Angola,* comunicação apresentada em 23 de novembro de 2017 no *Congresso Internacional de Direito Civil,* p. 6.

Em Portugal, o atual distanciamento que se verifica nesta matéria relativamente a outros sistemas jurídicos de língua portuguesa decorre, por um lado, das alterações introduzidas nas regras de conflitos do Código Civil pela Reforma de 77[62]; e, por outro, da derrogação de boa parte delas entretanto operada por regulamentos da União Europeia, respeitantes, designadamente, às obrigações contratuais e não contratuais, ao divórcio e à separação judicial, às sucessões *mortis causa*, aos regimes matrimoniais e às parcerias registadas, dos quais resultou a emergência de um Direito Internacional Privado Europeu, ainda em consolidação mas de vasto significado[63].

No Brasil, a matéria continua a ser regida pela Lei de Introdução às Normas do Direito Brasileiro (sucessora da Lei de Introdução ao Código Civil de 1942)[64]. Esta acolhe, no tocante ao estatuto pessoal das pessoas singulares, o princípio da aplicação da lei do domicílio, em lugar da lei da nacionalidade, que continua a prevalecer como regra geral na maioria dos outros sistemas lusófonos; exclui, ao arrepio do que sucede nestes últimos, a liberdade de escolha pelas partes da lei aplicável às obrigações voluntárias (apenas consentida no Brasil, por força de legislação especial, no tocante aos litígios submetidos à jurisdição de tribunais arbitrais); e rejeita, de um modo geral, a admissibilidade do reenvio, que a codificação portuguesa de 66 disciplinou minuciosamente[65].

[62] Sobre as quais podem ver-se António Ferrer Correia, «A revisão do Código Civil e o Direito Internacional Privado», *in Estudos vários de Direito,* Coimbra, 1982, pp. 279 ss.; e Rui de Moura Ramos, «Linhas gerais do Direito Internacional português posteriormente ao Código Civil de 1966», *in Comemorações dos 35 anos do Código Civil e dos 25 anos da Reforma de 1977,* vol. II, Coimbra, 2006, pp. 501 ss.

[63] A respeito do qual *vide*, por último, Michael Bogdan, *Concise Introduction to EU Private International Law,* 3.ª ed., Groningen, 2016. Em língua portuguesa, consultem-se o nosso estudo «Liberdades comunitárias e Direito Internacional Privado», *in Direito Internacional Privado. Ensaios,* Coimbra, 2010, pp. 7 ss.; e Rui de Moura Ramos, *Estudos de Direito Internacional Privado da União Europeia,* Coimbra, 2016. As fontes referidas no texto encontram-se coligidas, em língua portuguesa, no nosso *Direito Internacional Privado. Textos normativos fundamentais,* 3.ª ed., Coimbra, 2017, pp. 211 ss.

[64] Cfr., para uma análise desse diploma legal, André de Carvalho Ramos/Erik Frederico Gramstrup, *Comentários à Lei de Introdução às Normas do Direito Brasileiro,* São Paulo, 2016, pp. 134 e 183 ss.; Alexandre da Cunha Filho, Rafael Issa e Rafael Schwind (orgs.), *Lei de Introdução às Normas do Direito Brasileiro – Anotada,* São Paulo, 2019.

[65] Ver, na literatura mais recente, Maristela Basso, *Curso de Direito Internacional Privado,* 5.ª ed., São Paulo, 2016, pp. 237 ss., 274 ss. e 321 ss. Acerca da proposta, pendente no Congresso Brasileiro, de uma alteração da Lei de Introdução às Normas do Direito Brasileiro, no sentido da consagração nela da liberdade de escolha pelas partes da lei aplicável aos contratos internacionais, *vide* Nadia de Araújo, «A necessária mudança do artigo 9.º da LINDB: o avanço que faltava para a consagração da autonomia da vontade no DIPR brasileiro», *in* André de Carvalho Ramos (org.), *Direito Internacional Privado. Questões controversas,* Belo Horizonte, 2016, pp. 289 ss.

Em Macau, o Direito Internacional Privado abrange não apenas os conflitos internacionais, mas também os interterritoriais, dada a integração daquela Região Administrativa Especial da China num Estado dotado de um sistema jurídico plurilegislativo. Daí a substituição, nas regras de conflitos constantes do Código Civil de Macau, das referências a «nacionais» por «residentes» e das relativas a «estrangeiros» por «não residentes»[66].

Apenas nos países africanos de língua oficial portuguesa (salvo Angola e Cabo Verde) continuam em vigor as regras de conflitos do Código de 66 na sua versão original, posto que desfasada em vários casos dos textos constitucionais aplicáveis.

13. ***As variáveis nos Direitos Reais***

Outro fator não menos relevante de variabilidade dos sistemas jurídicos civis é o regime da terra vigente em certos países de língua oficial portuguesa, nos quais se consagra, por força de disposições constitucionais[67], a *natureza estadual* da propriedade originária sobre esta e se derrogam por essa via, ao menos em parte, as regras atinentes aos direitos reais vigentes nos respetivos Códigos Civis[68].

Desenvolvendo essas disposições constitucionais, em Moçambique a Lei n.º 19/97, de 1 de outubro, estabeleceu os termos em que se opera a constituição, o exercício, a modificação, a transmissão e a extinção de direito de uso e aproveitamento da terra, consagrando o princípio geral de que a terra é propriedade do Estado e não pode ser vendida ou por qualquer forma alienada, hipotecada ou penhorada. Na Guiné-Bissau, a Lei n.º 5/98, de 23 de

[66] Ver, sobre o Direito Internacional Privado de Macau, Tu Guangjian, «Recent Private International Law Codifications in Macau», *in* Salvatore Mancuso/Tong Io Cheng, *XVIIIth International Congress on Comparative Law. Macau Regional Reports,* Macau, 2010, pp. 90 ss.

[67] Haja vista aos artigos 15.º, n.º 1, da Constituição angolana, 12.º, n.º 2, Constituição guineense e 109.º, n.º 1, da Constituição moçambicana.

[68] Ver, sobre esta matéria, os estudos comparativos de José de Oliveira Ascensão, «Direitos de utilização da terra», *in Estudos em homenagem a Joaquim da Silva Cunha,* Porto, 1999 (também disponível na Biblioteca Digital *Ius Commune,* acessível em http://www.fd.ulisboa.pt); Assunção Cristas, «A propriedade pública da terra e a actividade económica privada: entre a lei a prática», *in I Congresso do Direito de Língua Portuguesa,* Coimbra, 2010, pp. 35 ss.; Paulo Cardinal, «Direitos de utilização da terra: um breve percurso de direito comparado», *Revista de Direito de Língua Portuguesa,* 2014, pp. 127 ss.; e José Carlos de Medeiros Nóbrega, *Die Entwicklung des portugiesischen Sachenrechts. Eine systematische Gesamtbetrachtung unter besonderer Berücksichtigung der lusophonen Rechte,* Osnabrück, 2015, p. 31.

abril, regulamentou o regime jurídico do uso privativo da terra, integrada no domínio público do Estado, estabelecendo no seu artigo 2.°, n.° 1, que «a terra é propriedade do Estado e património comum de todo o povo», sem prejuízo de a todos os cidadãos ser reconhecido, nos termos dessa lei, o direito de uso privativo da terra. Por seu turno, em Angola a Lei n.° 9/04, de 9 de novembro, estabeleceu as bases gerais do regime jurídico das terras integradas na propriedade originária do Estado, os denominados direitos fundiários que sobre estas podem recair e o regime geral de transmissão, constituição, exercício e extinção destes direitos, o qual se se subordina ao princípio do *aproveitamento útil e efetivo da terra.*

Também em Macau vigora um regime específico nesta matéria, em que avultam a Lei Básica, já referida, cujo artigo 7.° dispõe que «[o]s solos e os recursos naturais na Região Administrativa Especial de Macau são propriedade do Estado, salvo os terrenos que sejam reconhecidos, de acordo com a lei, como propriedade privada, antes do estabelecimento da Região Administrativa Especial de Macau»; e a Lei n.° 10/2013, de 2 de setembro (*Lei de Terras*), que regula a constituição, o exercício, a modificação, a transmissão e a extinção do direito de uso e aproveitamento dos terrenos do Estado, cujos artigos 27.° e seguintes preveem a possibilidade concessão, dentro de certos limites de áreas, de terrenos integrados no domínio público do Estado por arrendamento, concessão de uso privativo ou licença de ocupação precária.

Apesar de a propriedade privada estar consagrada nas Constituições e na lei ordinária dos sistemas lusófonos, o seu *objeto possível* é assim distinto em vários deles[69].

Daqui a importância que assumem, em alguns desses sistemas, certos *direitos fundiários* que o Estado pode transmitir ou constituir sobre os terrenos integrados no seu domínio privado em benefício de particulares: em Angola, para além da propriedade, o domínio útil consuetudinário, o direito de superfície e o direito de ocupação precária[70]; em Moçambique, o denominado direito de

[69] Neste sentido também Assunção Cristas, est. cit., p. 37.

[70] Ver Carlos Feijó, «A Propriedade Pública da Terra e a Actividade Económica Privada em Angola - entre a lei e a realidade», *in I Congresso do Direito de Língua Portuguesa,* Coimbra, 2010, pp. 87 ss.; José Alberto Vieira, *Direitos Reais de Angola,* Coimbra, 2013, pp. 733 ss.; Eugénio Salesso Ribeiro da Silva, *Do direito de superfície em Angola: seu regime à luz do Código Civil e da Lei de Terras,* Coimbra, 2015; e Raúl Carlos de Freitas Rodrigues, *O Direito Fundiário de Angola,* Lisboa, 2016 (polic.), pp. 380 ss.

uso e aproveitamento da terra (DUAT)[71]; e em Macau, a concessão por arrendamento ou licença de terrenos do Estado[72].

Daqui também que alguns desses sistemas jurídicos, como o angolano, tenham preservado como direito real menor – e até regulamentado em novas disposições legais – a *enfiteuse*, que em Portugal foi abolida em 1975 relativamente a prédios rústicos e em 1976 quanto aos prédios urbanos[73].

No Direito português, a propriedade privada não conhece limitações especiais pelo que respeita à terra (salvo por força do disposto no artigo 202.°, n.° 2, do Código Civil, na medida em que esta integre o domínio público). A Lei de Bases do Desenvolvimento Agrário[74] declara, é certo, no artigo 14.°, n.° 1, que a terra, como suporte físico fundamental da comunidade, é «valor eminentemente nacional, devendo respeitar-se a sua *função social*, no quadro dos condicionalismos ecológicos, sociais e económicos do País»; mas o n.° 2 do mesmo preceito logo acrescenta:

> «A propriedade privada e a exploração direta da terra e dos recursos que lhe estão associados é reconhecida como a forma mais adequada à modernização sustentada do sector agrícola, devendo o Estado incentivar o acesso à propriedade da terra por parte dos agricultores, em particular quando titulares de explorações agrícolas do tipo familiar.»

Já o exercício do direito de propriedade relativamente a animais foi objeto de restrições no Direito português sem paralelo nos demais sistemas lusófonos. Estas foram introduzidas no Código Civil pela Lei n.° 8/2017, de 3 de março, que consagrou um estatuto próprio para os animais. Assim, nos termos do atual artigo 201.°-D do Código, apenas são aplicáveis aos animais as disposições relativas às coisas que não sejam incompatíveis com a sua natureza[75]. A propriedade sobre animais (que o novo n.° 2 do artigo 1302.° do Código expressamente admite) passou por isso a pautar-se por um regime especial, o qual

[71] Sobre o qual podem os estudos recolhidos em Maria da Conceição Faria/Nelson Jeque (orgs.), *Direito de uso e aproveitamento da terra*, Maputo, 2005; e Rui Pinto, «O direito de uso e aproveitamento da terra de Moçambique: uma introdução», *in I Congresso do Direito de Língua Portuguesa*, Coimbra, 2010, pp. 47 ss.; *idem*, *Direitos Reais de Moçambique*, 2.ª ed., Coimbra, 2012, pp. 599 ss.

[72] Ver Tong Io Cheng (org.), *As novas tendências de reforma da Lei das Terras*, Coimbra, 2014.

[73] Ver José Alberto Vieira, *Direitos Reais de Angola*, cit., pp. 661 ss.; e Lino Diamvutu, *Enfiteuse: domínio útil consuetudinário e domínio útil civil na lei das terras*, Luanda, 2014 (polic.).

[74] Lei n.° 86/95, de 1 de setembro, com alterações posteriores.

[75] Cfr., por último, José Alberto Vieira, *Direitos Reais*, 2.ª ed., Coimbra, 2018, pp. 137 s.

inclui, nos termos do atual artigo 1305.º-A, o dever de o proprietário «*assegurar o seu bem-estar e respeitar as características de cada espécie*».

14. *As variáveis no Direito da Família*

É porém no Direito da Família que se regista a maior variabilidade dos regimes civis dos países e territórios de língua portuguesa.

Em Portugal, a matéria foi objeto de importantes alterações legislativas, designadamente por força do Decreto-Lei n.º 496/77, de 25 de novembro (que consagrou, como se disse, a igualdade entre cônjuges e a não discriminação de filhos nascidos fora do casamento), da Lei n.º 31/2003, de 22 de agosto (relativa à adoção), da Lei n.º 61/2008, de 31 de outubro (respeitante ao divórcio e às responsabilidades parentais), da Lei n.º 9/2010, de 31 de maio (a qual introduziu no Código o casamento de pessoas do mesmo sexo) e da Lei n.º 143/2015, de 8 de setembro (de novo atinente à adoção).

Em vários países africanos de língua oficial portuguesa o Direito da Família foi retirado do Código Civil e regulado em leis especiais, que conferiram efeitos civis aos casamentos tradicionais e equipararam a união de facto ao casamento, redefinido como a «*união voluntária entre um homem e uma mulher*». Assim sucedeu em São Tomé e Príncipe, onde o Livro IV do Código Civil foi revogado e substituído em 1977 pela Lei das Instituições de Família[76]; em Angola, onde outro tanto se passou em 1988 com o Código da Família[77]; e em Moçambique, que se dotou em 2004 de uma Lei da Família[78].

Diferentemente, no Brasil o Direito da Família foi preservado no Código Civil; mas este não deixa de consagrar, na expressão de César Fiuza[79], o *princípio do pluralismo* em matéria familiar, reconhecendo como «entidade familiar» – na esteira, aliás, da Constituição Federal (artigo 226, § 3.º) – «*a união estável entre o homem e a mulher, configurada na convivência pública, contínua e duradoura e estabelecida com o objetivo de constituição de família*» (artigo 1723). Embora não equipare plenamente a união de facto ao casamento, o Código submete as relações pessoais entre os companheiros aos deveres de lealdade, respeito e assistência e

[76] Lei n.º 2/77, de 28 de dezembro.

[77] Lei n.º 1/88, de 20 de fevereiro. Sobre o Código da Família angolano podem consultar-se Maria do Carmo Medina, *Direito da Família,* 2.ª ed., 2013; e Helena Mota, «O Código da Família e o Livro IV do Código Civil português de 1966. Adaptação e inovação», *in* Guilherme de Oliveira (org.), *Textos de Direito da Família para Francisco Pereira Coelho,* Coimbra, 2016, pp. 235 ss.

[78] Lei n.º 10/2004, de 25 de agosto.

[79] *Direito Civil,* 18.ª ed., São Paulo, 2016, p. 185.

de guarda, sustento e educação dos filhos (artigo 1724); aplica-lhe, no tocante às relações patrimoniais entre os companheiros, o regime da comunhão parcial de bens (artigo 1725); e admite a sua conversão em casamento, mediante pedido dos companheiros ao juiz e assento no Registo Civil (artigo 1726)[80].

Já em Goa esta é uma das matérias em que o Código Civil de 1867 se manteve praticamente inalterado, sendo complementado pelo Código dos usos e costumes hindus[81] e pelas leis do divórcio[82] e do casamento canónico[83].

Bem se compreendem estes fenómenos. O Direito da Família constante dos Códigos portugueses reflete a moral social dominante no momento da sua feitura e das sucessivas reformas a que foram sendo submetidos. Ora, essa moral social não é idêntica em Portugal, no Brasil, nos Países Africanos de Língua Oficial Portuguesa e na Ásia; e tem evoluído acentuadamente ao longo do tempo. Em 1960, mais de 90% dos casamentos celebrados em Portugal eram católicos; em 2017 foram apenas 33,7%. No ano referido em primeiro lugar, 1% dos casamentos dissolviam-se por divórcio; hoje tal sucede com mais de 70%. E a proporção de famílias monoparentais passou, no mesmo período, de 6% para 10%[84]. A conceção de casamento e da própria família que presidiu à elaboração do Código Civil de 1966 já não se adequa, pois, à realidade portuguesa atual – muito menos à dos demais países de língua portuguesa, onde sempre conviveu com usos e costumes de índole muito diversa.

A persistência em Goa do Código de Seabra quanto a esta matéria explicar-se-á em parte pelo forte enraizamento do catolicismo nesse Estado indiano – sem paralelo em África ou mesmo em Portugal – e também pela adesão espontânea da população local a muitas das suas regras, fruto de uma longa aculturação que a integração política na União Indiana não logrou erradicar[85].

[80] Ver Maria Helena Diniz, *Manual de Direito Civil*, São Paulo, 2011, pp. 479 ss.; *idem, Código Civil anotado*, 18.ª ed., São Paulo, 2017, pp. 1343 ss.

[81] Aprovado pelo Decreto de 16 de dezembro de 1880.

[82] Decreto de 3 de novembro de 1910.

[83] Decreto n.º 35.461, de 22 de janeiro de 1946.

[84] Cfr. http://www.pordata.pt.

[85] Neste sentido, veja-se Elgar Noronha, *Understanding the Common Civil Code*, cit., que escreve a p. 97: «Portuguese laws, like the need to register your marriage, the equal rights of husband and wife in marriage, equal right of all children, sons and daughters in succession, that you cannot will everything to one son or daughter, that the Will is to be made in the Registrar's office and in the Registrar's book not in some piece of paper in your house, that after death Inventory or Succession Deed are required – these things are known and have passed by word of mouth from generation to generation. All Goans including illiterates know it».

15. *As variáveis no Direito das Sucessões*

Também em matéria sucessória os Códigos Civis vigentes nos países lusófonos registam uma significativa variabilidade.

Esta decorre, desde logo, da reforma do Código empreendida em Portugal em 1977, na qual o cônjuge sobrevivo passou a ser herdeiro legitimário e foi elevada a sua posição sucessória como herdeiro legítimo, passando a integrar a primeira e a segunda classes de sucessíveis, ao lado, respetivamente, dos descendentes e dos ascendentes do *de cuius*; reforma essa que não se estendeu aos demais países de língua portuguesa onde o Código Civil de 1966 vigorava na sua versão originária, nem foi neles replicada por legislação autóctone[86]. Manteve-se por isso nesses países a posição que o cônjuge sobrevivo ocupava em Portugal nas duas formas de sucessão até 1977.

No mesmo sentido depõe a concorrência com o Código Civil dos regimes africanos de Direito Consuetudinário que acolhem, designadamente, a *sucessão matrilinear*[87], em que os filhos da irmã mais velha do *de cujus* encabeçam a lista dos sucessíveis, como forma de salvaguardar a genealogia familiar.

Em Goa, as disposições do Código de Seabra sobre as sucessões foram recentemente substituídas por um diploma especial a que já fizemos alusão: o *The Goa Succession, Special Notaries and Inventory Proceedings Act*[88]. Este manteve contudo, no essencial, as regras do Código em matéria sucessória, tendo visado, segundo o respetivo *statement of objects and reasons*, consolidar num só diploma as regras substantivas e processuais atinentes à sucessão *mortis causa* e fixar uma tradução oficial das mesmas, até à data inexistente.

[86] Excetuam-se Cabo Verde, onde, na falta de descendentes, o cônjuge sobrevivo é agora chamado à sucessão com os ascendentes (artigo 2072.º do Código Civil), sendo nessa hipótese também herdeiro legitimário (artigo 2085.º); e Timor-Leste, onde o cônjuge sobrevivo tem estatuto idêntico, como herdeiro legítimo e legitimário, ao que ocupa no atual Direito português (artigos 2000.º e 2021.º do Código Civil).

[87] Praticada designadamente pelos Papéis na Guiné-Bissau: ver Leonardo Cardoso, «Sistemas de herança entre os Papéis, Manjacos e Mancanhas», *Soronda. Revista de estudos guineenses*, Nova Série, n.º 6, julho de 2003, pp. 147 ss.; e Fernando Loureiro Bastos (coord.), *Direito costumeiro vigente na Guiné-Bissau*, Bissau, 2011, pp. 484 ss.

[88] Cfr. *supra*, nota 4 e texto correspondente.

IV. Síntese e conclusões

16. *Síntese e conclusões*

O Código Civil desempenhou, ao longo dos seus cinquenta anos de vigência, diferentes funções nos países e territórios de língua portuguesa, de *fonte formal* de Direito a *modelo de regulação jurídica*.

Apresenta hoje nesses países e territórios uma matriz textual e axiológica em larga medida comum; mas consente também um conjunto muito apreciável de variantes. O que permite caracterizar os códigos civis neles vigentes como *códigos distintos*.

Tal não deve surpreender, pois as sociedades em que tais códigos vigoram são também elas – como o revela mesmo a observação mais desatenta – muito diferentes umas das outras.

Essa circunstância não prejudica, todavia, que na interpretação e integração do Código Civil se recorra em cada um desses países e territórios à doutrina e jurisprudência dos demais, como aliás frequentemente sucede[89].

Por outro lado, o desenvolvimento jurisprudencial do Direito e a própria reforma legislativa nesses países fazem-se muitas vezes na base da circulação de ideias entre estes. Exemplo disso é o recente diploma goês sobre a sucessão por morte e o processo de inventário, de que demos conta acima, em cuja redação se atendeu, segundo o respetivo *statement of objects and reasons*, às disposições do Código Civil português de 1966 sobre a matéria.

Há nisto um certo paralelismo com a língua portuguesa, que apesar de conhecer diversas variantes tem também tido em cada um dos países que a adotam como idioma oficial uma evolução até certo ponto comum[90].

Daqui que se possam caracterizar os sistemas lusófonos a que nos vimos referindo como uma *comunidade jurídica*[91]. O significado cultural e político dessa comunidade é, no plano interno e internacional, vastíssimo. E a sua relevância do ponto de vista económico é também inegável, uma vez que as constantes

[89] Veja-se, por exemplo, no que respeita aos tribunais de Macau, o levantamento feito por Salvatore Mancuso, «The Use of Comparative Law by the Judiciary in Macao», *in* Tong Io Cheng/Salvatore Mancuso (orgs.), *New Frontiers of Comparative Law*, Macau, 2013, pp. 229 ss.

[90] Cfr. Lindley Cintra/Celso Cunha, *Nova Gramática do Português Contemporâneo*, 5.ª ed., Lisboa, 1988, pp. 9 ss.

[91] Sobre esta noção, veja-se, para mais desenvolvimentos, o nosso *Direito Comparado*, vol. I, cit., pp. 81 ss. Não é fundamentalmente diverso deste, sob o prisma dos resultados a que conduz, o entendimento professado pelos autores que aludem, a este respeito, a uma *família jurídica lusitana*: cfr., por último, Erik Jayme, recensão a *Encyclopedia of Private International Law*, na *Rabels Zeitschrift für ausländisches und internationales Privatrecht*, 2019, pp. 188 ss. (p. 190).

que identificámos ao longo deste estudo conferem segurança jurídica aos movimentos de pessoas, bens e capitais no espaço lusófono; os quais também por isso puderam crescer continuamente nos últimos quarenta anos, não obstante as múltiplas vicissitudes por que passaram nesse lapso temporal os países que o integram. A sua preservação constitui por isso – ou deveria constituir – um desígnio fundamental da Comunidade de Países de Língua Oficial Portuguesa.

Alteração das circunstâncias nos contratos de swaps de taxas de juros: análise da jurisprudência nacional pós-crise[*]

PROF.ª DOUTORA ADELAIDE MENEZES LEITÃO

1. **Introdução**

A crise financeira de 2008-2014 veio abrir um novo ciclo jurisprudencial na aplicação do instituto da alteração das circunstâncias, em especial nos contratos de *swaps* de taxas de juros, em virtude de uma descida significativa destas taxas. O instituto da alteração das circunstâncias parece primacialmente vocacionado para intervir em situações de crise económico-financeira, ou de outro tipo, que originam um desequilíbrio contratual.

Etimologicamente, o conceito de crise corresponde no seu significado mais elementar a uma perturbação que altera o curso ordinário das coisas[1]. A crise apresenta-se, assim, como um conceito muito abrangente, que tudo pode abar-

[*] O presente texto resultou da conferência intitulada "Alteração das Circunstâncias" no painel *As crises e o Direito*, presidido pelo Professor Doutor Rui de Alarcão (Presidente da Comissão Comemorativa do Cinquentenário do Código Civil), e foi proferida no Congresso Internacional de Direito Civil, Cinquentenário do Código Civil, organizado pelo Centro de Investigação de Direito Privado no dia 22 de novembro de 2017. Pelo respectivo convite deixamos consignada uma palavra de agradecimento ao Professor Doutor António Menezes Cordeiro.

[1] ADELAIDE MENEZES LEITÃO, *O Procedimento de tomada de Decisão na "Gestão de crises" no Decreto-Lei n.º 173/2004, de 21 de Junho*, Estudos em Homenagem ao Prof. Doutor Martim de Albuquerque, vol. I, Coimbra, 2010, 11-12

car, e, por consequência, com pouca operacionalidade enquanto conceito jurídico. Permite contudo uma arrumação no Direito da Crise de um conjunto de regimes e institutos, ou até de soluções legislativas conjunturais, que surgem como resposta a situações de anormalidade.

O instituto da alteração das circunstâncias pode integrar-se, desde modo, no Direito da Crise na medida que corresponde ao inserir de uma *legalidade alternativa* no domínio do cumprimento contratual, à semelhança dos *estados de excepção,* previstos constitucionalmente, que pressupõem uma legalidade própria e específica para a anormalidade constitucional. Estas *legalidades alternativas* funcionam como válvulas do sistema em resposta a situações de anormalidade.

Atendendo ao novo ciclo de aplicação da alteração das circunstâncias ocorrido a partir da crise de 2008, optámos por centrar esta sessão numa avaliação das linhas jurisprudenciais que se têm desenvolvido a propósito dos contratos de *swap* de taxas de juros. Os *swaps* são contratos celebrados entre duas partes que acordam na troca, ao longo do tempo e segundo regras predeterminadas, de uma série de pagamentos correspondentes a um valor de capital entre elas acordado.

Os contratos de *swaps* são gizados com a função de servirem como meio de gestão de activos e passivos de empresas e outras instituições, através dos quais as partes se comprometem a trocar entre si, durante determinado período acordado, fluxos de tesouraria, nomeadamente sobre taxas de juros, ações, obrigações, divisas, matérias-primas, mercadorias e outros activos e passivos financeiros compatíveis com esse tipo contratual[2].

Nos *swaps* de taxas de juro são concebíveis duas modalidades: uma, em que o valor transmitido é variável para ambas as partes (*Basis swap*) e, outra, em que o valor transmitido por uma das partes é variável e para a outra é fixo (*Koupon swap*), sendo esta modalidade a mais comum[3]. Os contratos de *swaps* de taxa de juro tanto podem ser conectados com um contrato de mútuo como não terem qualquer contrato associado. No primeiro caso, temos um *swap* agregado a um financiamento para regular a respectiva taxa de juro. No segundo caso, o *swap* será de índole especulativa[4].

Regra geral as acções que surgiram nos tribunais nacionais a partir da descida das taxas de juro, que ocorreram após a falência do Lehman Brothers, respeitavam a contratos de *swap* de taxa de juro em que clientes de bancos ficavam numa posição de avultados prejuízos e, por isso, pretendiam a nulidade, a anu-

[2] Ac. STJ 22-Jun-2017 (Tomé Gomes), disponível como toda a jurisprudência citada no presente texto em www.dgsi.pt

[3] Menezes Cordeiro, *Tratado de Direito Civil, IX, Direito das Obrigações*, 3.ª ed, 2017, 710.

[4] Menezes Cordeiro, *Tratado de Direito Civil cit, IX*, 713.

lação ou a resolução dos referidos contratos. Atendendo aos pedidos de nulidade, anulação e resolução contratual, a abordagem destes casos pode situar-se entre a formação do contrato e a sua execução, isto é, entre um enquadramento da Teoria Geral do Direito Civil e do Direito das Obrigações.

2. **Enquadramento jurisprudencial**

No universo das decisões judiciais referentes aos *swaps* de taxas de juros surgem essencialmente três grande questões: *i)* a primeira concerne a convenções de arbitragem e pactos de jurisdição (ponto 2.1.); *ii)* a segunda respeita à natureza especulativa do contrato de *swap* de taxa de juro e à sua recondução, ou não, ao contrato de jogo e aposta (ponto 2.2.); e *iii)* a terceira relaciona-se com a possibilidade de aplicação da alteração das circunstâncias (ponto 2.3.).

2.1. ***Convenção de arbitragem e pacto de jurisdição***

Quanto às convenções de arbitragem e aos pactos de jurisdição, a jurisprudência é praticamente unânime no sentido de admitir a sua validade e excepcionar, nos segundos, se tal for o caso, a incompetência dos tribunais judiciais nacionais, absolvendo, em consequência, os réus da instância. Havendo convenção de arbitragem, apenas nos casos de manifesta nulidade, ineficácia ou inexequibilidade é que o tribunal judicial poderia ser competente.

Quer a propósito das convenções de arbitragem, quer dos pactos de jurisdição, discute-se igualmente a sua inserção em cláusulas contratuais gerais, tendo maioritariamente os tribunais portugueses decidido no sentido da sua validade.

Quanto a esta problemática, salientam-se, por configurarem excepções, o Ac. RGm 8-mar.-2012[5] que considerou inaplicável uma convenção de arbi-

[5] A. RGm 8-mar.-2012 (Maria Luísa Ramos): "*Com efeito, como clara e expressamente resulta da petição inicial e causa de pedir e pedido aí formulados, pretende a Autora ver reconhecida e declarada a nulidade do "Contrato de swap de taxa de juro com barreira" estabelecido com o Réu, ou a sua anulabilidade por erro na transmissão da declaração e erro sobre o objecto do negócio, ou, a resolução desse contrato por alteração anormal das circunstâncias em que as partes fundaram a decisão de contratar, invocando a Autora erro e vícios na formação do contrato, e omissões e abuso de inexperiência (usura), e que, segundo alega, determinam a invalidade desse mesmo contrato, sendo estas as questões a dirimir nos autos de acção ordinária em curso, não estando em discussão na acção questões de natureza bancária ou financeira especificas resultantes da vigência do contrato bancário em causa se validamente constituído. (...) Nestes termos, se conclui, ser materialmente competente para os termos da causa o tribunal " a quo ", improcedendo a invocada excepção dilatória de violação*

tragem declarando-se competente, e o Ac. RLx 10-abr.-2014[6] que considerou inválido um pacto de jurisdição por violação do regime jurídico das cláusulas contratuais gerais, concedendo uma decisão favorável ao cliente.

Nos restantes casos que subiram às instâncias superiores, nas situações em que as partes tinham pactuado uma convenção de arbitragem ou um pacto de jurisdição, a decisão foi sempre a absolvição do Réu da instância por incompetência do tribunal, sendo, assim, decisões favoráveis aos bancos, decisões essas com as quais não podemos deixar de concordar.

2.2. *Natureza especulativa, contrato de jogo e aposta*

Relativamente à natureza especulativa dos contratos de *swaps* de taxas de juros, a jurisprudência tem maioritariamente sublinhado a sua legalidade e validade, ainda que tais contratos, para além da gestão de risco, possuam uma finalidade especulativa, que pode ser unilateral ou bilateral.

Os contratos de *swaps* encontram-se previstos em diversos diplomas legislativos nacionais e europeus (designadamente no art. 2.º/1/e) do CVM e no Regulamento (UE) n.º 549/2013, do Parlamento Europeu e do Conselho, de 21 de maio de 2014, não sendo a sua validade condicionada pela função económico-social que em concreto assumam.

de Convenção de Arbitragem, prevista no art.º 494.º-alínea.j) do Código de Processo Civil, não tendo a mesma aplicação, mesmo a julgar-se válida tal convenção, nos autos de acção ordinária em curso".

6 Ac. RLx 10-abr.-2014 (Adelaide Domingos): *"A violação do dever de comunicar (dever este que garante o conhecimento efetivo da cláusula contratual) e de informar (dever este que garante a compreensão da mensagem que lhe está subjacente), previstos, respetivamente, nos artigos 5.º e 8.º do Decreto-Lei n.º 446/85, tem como consequência a exclusão da cláusula dos contratos singulares, sem afetação do demais convencionado (artigo 8.º, alíneas a) e b), e artigo 9.º, do Decreto-Lei n.º 446/85). Quanto ao ónus de comunicação, o apelado cumpriu o respetivo ónus de alegação na contestação, nos termos acima referenciados, e tal matéria encontra-se provada por a autora, ora apelante, não ter apresentado réplica sobre a matéria da arguição da exceção de incompetência do tribunal (artigo 490.º do CPC 1961, com correspondência no artigo 574.º do CPC 2013). Já em relação ao dever de informação, dos factos alegados não resulta que tal dever tenha sido cumprido, já que o réu ... nada alegou nesse sentido, pelo que também não poderia provar. Sendo assim, a questão tem der decidida contra si (artigo 342.º, n.º 1, do Código Civil e artigo 516.º do CPC 1961, com correspondência no artigo 414.º do CPC 2013). Consequentemente, a cláusula atributiva de jurisdição aos Tribunais Ingleses deve ser excluída do contrato por violação do dever de informação, mantendo-se o demais convencionado (artigos 1.º, 6.º, 8.º, alínea b), 9.º, do Decreto-Lei n.º 446/85, de 25/10). O vício em causa determina a inexistência da cláusula que logicamente prevalece sobre a nulidade da mesma. Donde decorre, em face do disposto nos artigos 1.º, n.º1, primeira parte, 2.º, n.º 1, 3.º, n.º 1, do Regulamento n.º 44/2001, a competência internacional dos Tribunais Portugueses para apreciarem e decidirem o presente litígio."*

A maioria das decisões jurisprudenciais nacionais defende a inaplicabilidade aos *swaps* de taxas de juro do contrato de jogo e aposta, designadamente por não se fazer prova de que as partes queriam o negócio como tal, tendo-o representado e querido como instrumento financeiro transacionado no mercado interbancário e regulado por cláusulas propostas e livremente aceites, o que os afasta indubitavelmente do contrato de jogo e aposta, como resulta da fundamentação do Ac. RLx 15-jan.-2015 (Maria Manuela Gomes)[7].

A título de exemplo, o Ac. STJ 26.-Jan.-2016 (Gabriel Catarino)[8] defende que a especulação é uma finalidade legítima que não se confunde só por si com

[7] RLx 15-jan.-2015 (Maria Manuela Gomes): "*Aqui chegados, reconhecida a validade do contrato em análise, porque integrado num conjunto de operações financeiras nacional e internacionalmente tuteladas e juridicamente aceites como se deixou dito, e não afectada de um desequilíbrio prestacional atentatório da boa fé negocial, afastada fica a possibilidade do contrato integrar a categoria dos denominados contratos de jogo e aposta, genericamente regulado nos artigos 1245.º a 1247.º do C. Civil, ainda que na sua vertente lícita, até por não vir provado o propósito das partes quererem o negócio como tal. Representaram-no e quiseram-no como instrumento financeiro transaccionados no mercado interbancário e regulados por cláusulas propostas e livremente aceite, o que o afasta indubitavelmente do conceito de jogo ou aposta.*" Mais se acrescenta neste Acórdão o recurso à doutrina de Oliveira Ascensão, *Onerosidade excessiva por alteração das circunstâncias*, ROA, ROA, Ano 65, n.º 3 (Dezembro 2005) 625-648, para defender que o instituto da alteração anormal das circunstâncias é susceptível de ser aplicado aos contratos aleatórios. No referido Acórdão acrescenta-se que: "*O preceito exige, portanto, que a alteração relevante para justificar a modificação ou resolução do contratado se reporte a acontecimentos que, para além de supervenientes, sejam extraordinários, graves e imprevisíveis. E mais: que não estejam cobertos pelos riscos próprios do contrato. Todavia, a verificação de riscos inerentes ao contrato não basta para justificar a resolução ou modificação por onerosidade excessiva. É necessário que a alteração desequilibre com intensidade a relação. Só a onerosidade excessiva, susceptível de afectar gravemente os princípios da boa fé, pode justificar a resolução/modificação excepcional do acordado, mesmo em negócios de cuja índole derive um risco próprio. Daí que, como diversos autores, (v.g., o próprio Prof. Oliveira Ascensão, na obra citada) entendamos que o instituto da alteração anormal das circunstâncias, contemplado no dito art. 437.º do C. Civil, possa ter aplicação mesmo no domínio de contratos ditos "aleatórios" como o presente (já que o seu desenvolvimento dependente da verificação de um acontecimento incerto e de modo nenhum influenciável pelas partes – a variação da taxa Euribor).*"

[8] STJ 26.-Jan.-2016 (Gabriel Catarino): "*Do que acima se expôs quanto aos "swaps" resulta não ser possível considerá-los contratos de jogo ou de aposta. E nem se diga que se trata de mera especulação e, portanto um ilícito. A especulação é uma finalidade legítima que, só por si, não se confunde com a finalidade típica dos jogadores ou dos apostadores. O especulador actua com o objectivo de lucrar enquanto o apostador busca um fim lúdico; o especulador faz uma previsão racional da evolução das variáveis e o apostador não; aquele exerce a sua actividade no contexto de um mercado com relevante função económica e social. A cobertura de risco e a especulação "são duas faces da mesma moeda" (cfr. Dr. Engrácia Antunes – Instrumentos Financeiros, 125, nota). Aquela traz liquidez ao mercado e permite ao comprador encontrar rapidamente um vendedor. "Os especuladores são cruciais para os mercados; são os tomadores de risco que permitem os "garantes" (hedgers) baixar os seus riscos. E a prova evidente é que abertamente se admitem na lei instrumentos derivados de activos meramente nocionais, por definição baseados em valores fictícios ou hipotéticos e por definição independentes, autónomos ou abstractos ... do nada de que derivam: nestes casos, os swaps utilizam-se para tomar posição de risco independente de qualquer outra posição (em risco) inexistente – "Prof. Calvão da Silva in "Swap*

a finalidade típica dos apostadores ou jogadores, situados a um nível essencialmente lúdico. Excepciona-se, porém, da corrente jurisprudencial maioritária o Ac. RLx 21-mar-2013 (Ana de Azeredo Coelho)[9], que declarou a nulidade de um contrato de *swap* por contrariedade à lei imperativa, considerando haver uma aposta ilícita. Diferentemente, no Ac. STJ 11-fev.-2015 (Sebastião Póvoas)[10] considerou-se, de acordo com a linha maioritária da jurisprudência nacional, inaplicável ao *swap* o contrato de jogo e aposta, admitindo-se a validade dos contratos de *swaps* exclusivamente especulativos, o mesmo ocorrendo com o Ac. STJ 3-mai.-2016 (Silva Salazar)[11].

de taxa de juro: a sua legalidade e autonomia e inaplicabilidade da excepção do jogo e aposta", apud R.L.J. n.º 3979 – Maio-Abril 2013, 262, 263."

[9] TLx 21-mar-2013 (Ana de Azeredo Coelho): *"Assim, ou consideramos o swap uma modalidade (lícita ou ilícita) da aposta, ou entendemos que exige desde o início, para escapar à excepção de jogo, a clara manifestação da derivação que o justifica. Ou seja, o contrato de swap apenas pode ser caracterizado enquanto tal se dos seus termos for claro que cobre um risco (no caso de flutuação de taxa de juros) e que o cobre relativamente a uma (ou várias) operação financeira devidamente caracterizada: um mútuo simples, um mútuo por conta caucionada, qualquer outro financiamento, possibilidade ou não de amortização dos mesmos, ou, até, eventualmente, possa envolver para uma das partes (o cliente da instituição financeira) a obrigação de manter o nível de financiamento que justificou o swap. No caso dos autos, por exemplo, a previsão da Autora quanto ao financiamento que manteria ao longo da vigência do swap e a obrigação de o manter ou, contrariamente, a previsão das amortizações e a sua influência no swap. Quando assim não seja, quando da análise do clausulado contratual não resultar a derivação, o contrato tem de ser analisado independentemente da realidade subjacente de que abstrai.É esse o caso dos autos, uma vez que os instrumentos contratuais nada concretizam quanto à relação subjacente de que emanam.Nesta situação, o contrato é um produto financeiro abstracto cuja transacção fora de Bolsa não encontra qualquer acolhimento no ordenamento jurídico, configurando efectivamente um contrato de aposta e não um swap.*

[10] STJ 11-fev.-2015 (Sebastião Póvoas): *"Dir-se-á, mais, que sendo o contrato de "swap" de natureza comercial, o Código Civil só subsidiariamente lhe é aplicável, "ex vi" do artigo 3.º do Código Comercial. Enfatiza-se que estando previsto não só na legislação comunitária acima elencada como no artigo 2.º n.º 1 do Código dos Valores Mobiliários está reconhecido por legislação especial o que, desde logo, afastaria o regime do artigo 1245.º do Código Civil, "ex vi" do artigo 1247.º. Tem função de cobertura e de gestão de risco e é sempre celebrado ao abrigo daquela legislação citada com o propósito de alcançar objectivos económicos e financeiros. Como ensina o Prof. Calvão da Silva (ob. cit. R.L.J. 261) "nenhuma dúvida séria e consistente pode subsistir acerca da legalidade do swap da taxa de juro no direito português independentemente de o activo subjacente ser real ou meramente nocional (nominal, fictício ou hipotético) dado o princípio comunitário da interpretação conforme a Directiva das normas nacionais da correspondente transposição".A assim não se entender iria pôr-se de lado um importante instrumento que, como se viu, está previsto e regulado na lei olvidando que a evolução das instituições e da realidade económico-financeira não se compadece com um tratamento jurisprudencial produzido ao abrigo de conceitos manifestamente arredados do quotidiano por, manifestamente, desactualizados. "*

[11] STJ 3-mai.-2016 (Silva Salazar): *"Esta também não é afastada pelo regime legal do contrato de jogo e aposta, previsto no art.º 1245.º do Cód. Civil, segundo o qual o jogo e a aposta não são contratos válidos nem constituem fonte de obrigações civis; porém, quando lícitos, são fonte de obrigações naturais, exceto se neles concorrer qualquer outro motivo de nulidade ou anulabilidade, nos termos gerais de direito, ou se houver fraude do credor na sua execução. Com efeito, o contrato de swap não é subsumível a qualquer destas figuras,*

No que nos concerne, parece-nos de concordar com a validade dos *swaps* exclusivamente especulativos, atendendo à sua previsão legislativa.

2.3. *Alteração anormal das circunstâncias*

Por fim, relativamente à possibilidade de aplicação do instituto da alteração das circunstâncias aos *swaps* de taxas de juros, a jurisprudência divide-se em três linhas fundamentais, que se apresentam na sua sucessão cronológica:

i) Uma linha jurisprudencial inicial, corporizada no Ac. RGm 31-jan.-2013 (Conceição Bucho)[12] e confirmada pelo Ac. STJ 10-out.-2013 (Granja da Fon-

pois, no jogo, existe um acordo segundo o qual uma das partes se obriga a pagar à outra certa quantia mas sendo que o vencedor participou, intervindo na execução do jogo, coisa que não se verifica no swap; quando contratam, as partes sabem que existirá sempre uma desvantagem para alguma delas na execução do contrato, por o resultado deste depender de uma variável que não podem controlar, e que é a variação da taxa de juro, da qual, conforme suba ou desça, resultará que o saldo seja favorável a uma ou a outra. No entanto, dispõem-se a correr o risco correspondente, com base na análise que façam do mercado e por considerarem mais provável que da execução do contrato lhes resulte uma vantagem. Na aposta, há um desacordo inicial relativamente à ocorrência de um determinado evento, passado ou futuro, investindo o apostador certa quantia ou valor no sentido de lhe ser atribuída uma vantagem económica se o evento em que apostou se verificar ou tiver verificado, ao passo que as partes no contrato de swap não estão em desacordo quanto à eventualidade da ocorrência do evento, antes partindo da possibilidade da sua verificação, no caso, da subida da taxa de juro, e portanto da admissão do correspondente risco, para acordarem na transferência deste a troco de um preço, embora tal subida tenha acabado por não ter tido lugar; e o apostador intervém com um fim lúdico, enquanto no swap o agente atua com um objetivo puramente económico, no contexto de um mercado com relevante função económica fazendo, ao contrário daquele, uma previsão racional da evolução das variáveis com base nas taxas de referência fixadas pelo Banco Central Europeu e, no nosso País, pelas políticas financeiras do Governo e do Banco de Portugal. Daí que não seja aplicável ao contrato de swap o art.º 1245.º, mencionado, que considera nulos o jogo e a aposta, embora a regulamentação do jogo e aposta tenha determinado o aparecimento de dúvidas sobre se aquele dispositivo se encontra plenamente em vigor, suscitadas entre outros por Pires de Lima e Antunes Varela, in Código Civil Anotado, Vol. II, 3.ª ed., 852. Acresce que, mesmo que se considerasse o contrato de swap abrangido na matéria de que trata o capítulo do Cód. Civil referente ao jogo e aposta, tal dispositivo também não seria aplicável, dado o disposto no art.º 1247.º do mesmo Código, ao contrato de swap, por ser este objeto da legislação especial acima referida, que fixa validade a tal contrato e caráter jurídico civil às obrigações dele resultantes, com a consequente possibilidade da sua exigência judicial."

[12] RGm 31-jan.-2013 (Conceição Bucho): "*Por outro lado, esse desequilíbrio foi extremamente agravado pela crise financeira, situação esta que não decorreu de um normal desenrolar da situação económica. Com efeito, a situação que se desencadeou a partir de Setembro de 2008, foi uma situação excepcional, completamente anormal no sistema financeiro que agravou de forma profunda a situação (pré-existente) de desequilíbrio das prestações de tal modo que a sua manutenção feriria os princípios da boa fé que devem nortear a celebração dos contratos, e na qual as partes alicerçaram a decisão de contratar. O disposto no artigo 437.º do Código Civil pressupõe que se tenha produzido uma alteração anormal das circunstâncias que foram basilares para a*

seca)[13] que admitiu a aplicação do instituto da alteração das circunstâncias por ter considerado que a descida das taxas de juro causada pela crise de 2008-2009 constituía uma grave e anormal alteração das circunstâncias em que as partes tinham fundado a sua decisão de celebrar os contratos de *swaps* de taxa de juro.

Nestas decisões, defendeu-se, para proceder à aplicação da alteração das circunstâncias, que a situação desencadeada a partir de Setembro de 2008 foi uma situação excepcional, completamente anormal ao sistema financeiro, que agravou de modo significativo o desequilíbrio das prestações, de tal modo que a sua manutenção feriria os princípios da boa fé nos quais as partes assentaram a decisão de contratar.

ii) Numa outra decisão, em que o tribunal optou pela resolução, o Ac. RLx 28-abr.-2015 (João Ramos de Sousa)[14] fundamentou-se no facto de o banco

decisão dos contraentes de tal modo que a base de negócio tenha desaparecido ou tenha sido substancialmente modificada; que a exigência das obrigações assumidas pela parte lesada afecte gravemente os princípios de boa fé; que tal exigência não esteja coberta pelos riscos próprios do contrato e que a parte lesada não esteja em mora no momento em que a alteração das circunstâncias se verificou. E por isso, concordamos com a sentença recorrida quando conclui que "nas circunstâncias actuais a exigência das obrigações que do contrato decorrem para a autora não está coberta pelo risco próprio do contrato". Efectivamente, os contratos swap são um instrumento financeiro especialmente vocacionado para a gestão do risco da taxa de juro; só que as alterações verificadas após Setembro de 2008, e a crise no sistema financeiro (que podemos considerar como um colapso à escala mundial) não pode ser considerada como risco normal, bem como as oscilações da taxa de juro (que se verificou com a falência do Lehman Brothers) como riscos próprios do contrato sob pena de se violarem gravemente os princípios da boa fé contratual."

13 STJ 10-out.-2013 (Granja da Fonseca): "*Ora, ao contrário do alegado, as instâncias demonstraram de forma categórica, como atrás se salientou, que, perante o desequilíbrio supervenientemente ocorrido, a exigência do cumprimento contrato revelar-se-ia manifestamente abusiva, pela desconsideração da alteração anormal entretanto ocorrida, afectando o princípio da igualdade, imposto pela exigência da boa – fé, na execução contratual. Que na génese do presente contrato se verifica, desde logo, um desequilíbrio entre as prestações da recorrida e da recorrente, em caso de flutuação da taxa de juros, não havendo um princípio de equilíbrio relativamente àquilo que se troca, parece patente. Mas esse desequilíbrio foi extremamente agravado pela crise financeira, situação essa que não decorreu de um normal desenrolar da situação económica, tratando-se, pelo contrário, de uma situação excepcional, completamente anormal no sistema financeiro, verificando-se que, por esse efeito, o referido contrato sofreu um grande e profundo desequilíbrio, passando a autora a suportar, por via disso, um assinalável encargo e um enorme prejuízo, como o desequilíbrio das prestações comprova, de tal modo que, neste contexto, a manutenção do contrato feriria os princípios da boa – fé que devem nortear a celebração dos contratos e na qual as partes alicerçaram a decisão de contratar. Por tudo quanto fica exposto, justifica-se a resolução do contrato de swap celebrado.*".

14 RLx 28-abr.-2015 (João Ramos de Sousa): "*O problema deste contrato de swap, é que o Banco não apresentou ao cliente uma simulação prática dos efeitos do contrato que estava a celebrar. O clausulado estava cheio de previsões matemáticas, de barreiras e de spreads, mas o cliente não se apercebeu de todas as eventualidades práticas a que aquele clausulado o estava a sujeitar.Mas o Banco estava obrigado a isso? Sim. Em primeiro lugar, porque sendo o swap um contrato aleatório (de "natureza aleatória vincada" como se deu como provado no facto R2), incidia sobre o Banco, pela sua experiência e conhecimento das circunstâncias*

não ter apresentado ao cliente uma simulação prática dos efeitos do contrato que estava a celebrar. Pela razão apontada, o cliente não se apercebeu de todas as eventualidades a que aquele clausulado o estava a sujeitar, pelo que foi a falta de informação que tornou patente a anormalidade daquela alteração das circunstâncias. Nestes termos, a alteração das circunstâncias surge, no Acórdão, em conjugação com o não cumprimento de deveres de informação na fase pré--contratual. Em rigor, o que seria normal era a anulação do contrato por erro, mas, argumenta-se no referido Acórdão, que como a Autora tinha pedido a confirmação da resolução e a Ré a sua revogação, a Relação entendeu que anular iria para além do pedido da recorrente, pelo que não teve outra alternativa se não resolver o contrato. Inicia-se, assim, uma linha jurisprudencial que faz depender a aplicação da alteração das circunstâncias do não cumprimento dos deveres de informação, deslocando para a formação do contrato a apreciação de factos conducentes a uma eventual resolução contratual.

É de referir, no entanto, que a maioria das decisões jurisprudenciais conclui terem os bancos cumprido os deveres de informação, razão pela qual defendem não ser possível a resolução do negócio por alteração das circunstâncias ou a sua anulação com base em erro. A título ilustrativo, pode ler-se no Ac. RLx 17-fev.-2011 (Luís Correia de Mendonça)[15] que não há violação de deveres de informação quando consta do contrato de *swap* que dele podem advir perdas significativas ou, no Ac. RLx 25-set.-2012 (Luís Espírito Santo)[16], que houve

internacionais do negócio que se propunha celebrar, a obrigação de prestar ao cliente esclarecimentos especiais que este não estava sequer em condições de colocar."

[15] RLx 17-fev.-2011 (Luís Correia de Mendonça): "*A Requerente assinou o documento junto a fls. 35, cujo se teor se dá aqui por integralmente reproduzido, da qual consta designadamente que o contrato em questão "serve um objectivo de gestão de risco", "no caso da Euribor a 3 meses superar nalgum trimestre 4.90%. o Cliente deixará de beneficiar da cobertura de risco, passando a pagar uma taxa fortemente crescente com a Euribor a 3 meses, mas nunca superior a 11.20%. Assim, o cliente registará uma perda com o contrato nos trimestres em que a Euribor 3 Meses seja superior a 4,95% e tanto mais, quanto maior a Euribor a 3 meses, não podendo em caso algum, a perda exceder 5.00% por ano" e que o cliente "tem perfeito conhecimento que as operações de derivados, como é o caso desta operação, implicam o risco de perdas financeiras significativas se a evolução das condições de mercado for desfavorável".Em face destes factos, e considerando o risco, de que a requerente não se pode eximir, inerente à operação contratada, não se pode sustentar, como faz a decisão recorrida, que houve violação do dever de informação por banda da requerida, mesmo que a eventual culpa do banco deva ser apreciada à luz de «elevados padrões de diligência». Na verdade, não se pode assacar, sem critério, a todos os operadores financeiros a responsabilidade pela crise financeira internacional que teve o seu culminar na crise do "subprime" norte-americano e a falência inesperada do "Lehman Brothers", em Setembro de 2008, seis meses depois da celebração do terceiro contrato de permuta de juros.* "

[16] RLx 25-set.-2012 (Luís Espírito Santo). "*De notar, ainda, que na formalização do terceiro contrato de permuta da taxa de juro – o que está aqui verdadeiramente em causa – o sócio gerente da Ré assinou o documento junto a fls. 48 a 54, dos autos de procedimento cautelar apensos donde consta:" Declaramos a aceitação integral da presente operação e a vinculação nos precisos termos dele constantes, correspondendo o*

cumprimento de deveres de informação quando se referiu que se tratava de um produto financeiro que comportava risco, podendo, perante condições de mercado que viessem a revelar-se desfavoráveis, originar perdas patrimoniais, ou, ainda, no Ac. RLx 15-jan.-2015 (Maria Manuela Gomes)[17], de que as partes estavam conscientes do risco envolvido. Neste último acórdão sublinha-se ainda o carácter especial/excepcional do instituto de alteração das circunstâncias. De forma distinta, o Ac. STJ 4-mai.-2017 (Lopes Rego)[18] declarou a

negócio nela titulado ao que por nós é efectivamente pretendido. Igualmente declaramos estar plenamente conhecedores do conteúdo e do risco da operação, bem como do enquadramento fiscal expresso no ponto 4 da presente confirmação, tendo-nos sido prestado pelo Banco todas as informações e esclarecimentos solicitados para a tomada consciente da decisão de contratar, nomeadamente, o facto de podermos, no caso da evolução das condições de mercado não serem favoráveis, registar uma perda financeira líquida com a operação. ". Ora, este excerto constitui um expresso e inequívoco reconhecimento por parte da A. de que se encontrava ciente de estar a subscrever um produto financeiro de risco e de que poderia, no caso das condições do mercado se revelarem desfavoráveis – como veio a acontecer – registar perdas financeiras líquidas. Em contrapartida, não há qualquer prova nos autos de que o banco R. ao propor este contrato de permuta da taxa de juro (em 6 de Março de 2008) tivesse conhecimento ou previsão acerca da eclosão, no Verão de 2008, da crise do "subprime" norte-americano e da falência da Lehman Brothers, factores que estiveram verdadeiramente na base da longa descida agravada das taxas de juro e, por consequência, do indexante Euribor a três meses, propiciando as fortes perdas que a A., após um período de sucessivos ganhos, veio a registar."

[17] RLx 15-jan.-2015 (Maria Manuela Gomes): "*Só que, contrariamente ao que defende a recorrente - no sentido de que, "os factos 13 a 24 do probatório, evidenciam a total e absoluta desproporção que fere de morte o equilíbrio mínimo que se deve exigir em qualquer contrato, mesmo naqueles em que se reconhece a existência de um elemento aleatório subjacente à sua celebração - do clausulado do contrato em apreciação deriva, a nosso ver sem dúvida, que as partes, para além de estarem conscientes do risco envolvido na operação, embora esperando que tal não se verificasse, aceitaram esclarecidamente o risco de perda, caso a dita taxa Euribor a três meses oscilasse para além do que vinha sendo os seus limites médios de oscilação.Aliás declararam-mo, confirmaram-no e reconfirmaram-no, tudo no âmbito de uma operação financeira estruturada que, se por um lado envolve uma instituição bancária, pelo outro envolve uma pessoa colectiva (e não um qualquer ignaro "consumidor"), o que aliado ao facto de as partes terem acordado negociar sobre um valor nocional de € 2 000 000,00 e a oscilação verificada, para baixo, da taxa se situar em não mais de 4%, leva a concluir que a alteração verificada, nem subjectiva, nem objectivamente, se reveste da gravidade, imprevisibilidade e, sobretudo onerosidade, justificativa do recurso ao instituto especial/excepcional da resolução do negócio por alteração anormal e superveniente das circunstâncias.*"

[18] STJ 4-mai.-2017 (Lopes Rego): "*Resta determinar as consequências do incumprimento pelo Banco do dever de informar o aderente relativamente ao significado das cláusulas contratuais que inseriu no negócio: como é evidente, estas sempre teriam de se haver por excluídas dos contratos singulares celebrados, nos termos previstos na alínea a) do art. 8.º da LCCG, operando-se a redução prevista no n.º 1 do art. 9.º do mesmo diploma legal. Porém, tendo em consideração a amplitude e extensão das cláusulas contratuais gerais não informadas e inseridas nos contratos – integrando a totalidade do contrato quadro para realização de operações bancárias e a maior parte das inseridas no contrato de permuta da taxa de juro (cls. 2.º/7.º, 9.º e anexo 1) – deixando, na prática, apenas fora do seu âmbito a cláusula em que as partes acordaram na taxa fixa a pagar pelo cliente – não se justificará antes fazer funcionar o regime de nulidade total previsto no art. 9.º, n.º2, desse diploma, por o afastamento ou exclusão da quase totalidade das cláusulas que integravam a disciplina contratual gerar*

nulidade das cláusulas contratuais gerais constante de um contrato-quadro de *swaps* de taxas de juros, por não terem sido cumpridos os deveres de informação que resultam do regime jurídico das cláusulas contratuais gerais.

iii) Uma linha jurisprudencial mais recente vai no sentido de recusar a resolução com base em alteração das circunstâncias, designadamente porque tratando-se de um contrato aleatório, a volatilidade da taxa de juro seria um risco inerente ao próprio contrato, pelo que não estaria abrangido pela alteração das circunstâncias, estando coberta pelos riscos do contrato.

Nesta linha, situa-se o Ac. RLx 10-mai-2016 (Luís Espírito Santo)[19], ao defender que as condições adversas que resultaram da crise com a queda do Lehman Brothers e a descida da taxa de juro não eram previsíveis para o banco, pelo que não haveria lugar à aplicação da alteração das circunstâncias por os resultados desfavoráveis se situarem na álea do negócio.

Uma sinopse destas três abordagens jurisprudenciais aponta essencialmente para: *i)* uma abordagem inicial de aplicação da alteração das circunstâncias com remissões genéricas para a boa fé, que opta pela resolução contratual; *ii)* uma segunda abordagem que desloca para a formação do contrato e para o cumprimento dos deveres de informação a fundamentação da decisão no caso concreto; e *iii)* uma terceira abordagem, mais recente, que recusa ao contrato de *swaps* de taxas de juro a aplicação da alteração das circunstâncias, por tal con-

uma indeterminação insuprível dos termos e conteúdo essencial do negócio ou originar um desequilíbrio das prestações gravemente lesivo da boa fé? É que – como se decidiu no Ac. de de 17/2/11, proferido pelo STJ no P. 1458/056.7TBVFR-A.P.S1), atrás citado: sendo omitido aquele ónus [de informação] em relação a cláusulas fulcrais para o negócio tido em vista, terão as mesmas que considerar-se excluídas, o que pode afectar integralmente os termos do contrato com reflexo sobre os direitos e obrigações constituídos pelo mesmo. É esta a solução que, no caso dos autos se considera justificada e adequada, atendendo, desde logo, à amplitude das cláusulas contratuais abrangidas pelo regime de exclusão, envolvendo manifesta indeterminação quanto a aspectos essenciais ou fulcrais do negócio (não se vendo, nomeadamente como suprir satisfatoriamente a total eliminação de todo o clausulado no contrato quadro, que funciona como base e matriz fundamental do contrato de permuta das taxas de juro)."

[19] RLx 10-mai-2016 (Luís Espírito Santo): *"Não se vê, assim fundamento para a resolução ou modificação do contrato com base no instituto da alteração de circunstâncias. O risco assumido era precisamente o que era pressuposto pela adesão, voluntária, informada e consciente, do cliente do Banco ao instrumento financeiro em apreço. A álea que o contrato encerrava constituía a sua própria natureza, dependendo o efeito final da evolução da taxa de juro, como os celebrantes bem sabiam. De resto, e em rigor, as AA. não descrevem na sua petição inicial, qual a verdadeira situação de facto susceptível de se enquadrar na figura da alteração de circunstâncias, colocando, ao invés, o acento tónico da sua alegação na ilicitude e no carácter enganoso dos instrumentos financeiros que lhes foram propostos e que (em má hora) subscreveram. Não tem, portanto, cabimento a resolução do contrato com fundamento no instituto da alteração de circunstâncias (artigo 437.º do Código Civil)."*

trato se situar na categoria dos contratos de risco, pelo que não deve dar lugar à resolução contratual. Ora, como avaliar estas três linhas de argumentação?

Menezes Cordeiro, na obra *Da Boa no Direito Civil*, defendia o seguinte quadro de compreensão da alteração das circunstâncias: *i)* o critério de alteração anormal das circunstâncias resulta do facto de as obrigações assumidas afectarem gravemente os princípios da boa fé. Por isso, a boa fé seria decisiva na determinação das circunstâncias relevantes; na concretização da anormalidade da alteração; na determinação do prejuízo verificado na parte lesada (teriam de ser danos de vulto, ainda que não necessariamente descomunais); na área em que se deu o prejuízo (admitindo-se prejuízos de vulto ainda que o contrato seja aleatório), na apreciação do comportamento geral das partes; e na consideração da modificação contratual[20].

Para este Autor, o critério do risco aponta para o facto de a alteração das circunstâncias ser um instituto supletivo. A referência à boa fé não se reconduz aos vectores da tutela da confiança e da primazia da materialidade subjacente. Não está em causa a tutela da confiança porque ambas as partes confiam, nem tão pouco aspectos substanciais do contrato. Estaria sim em causa o problema constitucional da igualdade. Fere a igualdade perante o sistema que uma pessoa em conjunturas diferentes se submeta a regulações imutáveis. O contrato visado tem uma génese inatacável, apenas vectores de equilíbrio pedem a revisão ou supressão do contrato atingido por alteração das circunstâncias[21].

É próximo do entendimento de Menezes Cordeiro o de Carneiro da Frada[22], que, no entanto, parece considerar que a referência ao risco deve ser lida no âmbito da distribuição do risco e que à igualdade parece preferir a justiça, considerando que a alteração das circunstâncias põe em causa os valores profundos de justiça[23].

A deslocação da alteração das circunstâncias para a fase da formação do contrato, quer seja ao nível do cumprimento de deveres de informação, quer ao nível de soluções como a usura, como defendido por Simão Mendes de Sousa (*O contrato de swap de taxa de juro e a usura*), parece-nos uma solução

[20] Menezes Cordeiro, *Da Boa Fé no Direito Civil,* 7.ª reimpressão, Almedina, Coimbra, 2016, 1108-1109.

[21] Menezes Cordeiro, *Da Boa Fé no Direito Civil cit,* 1110-1111, referindo-se à omnipresença da boa fé.

[22] Carneiro da Frada, *Crise Financeira Mundial e Alteração das circunstâncias: contratos de depósito v. contratos de gestão de carteiras*, Estudos em Homenagem ao Professor Doutor Sérvulo Correia, Lisboa, 2010, 481

[23] No mesmo sentido, Oliveira Ascensão, *Onerosidade Excessiva e Alteração das Circunstâncias*, ROA, Ano 65, n.º 3 (Dezembro 2005) 625-648, muito crítico em relação ao recurso à boa fé.

mais problemática. Na usura, a injustiça é respeitante ao momento da celebração do contrato, enquanto que na alteração das circunstâncias o desequilíbrio é posterior, sendo decorrente de um evento de gravidade anormal que altera o plano de justiça contratual. Simão Mendes de Sousa defende que a usura apenas se pode tornar evidente em face da alteração das circunstâncias, admitindo, por isso, a aplicação da figura dos negócios usurários e do artigo 227.º do CC[24].

Em nosso entender, o problema último da alteração das circunstâncias situa-se na existência de um contrato válido e eficaz que, por mercê de superveniências, entra em contradição com postulados básicos do sistema, devendo o instituto ser usado apenas nos casos-limite em que não tenha aplicação qualquer outro. Havendo violação de deveres de informação ou usura, o caso colocar-se-á ao nível da resposta indemnizatória, ou da invalidade por erro ou usura, dispensando a aplicação da alteração das circunstâncias, o que se coaduna com o carácter supletivo do instituto.

Por fim, o afastamento, sem mais, dos contratos de *swaps* de taxas de juros de gestão de risco ou especulativos, enquanto categoria de contratos de risco, da aplicação do instituto da alteração das circunstâncias, ainda que preconizado recentemente por uma parte significativa da doutrina portuguesa, como é o caso de Menezes Cordeiro[25], Calvão da Silva[26], Paulo Mota Pinto[27], Maria Clara Calheiros[28], Higina Orvalho Castelo[29], também não nos parece de subscrever integralmente[30].

[24] Simão Mendes de Sousa, *O contrato de swap de taxa de juro e a usura*, RDS VIII, (2016), 4, 944 e ss

[25] Menezes Cordeiro, *Tratado de Direito Civil cit., IX*, 721.

[26] Calvão da Silva, STJ, Acórdão de 10 de Outubro de 2013 (*swaps de taxa de juro: inaplicabilidade do regime da alteração das circunstâncias*), RLJ, n. 143, maio-junho 2014, 348 e ss.

[27] Paulo Mota Pinto, *Contrato de swap de taxa de juro, jogo e aposta e alteração das circunstâncuas que fundaram a decisão de contratar,* RLJ n.º 144 (setembro-outubro de 2014), 14 e ss.

[28] Maria Clara Calheiros, *O contrato de swap no contexto da actual crise financeira global,* Cadernos de Direito Privado, n.º 42 (abril-junho 2013), 13 e ss.

[29] Higina Orvalho Castelo, *O contrato de swap de taxa de juro, (Cinco anos na jurisprudência portuguesa),* Julgar on line, Outubro de 2016, 90-91 (www.asjp.pt) a Autora refere que ultimamente a jurisprudência portuguesa tem admitido a validade dos *swaps* de taxa de juro ainda que meramente especulativos, mas tem igualmente entendido que as descidas das taxas de juro se encontram cobertas pelo riscos próprios do tipo contratual em causa, afastando a aplicação da alteração das circunstâncias, sendo esta, segundo a Autora, a melhor posição.

[30] Admitindo a aplicabilidade da alteração das circunstâncias aos contratos aleatórios, Carneiro da Frada, *Crise Financeira Mundial e Alteração das circunstâncias cit.*, 481.

Recusando também esta doutrina, veja-se o Ac. STJ 22-Jun.-2017(Tomé Gomes)[31], com voto de vencido de António Abrantes Geraldes[32], que admite

[31] STJ 22-Jun.-2017 (Tomé Gomes): "*A este respeito acolhe-se inteiramente o entendimento Carneiro da Frada, no que é acompanhado pela maioria dos autores, quando refere que o art. 437.º do CC é aplicável a "qualquer tipo de contrato" e "inclusivamente àqueles que apresentam uma forte exposição ao risco ou, mesmo, os que têm o risco por objecto". Ponto é que a alteração das circunstâncias que seja invocada como fundamento de resolução ou modificação ocorra numa esfera que esteja excluída dos riscos próprios do concreto contrato. Atenta a especial natureza de certos contratos a que é característico um maior risco financeiro (gerador de maiores vantagens, mas também potenciador de maiores prejuízos), os pressupostos que legitimam aquele efeito resolutivo devem ser aferidos de modo exigente. É, pois, esta problemática que se tem colocado no âmbito do impacto da crise gerada em outubro de 2008, após falência de Lehman Brothers, sobre os contratos de swap de permuta de taxas de juros então existentes. Com efeito, no alvor dessa crise, as taxas de referência da EURIBOR, a 3 meses, subiram inicialmente até um máximo 5,393%, devido à falta de liquidez do mercado interbancário, para, logo depois, o seu alastramento ao mercado financeiro mundial levar à intervenção do BCE e dos Bancos Centrais nacionais, tendo o BCE intervindo fortemente com vista a assegurar ilimitadamente a liquidez do sistema bancário, impondo descidas consecutivas daquelas taxas de referência, até atingir mínimos históricos abaixo de 1%. Ora, foi neste contexto que, no contrato swap aqui em discussão, celebrado em 30/06/2008, se verificou a descida abrupta das taxas de juro indexadas à taxa de referência EURIBOR que até então se vinham mantendo em patamares superiores até com oscilações tendentes de subida. Em face disso, poucos meses após a celebração daquele contrato, o A. viu aumentado o risco por ele assumido, com a agravante de não ter sido contratualmente fixado um limite mínimo, diversamente do que sucedera com a fixação de um limite máximo a favor do Banco R.. A questão que se coloca é, pois, a de saber se estamos perante uma alteração anormal das circunstâncias causadora de uma lesão grave à A., no quadro do equilíbrio das obrigações assumidas pelas partes, não coberta pelos riscos próprios do contrato. O mesmo é dizer se aquela crise financeira traduz um risco com que as partes deviam contar naquele tipo de contrato em que se sujeitaram às flutuações da taxa de referência EURIBOR sem definição de qualquer limite mínimo. Têm sido ainda poucos os casos do género de que este Tribunal Supremo se tem ocupado.*"

[32] Declaração de voto de vencido de António Abrantes Geraldes: "*No projecto que elaborei não obteve vencimento o núcleo central da fundamentação em que defendia expressamente que os factos apurados eram insuficientes para se poder afirmar a verificação de uma situação qualificável como de "alteração anormal das circunstâncias" para efeitos de aplicação do art. 437.º do CC. Considerava e considero que a alteração dos fluxos financeiros que emergiram do contrato de swap de taxas de juro, na decorrência de uma imprevista descida acentuada e persistente da taxa Euribor a 3 meses, constituía uma "grande alteração do quadro circunstancial" em que as partes sustentaram a outorga do contrato, mas não ao ponto de a qualificar, nesse quadro contratual específico, como "alteração anormal" susceptível de suportar a apreciação dos demais requisitos de que dependia a resolução do contrato que foi decretada pela Relação. Tal como se admite na versão que obteve vencimento, também entendo que o pedido de resolução do contrato formulado pela A. sempre improcederia por falta de alegação e de prova de factos reveladores de uma grave situação de desequilíbrio das prestações que tornasse insustentável, à face das regras da boa fé, a sua exigência. Com efeito, a A. construiu a sua estratégia processual essencialmente em torno dos factos relacionados com os deveres de informação gerais e específicos determinantes da nulidade do contrato cujo pedido de declaração foi rejeitado logo pela 1.ª instância, limitando-se a suscitar, por via subsidiária, a resolução do contrato, mas sem densificar a dimensão dos fluxos financeiros que lhe passaram a ser exigíveis nem as repercussões desses fluxos na sua esfera jurídica. Contudo, em lugar de assentar apenas neste aspecto que me parece marginal a apreciação do mérito da revista, entendo que a revogação do acórdão recorrido deveria determinar também e essencialmente uma diversa resposta quanto*

a aplicação do art. 437.º do CC aos contratos de *swaps* de taxas de juro apesar da sua natureza de contratos aleatórios e de contratos de risco, desde que se seja especialmente exigente nos seus requisitos e não se confundam as grandes alterações com alterações anormais (como defendido na fundamentação do voto de vencido).

Na senda deste Acórdão e da respectiva declaração de voto de vencido, defendemos que os requisitos da alteração das circunstâncias devem ser interpretados em termos de um sistema móvel, não negando à partida, sem mais, a certos tipos contratuais a sua aplicação. Nos contratos de risco a aplicação do instituto é especialmente exigente, não prescindindo da interpretação do âmbito do risco contratual. Concordamos, por isso, com o afirmado no referido Ac. STJ 22-Jun.-2017 (Tomé Gomes) de que o preenchimento dos conceitos indeterminados da alteração das circunstâncias não deve ser realizado de modo apriorístico, sob um prisma marcadamente categorial, mas antes mergulhando na substancialidade do caso concreto.

3. **Conclusão**

A análise da jurisprudência pós-crise relativa aos *swaps* de taxas de juro faz-nos concluir que institutos como a alteração das circunstâncias confrontam-nos com o peso dos princípios e dos conceitos indeterminados na ossatura dos sistemas jurídicos e com a necessidade da aplicação de soluções de legalidade alternativa às situações de crise, desde que verificados os respectivos requisitos, mas como a sua aplicação, no limite, depende da avaliação de circunstâncias

à qualificação da situação configurada nos autos, negando o reconhecimento da existência de uma situação de "alteração anormal das circunstâncias" que constitui o núcleo central de que depende a aplicação do efeito resolutivo prescrito pelo art. 437.º do CC. É, pois, neste aspecto essencial que divirjo relativamente à solução que fez vencimento, alinhando seguidamente os argumentos que, de forma sintética, expressam o entendimento que explanei no projecto. Admito que o contrato swap de taxa de juros, conquanto tenha natureza aleatória, não está em absoluto excluído do âmbito de aplicação do art. 437.º do CC, embora essa natureza se deva reflectir de modo superlativo na apreciação dos requisitos legais do instituto em causa." Neste sentido parece ir também a tradicional posição de Oliveira Ascensão, *Onerosidade excessiva por alteração das circunstâncias: A alteração anormal é assim, não apenas a alteração extraordinária e imprevisível, mas ainda a alteração que desequilibra uma relação com particular intensidade. É este afinal o conteúdo útil do art. 437/1, ao prever que a exigência das obrigações afecte gravemente os princípios da boa fé. A "exigência" e a "boa fé" vêm a despropósito, como vimos, mas a "gravidade" não. Só uma alteração significativa, grave portanto, leva a reconsiderar os termos do contrato. A alteração anormal é, não só a alteração extraordinária e imprevisível, como também uma alteração que afecta gravemente, manifestamente, a equação negocialmente estabelecida."*

fácticas, a solução do caso concreto impõe-se sempre ao nível da concretização jurisprudencial.

Cinquenta anos após o início de vigência do Código Civil, é a solução do caso ao nível da decisão jurisprudencial que, então como agora, o legislador e a lei determinam.

*Relações fiduciárias: por uma doutrina unitária**

PROF. DOUTOR A. BARRETO MENEZES CORDEIRO, LLM

1. **Enquadramento social e jurídico**

I. A confiança assume, numa perspetiva sociológica, um papel nuclear no funcionamento de qualquer comunidade, por muito elementar que seja. Luhmann, na sua incontornável obra, chega mesmo a contrapor a confiança ao caos: sem a primeira, estaremos condenados a viver num incerto e constante medo[1].

A consolidação da sociedade moderna transmutou a confiança das relações pessoais, típicas da clientela romana ou do feudalismo medieval, para as instituições. O crescimento desta confiança social foi igualmente acompanhado por um desdobramento da confiança ao nível das relações pessoais. Trata-se de uma decorrência direta da complexidade da realidade moderna e da subsequente imposição da especialização profissional: confrontados com a impossibilidade fáctica de dominarmos todas as matérias, resta-nos reconhecer a nossa dependência em face aos conhecimentos, experiência e informação detidos por

* Destinado aos Estudos Comemorativos do Cinquentenário do Código Civil.

[1] NIKLAS LUHMANN, *Trust and Power*, Polity, Cambrigde, 2017 (= 1979), 5.

terceiros. Este panorama é especialmente sentido no campo científico: dificilmente as próximas grandes descobertas resultarão dos esforços desenvolvidos por génios isolados – o CERN apresenta-se como o exemplo perfeito das exigências colocadas pela realidade contemporânea.

Esta evolução social, focada na confiança e numa interdependência, estende-se, naturalmente, ao universo jurídico e económico e reflete-se numa preponderância crescente de relações em que os interesses de um sujeito são prosseguidos não pelo próprio, mas por terceiros. Alguns juristas[2] e sociólogos[3] sugerem mesmo a substituição do conceito de contrato pelo de relação fiduciária enquanto elemento caracterizador do Direito Privado moderno[4].

2. **Origens anglófonas**

I. No âmbito da *Common Law*, família jurídica onde o conceito surge mais divulgado, as origens das relações fiduciárias remontam ao *trust* – "*the greatest and most distinctive achievement performed by Englishmen in the field of jurisprudence*"[5]. Nos seus moldes mais comuns, no *trust* uma pessoa (o *trustee*) compromete-se a exercer um determinado direito no interesse e em benefício de outrem (o *beneficiary*)[6].

As características do sistema feudal local[7], conjugadas com a atribuição de uma especial proteção aos beneficiários da relação[8], sem paralelo nos Direito continentais[9], justificaram à rápida expansão da figura: estima-se que no início do século XVI, cerca de metade das terras em Inglaterra estivesse sujeita a um regime desta natureza[10].

[2] Jethro K. Lieberman, *The Litigious Society*, Basic Books, Nova Iorque, 1983 (= 1981), 20 ss.

[3] Tamar Frankel, *Fiduciary Law*, 71 Cal L Rev, 1983, 795-836, em especial 797-798.

[4] Esta discussão tem um interesse considerável nos sistemas jurídicos da *Common Law*, na medida em que a maioria da Ciência Jurídica local nega a natureza contratual do *trust*: a relação fiduciária por excelência. Veja-se, sobre esta discussão, o nosso, *Do trust no Direito civil*, Almedina, Coimbra, 2014, 1024 ss.

[5] Frederic William Maitland, *The Unincorporated Body* in *The Collected Papers of* Frederic *William Maitland*, III, ed., Herbert A.L. Fischer, CUP, Cambridge, 1911, 271-284, 272.

[6] *Do trust*, cit., em especial 415 ss.

[7] *Do trust*, cit., 253 ss.

[8] *Do trust*, cit., 659 ss.

[9] *Do trust*, cit., 1039 ss: atualmente, alguns ordenamentos reconhecem uma proteção análoga à classicamente prevista na *Common Law*.

[10] *Do trust*, cit., 285, nota 1015.

O *trust* cobre todas as áreas do Direito e está presente em todos os aspetos sociais e culturais da sociedade anglófona[11]. Mas o *trust* é muito mais do que um simples mecanismo jurídico, surge como uma expressão da sociedade e da histórica inglesa, "*as much as part of that history as kings and queens, Magna Carta and the Gunpowder Plot*"[12].

II. A relação de confiança existente entre o *trustee* e o beneficiário representa o arquétipo da *fiduciary relationship*[13]. *De resto, durante muitos séculos, as expressões trustee* e *fiduciary* foram empregues, indiferenciadamente, como sinónimas[14].

O recurso ao *trust* apresentou-se como uma solução lógica: confrontados com novas realidades e com a necessidade de as densificar, tanto numa perspetiva prática como dogmática, os tribunais apoiaram-se numa figura consolidada e perfeitamente conhecida do comércio jurídico. Tratou-se de um processo gradual e que, *grosso modo*, pode ser sintetizado em três fases: (i) aplicação direta do regime jurídico do *trust* a relações consideradas idênticas; (ii) atribuição, a essas mesmas relações, de uma certa autonomia jurídica; e (iii) reconhecimento de um instituto agregador – *fiduciary relationship* – distinto da figura que o originou: o *trust*.

III. Este processo evolutivo, comum às várias posições fiduciárias clássicas, é facilmente comprovável através de uma análise histórico-jurídica ao tratamento conferido pelos tribunais ingleses aos administradores de sociedades comerciais: (i) no célebre caso *Charitable Corp v Sutton*, datado de 1742, os administradores de uma sociedade comercial foram considerados *"guilty of manifest breach of trust*"[15]; (ii) na segunda metade do século XIX, começou a ser comum apresentar-se os administradores não como *trustees*, mas como "*quasi-trustees*"[16]; e (iii) finalmente, na decisão *Re, City Equitable Fire Insurance Co Ltd*, Romer J

[11] Pierre Lepaulle, *Traité théorique et pratique des trusts en Droit interne, en Droit fiscal et en Droit international*, Rosseau, Paris, 1932, 12: "*Si l'on demande à quoi sert le trust, un peut presque répondre: "à tout"*". A expansão do *trust* é, ainda hoje, uma realidade: Edward C. Halbach, Jr, *Uniform Acts, Restatements, and Trends in American Trust Law at Century's End*, 88 Cal L Rev, 2000, 1877-1921, 1883: o *trust* é hoje aplicado em ramos jurídicos até há bem pouco tempo inexistentes e com propósitos nunca antes explorados.

[12] Alastair Hudson, *Equity and Trusts*, 6.ª edição, Routledge-Cavendish, Abingdon, 2010, 41.

[13] *Hospital Products Ltd v United States Surgical Corp* [1984] 156 CLR 41-151, 68.

[14] Nathan Bailey, *An Universal Etymological English Dictionary*, 21.ª ed., Londres, 1675: veja-se a entrada *fiduciary*.

[15] (1742) 2 Atk 400-407, 403.

[16] *Ferguson v Wilson* (1866) 2 Ch App 77-91, 90; *Overend Gurney & Co v Gurney* (1869) 4 Ch App 701-721, 720; *Great Eastern Ry. Co v Turner* (1872) 8 Ch App 149-154, 152.

veio por termo a esta ligação, afirmando não serem os administradores *trustees*, mas fiduciários[17].

3. Conceito e doutrinas unitárias na Ciência Jurídica da *Common Law*

I. A autonomização dogmática e prática da figura do fiduciário, em face do conceito de *trustee*, justificava, pelo menos do ponto de vista sistemático, que se procedesse ao seu preenchimento. Curiosamente, alguns dos mais destacados autores que primeiro se dedicaram à sua densificação negaram a possibilidade e porventura o próprio interesse em apresentar uma definição precisa. Para Seal, afirmar que um sujeito ocupava uma posição fiduciária significava, apenas, uma aproximação ao conceito de *trustee*[18]. Já Finn, descreveu o conceito como "*one of the most ill-defined, if not altogether misleading terms of our law*"[19].

II. As dificuldades sentidas pela Ciência Jurídica anglófona não impediram que parte da doutrina local se dedicasse a procurar o elemento de conexão comum[20]. De entre as diversas teorias ensaiadas destacamos as seguintes[21]:

- a teoria da propriedade[22]: a relação fiduciária pressupõe uma separação entre a titularidade formal e a titularidade material de um direito real – a construção, excessivamente apegada às raízes históricas do *trust*, tem um campo de aplicação limitado às relações reais, sendo, consequentemente, insuficiente;
- a teoria do *critical resource* (Smith)[23]: por *critical resource* entende-se o bem, independentemente da sua natureza, que é confiada ao fiduciário, tra-

[17] [1925] Ch 407-549, 426: "*It has sometimes been said that directors are trustees. If this means no more than that directors in the performance of their duties stand in a fiduciary relationship to the company, the statement is true enough. But if the statement is meant to be an indication by way of analogy of what those duties are, it appears to me to be wholly misleading*". O processo foi, naturalmente, gradual. Esta decisão corresponde, apenas, a um marco decisivo do processo.

[18] L.S. Sealy, *Fiduciary Relationships*, CLJ, 1962, 69-81, 73.

[19] Paul D. Finn, *Fiduciary Obligations*, The Law Book Co., Sidney, 1977, 1.

[20] Donovan Waters, *Banks, Fiduciary Obligations and Unconscionable Transactions*, 65 Can Bar Rev, 1986, 37-74, 59: o Autor compara a incansável procura por uma definição da relação fiduciária à demanda arturiana do Santo Graal.

[21] *Do trust*, cit., 509 ss.

[22] John C. Shepherd, *The Law of Fiduciaries*, The Carswell Company, Toronto, 1981, 52.

[23] D. Gordon Smith, *The Critical Resource Theory of Fiduciary Duty*, 55 Vand L Rev, 2002, 1399-1497.

ta-se, na prática, de uma adaptação da teoria da propriedade às relações fiduciárias não reais – apesar da sua elegância e simplicidade, a teoria do *critical resource* não é aplicável às relações fiduciárias mais complexas, caso paradigmático dos administradores de sociedades comerciais: qual será, neste caso, o *critical resource*?;

- a teoria da discricionariedade (Weinrib e Frankel): com múltiplas variantes[24], a doutrina apresenta a imposição dos deveres fiduciários como uma decorrência da assunção, pelo fiduciário, de extensos poderes discricionários – a teoria da discricionariedade não explica o conceito, limitando-se a apontar as, eventuais, razões do seu desenvolvimento;
- a teoria do escopo (Laby)[25]: pressupondo a relação fiduciária a prossecução de um objetivo concreto, não pode a atuação do fiduciário afastar-se desse fim – também esta teoria não explica o conceito de fiduciário, nem apresenta qualquer critério que permita distinguir as relações fiduciárias das demais relações; e
- a teoria do interesse: a explorar no ponto seguinte.

Não podemos deixar de notar que algumas destas construções – p.ex.: a teoria da discricionariedade ou a teoria do escopo – são mais dirigidas a desvendar a *ratio* das posições fiduciárias do que propriamente o seu conteúdo.

III. Apesar do sucesso granjeado por algumas destas interpretações, parte da doutrina moderna conserva um elevado grau de ceticismo quer em relação à possibilidade de ser encontrada uma definição simples e precisa que congregue todas as relações, quer em relação ao interesse real da sua sustentação[26].

Esta visão, especialmente divulgada pela jurisprudência britânica, motivou uma viragem da investigação desenvolvida, passando a centrar-se mais nos deveres que caracterizam a posição de fiduciário e não tanto no conceito de

[24] As mais relevantes: Ernest J. Weinrib, *The Fiduciary Obligation*, UTLJ, 1975, 1-22 e Tamar Frankel, *Fiduciary Law*, 71 Cal L Rev, 1983, 795-836: a Autora retomou a análise do tema em vários outros estudos, *Do trust*, cit., 513, nota 1913.

[25] Arthur B. Laby, *The Fiduciary Obligation as the Adoption of Ends*, 56 Buff L Rev, 2008, 99-168.

[26] Deborah A. DeMott, *Breach of Fiduciary Duty: On Justifiable Expectations of Loyalty and Their Consequences*, 48 Ariz L Rev, 2006, 925-956, 934-935: as patentes diferenças entre as várias posições jurídicas fiduciárias clássicas impossibilitam a apresentação de um conceito unitário; Conaglen, *Fiduciary Loyalty*, cit., 8-9: partindo do pressuposto de que os deveres fiduciários não se encontram circunscritos às relações fiduciárias, o Autor descreva esse procura como sendo vã. James Edelman, *When do Fiduciary Duties Arise?*, 126 LQR, 2010, 302-327: assumindo identica posição, a pedra de toque deve ser colocada (i) na diversidade das relações fiduciárias; e (ii) nos deveres fiduciários em concreto assumidos.

fiduciário[27]. Ora, no centro nevrálgico das relações fiduciárias encontramos, como veremos oportunamente, o dever de lealdade[28].

4. **A teoria do interessa na Ciência Jurídica da *Common Law***

I. A teoria do interesse foi pela primeira vez avançada, numa perspetiva unitária, por Austin W. Scott, num artigo intitulado: *The Fiduciary Principle*[29]. *Para Scott, "a fiduciary is a person who undertakes to act in the interest of another person"*[30], independentemente da origem da relação – legal ou contratual – ou da sua natureza gratuita ou onerosa. Na origem desta conceção, encontramos o próprio conceito de *trustee*, nos moldes sustentados no *Restatement, Second, Trusts*, § 170: "*The truste is under a duty to the beneficiary to administer the trust solely in the interest of the beneficiary*".

II. A ideia nuclear de que o fiduciário deve sempre atuar no interesse do beneficiário da relação não surge, como acima referido, no mesmo patamar dogmático das demais teorias.

Weinrib[31] e Frankel[32], defensores, respetivamente, da teoria da discricionariedade, não sustentam, em nenhum momento, a inadequação da visão tradicional, apenas parecem defender a sua inaptidão para explicar tanto os contornos da posição, como para determinar, em concreto, as situações que assim devem ser descritas. Smith, autor da teoria *critical resource*, assume, *ab initio*, esta conceção[33]. Contudo, também ele parece utilizar a teoria do interesse como um simples ponto de partida, conquanto insuficiente para o preenchimento cabal do conceito.

III. Já Laby, autor da teoria do escopo, é claro nas críticas que faz à teoria do interesse: (i) a prossecução do interesse de outrem não é um exclusivo das

[27] Por todos: *Bristol and West Building Society v Mothew* [1998] Ch 1-28, 18: *"[a person] is not subject to fiduciary obligations because he is a fiduciary; it is because he is subject to them that he is a fiduciary"*. Esta passagem é citada em incontáveis acórdãos e nos mais variados ordenamentos anglófonos: *Do trust*, cit., 466-477, nota 1737. Este movimento foi igualmente acompanhado por parte da doutrina. Veja-se a nota anterior.

[28] Ponto 7.

[29] 37 Cal L Rev, 1949, 539-555.

[30] Cit., 540.

[31] *The Fiduciary Obligation*, cit.

[32] *Fiduciary Law*, cit.

[33] *The Critical Resource*, cit., 1041.

posições fiduciárias, sendo antes um elemento comum em todos os contratos em que um serviço é prestado; e (ii) só por si não basta para determinar, em concreto, que tipo de atuação se espera do fiduciário[34].

A oposição à teoria do interesse foi retomada, mais recentemente, por Conaglen[35]. O Autor, na sua tese de doutoramento, vem acrescentar ao primeiro argumento de Laby um outro: a prossecução do interesse do beneficiário não está presente ou, pelo menos, não é o elemento caracterizador de todas as relações fiduciárias. Embora se reconheça algum fundamento a esta segunda crítica, no caso de se assumir uma visão maximalista do Direito Fiduciário, esta não afeta as relações fiduciárias clássicas.

5. As relações fiduciárias na Ciência Jurídica alemã: a prossecução de interesses de outrem

I. A utilização da ideia de "prossecução de interesses" como modelo de classificação contratual têm sólidas raízes na Ciência Jurídica alemã[36]. Deve-se a Rumpf a primeira sistematização integradora. O Autor agrupa as relações jurídicas em quatro grandes categorias[37]: (i) contraposição de interesses: cada uma das partes intervenientes prossegue os seus interesses individuais (contrato de compra e venda, permuta e maioria dos contratos de crédito e de garantia); (2) fusão de interesses: as partes prosseguem interesses conjuntos (contrato de sociedade); (3) coordenação de interesses: categoria algo imprecisa, funcionalmente situada entre a contraposição de interesses e a fusão de interesses; e (4) representação de interesses: a prossecução do interesse é assumida por um sujeito que não o próprio beneficiário (depósito, mandato, negócios fiduciários).

As quatro categorias de Rumpf seriam reduzidas, por Würdinger, a apenas três[38]: (i) contraposição de interesses (*Interessengegensatz*): cada uma das partes prossegue os seus interesses individuais; (ii) comunhão de interesses (*Interessengemeinschaft*): pressupõe uma conjugação de esforços na prossecução de um interesse comum; e (iii) proteção de interesses (*Interessenwahrung*): engloba todas as relações em que os interesses de um sujeito são prosseguidos não pelo pró-

[34] *The Fiduciary Obligation*, cit., 131 ss.

[35] *Fiduciary Loyalty*, cit., 246-247.

[36] *Do trust*, cit., 969 ss e CHRISTOPH KUMPAN, *Der Interessenkonflikt im deutschem Privatrecht: Eine Untersuchung zur Fremdinteressenwahrung und Unabhängigkeit*, Mohr Siebek, Tubinga, 2014, 23 ss.

[37] MAX RUMPF, *Wirtschaftsrechtliche Vertrauengeschäft*, 119 AcP, 1921, 1-156, 53 ss.

[38] HANS WÜRDINGER, *Gesellschaften*, I: *Recht der Personalgesellschaften*, Hanseatische, Hamburgo, 1937, 9-12.

prio titular, mas por um terceiro. Esta sistematização foi, com ligeiras adaptações, assumida pela Ciência Jurídica local[39].

II. Paralelamente a esta classificação e tendo como pano de fundo os negócios fiduciários (*Treuhandverträgen*), uma doutrina minoritária foi, paulatinamente, desenvolvendo a figura das relações fiduciárias ou dos contratos com uma índole fiduciária (*treuhänderischem Charakter*)[40]. Os primeiros passos foram dados por Beyerle[41], que, em moldes próximos aos de Rumpf, classifica as relações jurídicas em três categorias: (i) relações sinalagmáticas: caracterizadas por um equilíbrio dos diferentes interesses em questão; (ii) relações de compropriedade: o interesse de um grupo de sujeitos ou de uma comunidade é prosseguido em conjunto; e (iii) relações fiduciárias: o interesse de um sujeito não é prosseguido ou acautelado por si próprio, individual ou conjuntamente, mas por um terceiro.

A visão de Beyerle, que passou despercebida durante décadas, foi nas últimas décadas objeto de um renovado tratamento, em especial por Grundmann[42] e Löhnig[43], nas respetivas teses de Habilitação. Para Grundmann, a obrigação característica das relações fiduciárias, numa aceção ampla, consiste na assunção, por parte do fiduciário, da obrigação de proteger os interesses do beneficiário, no âmbito de uma específica posição ou função desempenhada[44].

Seguindo Beyerle e Grundmann, Löhnig apresenta as relações fiduciárias como todas aquelas em que a prossecução de um determinado interesse é assumida não pelo sujeito diretamente interessado, mas por outrem. O fiduciário substitui-se ao beneficiário na prossecução dos seus interesses individuais[45]. Löhnig, com o propósito deliberado de estender o conceito de *Treuhand* (cor-

[39] Fritz Rittner, *Die Ausschließlichkeitsbindung in dogmatischer und rechtspolitischer Betrachtung*, Handelsblatt, Düsseldorf, 1957, 112; Günther Köpcke, *Typen der positiven Vertragsverletzung*, W. Kohlhammer, Estugarda, 1965, 67-68; Harmut Oetker, *Das Dauerschuldverhältnis und seine Beendigung: Bestandsaufnahme und kritische Würdigung einer tradierten Figur der Schuldrechtdogmatik*, Mohr Siebeck, Tubinga, 1994, 233-241; Marc-Philippe Weller, *Die Vertragstreue: Vertragsbindung – Naturalerfüllungsgrundsatz – Leistungstreue*, Mohr Siebeck, Tubinga, 2009, 197-201; Kumpan, *Der Interessenkonflikt*, cit., 24 ss.

[40] Kumpan, *Der Interessenkonflikt*, 48 ss.

[41] Franz Beyerle, *Die Treuhand im Grundriss des deutschen Privatrechts*, Hermann Böhlaus Nachfolger, Weimar, 1932, 16 ss.

[42] Stefan Grundmann, *Der Treuhandvertrag: insbesondere die werbende Treuhand*, Beck, Munique, 1997.

[43] Martin Löhnig, *Treuhand: Interessenwahrnehmung und Interessenkonflikte*, Mohr Siebeck, Tubinga, 2006.

[44] Cit., 92-93.

[45] Cit., 116.

respondendo, na sua conceção mais tradicional, aos nossos negócios fiduciários), defende que a figura não depende da transmissão de um direito, mas meramente de um poder de interferir na esfera de interesses do beneficiário[46]. O Autor reduz a sua construção a dois elementos: (1) um poder-dever que permite, ao seu titular, intervir ou interferir na esfera de interesses de um sujeito; e (2) uma fonte atributiva dessa titularidade[47]. Esta conceção leva Löhnig a incluir no leque de relações fiduciárias um conjunto vastíssimo de posições: relação parental, tutela, curatela, administrador de insolvência, testamenteiro, comissário, agente, concessionário, franqueado, bancos para com os titulares de contas, corretores ou empresas de investimento para com os investidores[48]. Em suma, todos os sujeitos a quem sejam atribuídos, contratual ou legalmente, poderes para atuar no interesse de outros sujeitos.

A tese de Löhnig pode ser resumida à ideia da substituição: todas as relações jurídicas em que um sujeito se substitui a outrem na prossecução dos seus interesses individuais devem ser definidas como fiduciárias.

6. **O núcleo das relações fiduciárias: o dever de lealdade**

I. O elemento caracterizador e diferenciador das relações fiduciárias consiste, precisamente, na assunção da obrigação de atuar sempre no melhor interesse do beneficiário da relação. Conceitualmente, esta obrigação é apelidada de dever de lealdade. A expressão *dever de lealdade* encontra no termo *dever fiduciário* um evidente sinónimo, podendo ser utilizados indiferenciadamente[49].

A recondução de uma determina posição jurídica ao universo das relações fiduciárias encontra-se, consequentemente, dependente da demonstração da assunção, por parte de um sujeito, da obrigação de atuar sempre no melhor interesse de um terceiro.

II. Dogmaticamente, é discutível se os deveres de lealdade se fundam na boa-fé, especialmente nos moldes previstos no artigo 762.°/2 do CC ou na dimensão fiduciária das relações de confiança, pese o pleonasmo[50].

[46] Cit., 118.
[47] Cit., 118-119.
[48] Cit., 119.
[49] Quanto à utilização, incorreta, da expressão deveres fiduciários de cuidado, veja-se, o nosso, *Deveres fiduciários de cuidado: imprecisão linguística, histórica e conceitual,* 7 RDS, 2015, 617-640
[50] Ricardo Costa e Gabriela Figueiredo Dias, *Anotação ao artigo 64.° do CSC* em *CSC/Coimbra*, Vol. I, Almedina, Coimbra, 2010, 743: apanhado geral da doutrina, com referências bibliográficas.

O Professor Carneiro da Frada, Autor que entre nós maior atenção dedicou ao problema, defende esta última posição, argumentando, sucintamente, que o dever de lealdade, em face da centralidade que desempenha neste tipo de relação, extravasa, largamente, a *ratio* subjacente aos deveres acessórios[51]. Embora também nos pareça que a apresentação dos deveres de lealdade como simples deveres acessórios acabe por relativizar o papel indiscutível que esta obrigação assume em todas as relações fiduciárias, não nos parece que as duas doutrinas sejam irreconciliáveis.

Partindo do pressuposto de que as relações de confiança se caracterizam pela assunção da obrigação de atuar no interesse de outrem, parece certo que os deveres de lealdade emergem, não como deveres acessórios, mas como uma decorrência direta da própria prestação principal. A não recondução ao universo do 762.°/2 do CC não se traduz num afastamento da boa-fé: a evolução e o preenchimento dos deveres de lealdade, nos moldes desenvolvidos pela Ciência Jurídica continental, são devedores deste princípio. Foi no seu seio e recorrendo à sua dogmática que a Ciência Jurídica romanística conseguiu sistematizar e concretizar os deveres de lealdade[52].

III. Há uma certa tendência para circunscrever o dever de lealdade a um conjunto de proibições de atos ou de omissões. Conquanto se reconheça que é no campo da sua delimitação negativa que os deveres de lealdade assumem maior interesse e densidade dogmática e prática, isso não significa que os deveres de lealdade não imponham igualmente obrigações de *facere*.

Assim, entende-se que os deveres de lealdade positivos obrigam o fiduciário a atuar sempre no melhor interesse do beneficiário da relação[53]. Nesta perspetiva, o dever de lealdade aproxima-se do próprio conteúdo da obrigação principal. Distinga-se, exemplificando.

O cliente **X** recorre ao intermediário **Y** em busca de aconselhamento financeiro.

Prestação principal: aconselhamento.

Dever de lealdade positivo: recomendar os investimentos que melhor se adequem ao cliente em concreto.

[51] Manuel Carneiro da Frada, *A Business Judgment Rule no quadro dos deveres gerais dos administradores* em *Jornadas sociedades abertas, valores mobiliários e intermediação financeira*, coordenação Maria de Fátima Ribeiro, Almedina, Coimbra, 2007, 201-242, 209-210.

[52] O nosso, *Doutrina das oportunidades societárias* (corporate opportunities doctrine*). Parte II: Direito português*, 5 RDS, 2013, 741-778, 758 ss: o mesmo problema se coloca no âmbito da determinação da natureza jurídica da proibição de concorrência.

[53] Veja-se a obra clássica de Günter Freese, *Die positive Treupflicht: Ein Beitrag zur Konkretisierung von Treu und Glauben*, Münster, 1970.

IV. Pela negativa, os deveres de lealdade desenvolveram-se, recorrendo à terminologia anglo-saxónica, em torno de dois grandes princípios estruturantes: a *no conflict rule* e a *no profit rule*[54].

A *no conflict rule* veda aos fiduciários todo o tipo de atuação da qual possa originar um conflito entre os interesses do beneficiário e os seus interesses pessoais, enquanto a *no profit rule* impede aos mesmos sujeitos a obtenção de lucros através da posição ocupada, salvo se previstos ou devidamente autorizados[55].

O dever de evitar conflitos de interesses apresenta-se como a garantia última do cumprimento do contrato concluído e, de maior relevância, da efetiva prossecução dos interesses do beneficiário[56].

A proibição de obter lucros ou benefícios não contratualizados ou autorizados, embora dogmaticamente dependente do dever de evitar conflitos, permite resolver situações em que, conquanto possa não existir um conflito claro, o fiduciário utilize a sua posição não no interesse do beneficiário, mas em seu benefício pessoal[57] – fica, porém, a dúvida se estes casos não poderiam simplesmente ser resolvidos através da invocação da dimensão positiva dos deveres de lealdade.

V. A realidade legislativa mostra-nos uma utilização do termo *dever de lealdade*, em especial no campo dos Direitos comerciais especiais, com um significado que extravasa, largamente, as fronteiras descritas. Tudo se passa como se a expressão tivesse, nesses ramos jurídicos, substituído a locação *boa-fé*. Como exemplos de escola, recorde-se a imposição de deveres de lealdade aos administradores de sociedades comerciais em relação aos "trabalhadores, clientes e credores", artigo 64.º do CSC[58]; ou a imposição de deveres de lealdade aos intermediários financeiros relativamente a "todos os intervenientes do mercado", artigo 304.º do CVM[59]. Em ambos os casos, exemplificativos, o dever de lealdade abrange, para além do dever de lealdade *per se*, comportamentos vedados por aplicação do princípio da primazia da materialidade subjacente[60]. Não se exige, assim, que os administradores sejam leais para com os clientes da

[54] *Do trust*, cit., 519 ss.

[55] *Bristol & West Building Society v Mothew* [1998] Ch 1-28, 18; *Don King Productions Inc v Warren* [1999] 2 All ER 218-240, 238-239; *Sinclair Investments (UK) Ltd v Versailles Trade Finance Ltd* [2010] EWHC 1614 (Ch), [29].

[56] *Snell's Equity*, 32.ª ed., Sweet & Maxwell, Londres, 2010,

[57] Quanto à autonomia da *no profit rule*, veja-se: *Do trust*, cit., 539.

[58] António Menezes Cordeiro, *A lealdade no Direito das sociedades*, 66 ROA, 2006, 1033-1065.

[59] A. Barreto Menezes Cordeiro, *Manual de Direito dos valores mobiliários*, Almedina, Coimbra, 2016, 295 ss.

[60] António Menezes Cordeiro, *Tratado de Direito civil*, I, 4.ª ed., Almedina, Coimbra, 2014, 975 ss.

sociedade representada ou que os intermediários financeiros sejam leais para com os seus concorrentes, mas somente que não atuem com o propósito deliberado de os prejudicar.

7. A receção da doutrina fiduciária unitária: mudança de posição

I. As relações fiduciárias, também ditas relações de confiança, são presença constante na evolução social e cultural do *homo sapiens*. No núcleo das primeiras comunidades da nossa espécie encontramos, necessariamente, fortes ligações de confiança, especialmente visíveis na proteção concedida aos mais novos, mais velhos ou mais desprotegidos, mas também na divisão de tarefas comunitárias. A sobrevivência de cada um de nós depende, em última análise, do grau de confiança que depositamos nos nossos semelhantes.

Do facto de a confiança ser intrínseca à socialização humana não se pode concluir pela automática receção das teorias fiduciárias anglófonas ou por um reconhecimento da sua validade sem mais. A relação fiduciária é um conceito técnico, desenvolvido com um propósito prático e dogmático concreto e com uma reduzida expressão nos sistemas jurídicos romano-germânicos. Não consubstancia um dado empírico identificável através da simples observação das nossas comunidades.

II. Embora reconhecendo a crescente influência anglo-saxónica no campo das relações fiduciárias, *maxime* administradores de sociedades comerciais, negámos, no *Trust no Direito civil*[61]*, o interesse prático e dogmático da receção de uma teoria unitária. Para o efeito, apresentámos três grandes argumentos: (i) na tradição da Common Law*, as relações fiduciárias são devedoras do *trust*, tanto numa perspetiva estrutural como numa perspetiva substantiva; ora, este raciocínio lógico-dedutivo não se adequa à realidade continental, onde o papel científico dos negócios fiduciários é historicamente diminuto[62]; e (ii) na possibilidade de se recorrer, por analogia, a regimes bem desenvolvidos, p. ex.: o mandato para todas as prestações de serviço ou a agência para os restantes contratos de distribuição. A estes argumentos adicionámos, posteriormente, um outro particularmente relevante (iii): a maioria das relações referidas tem sólidas raízes entre nós; os respetivos regimes evoluíram paulatinamente, em muitos casos ao longo de incontáveis séculos, refletindo, consequentemente, os anseios e as necessidades das comunidades reguladas.

[61] Cit., 976 ss.

[62] *Do trust*, cit., 703 ss.

III. Os argumentos então aduzidos e subsequentemente reforçados assentam numa boa fundamentação jurídica. Todavia, impõe-se uma mudança de posição, que vá no sentido do reconhecimento do interesse e da utilidade em adotar uma construção unitária que permita preencher e esclarecer os exatos contornos das posições jurídicas fiduciárias. Esta alteração é motivada por fundamentos de ordem dogmática, prática e sistemática.

Da leitura da maioria dos regimes que regulam relações ditas de confiança não resulta claro que tipo de atuação material se espera do fiduciário, em especial na pendência da execução do acordado. Pense-se no caso paradigmático do mandatário: o regime jurídico positivado nos artigos 1157.° e ss do CC não deixa dúvidas quanto aos propósitos finalísticos do tipo contratual, mas não evidencia a existência de deveres de lealdade – análogos aos previstos para os administradores de sociedades comerciais no artigo 64.° do CSC – na sua execução, nem, por maioria de razão, de que forma estes se concretizam. O não tratamento desta matéria no tipo contratual do mandato é especialmente prejudicial, na medida em que o artigo 1156.° manda aplicar este regime, de forma subsidiária, a todos os contratos de prestação de serviço.

A conceitualização de uma doutrina unitária permite, assim, concretizar alguns aspetos nucleares de regimes que, embora incontestavelmente consolidados, se mostram lacunares.

IV. As fragilidades dogmáticas atuais têm um evidente reflexo na vida prática do dia-à-dia: o que fazer se um mandatário, embora sem incumprir as instruções recebidas, atuar de forma a retirar benefícios para si ou para terceiros? Exemplifique-se.

A, mandatário de **B** na exploração e gestão de uma herdade, contrata sempre com os mesmos fornecedores, não por serem os mais competitivos, mas porque recebia sempre uma interessante bonificação. Admita-se mesmo que os fornecedores habituais prestavam um serviço acima da média.

A, mandatário de **B** para a aquisição de uma biblioteca, opta por negociar com **C**, em detrimento de **D**, por ser amigo de longa data do primeiro. Ambas as coleções preenchiam os requisitos mínimos indicados e encontravam-se dentro do intervalo de preços estabelecidos por **B**, mas a proposta de **D** era objetivamente mais favorável.

V. Numa perspectiva sistemática, o acolhimento de uma solução unitária, abarcadora de todas as relações de confiança, é particularmente aliciante: permite uma consolidação dogmática, com todas as vantagens teóricas e práticas associadas, assim como um intercâmbio de decisões. Mas não se confunda sistematização com uniformização: a solução proposta deve ser flexível e adaptável às especificidades de cada relação concreta, sob pena de operar um total esvaziamento.

8. **Relações fiduciárias no Direito Civil**

I. *Mandatário*. A dimensão fiduciária da relação existente entre o mandante (*principle*) e o mandatário (*agent*) é há muito sublinhada pela Ciência Jurídica anglófona – Direito inglês[63] e Direito estado-unidense[64]. Para além do dever de atuar sempre no melhor interesse do *principal*, ao *agent* são vedados todos os comportamentos dos quais possam resultar um conflito de interesses[65].

A dimensão fiduciária do mandatário é intrínseca à própria posição jurídica ocupada: da obrigação de atuar por conta do mandante – ou seja, os efeitos jurídicos decorrentes dos seus atos produzem-se diretamente (com representação) ou por ato subsequente (sem representação)[66] na esfera jurídica do beneficiário da relação: o mandante[67] – resulta, implícita, a obrigação de atuar no melhor interesse (dever de lealdade) do mandante. Não se espera, nem se aceita, uma atuação que coloque os interesses próprios ou os interesses de terceiros à frente dos interesses do mandante. A ausência de uma disposição expressa que ateste a dimensão fiduciária do mandatário é um reflexo (i) do relativo desconhecimento linguístico e doutrinário do conceito do dever de lealdade – fosse hoje o regime elaborado e essa menção seguramente não faltaria; e (ii) das situações típicas para as quais o regime positivado foi pensado: como já oportunamente

[63] *Parker v Mckenna* (1874) LR 10 Ch App 96-127. Em moldes idênticos ao que se verificou com os administradores de sociedades comerciais, também os *agents* foram por vezes apresentados como *quasi trustees*: *Re Blundell* (1889) LR 40 Ch D 370-385, 381.

[64] *Restatement, Third, Agency*, § 1.01: "*Agency is the fiduciary relationship that arises when one person (a "principal") manifests assent to another person (an "agent") that the agent shall act on the principal's behalf and subject to the principal's control, and the agent manifests assent or otherwise consents so to act*"; § 8.01: "*An agent has a fiduciary duty to act loyally for the principal's benefit in all matters connected with the agency relationship*".

[65] *Parker v Mckenna* (1874) LR 10 Ch App 96-127, 118: "*No man can in this Court, acting as an agent, be allowed to put himself into a position in which his interest and his duty will be in conflict*".

[66] O mandatado sem representação é, de resto, apresentado, por diversos autores, como um tipo legal de negócio fiduciário: *Do trust*, cit., 1003 ss. Esta recondução, apesar de assentar, classicamente, na dimensão externa da relação e na sua estrutura, não deixa de refletir a sua dimensão interna e, em especial, o conteúdo da posição jurídica do mandatário.

[67] Quanto ao conceito "por conta", veja-se, António Menezes Cordeiro, *Tratado de Direito civil*, V, 3.ª ed., Almedina, Coimbra, 2017, 102; Luís Menezes Leitão, *Direito das obrigações*, III, 11.ª ed., Almedina, Coimbra, 2016, 389 ss; Januário da Costa Gomes, *Contrato de mandato* em *Direito das obrigações*, II, coord. António Menezes Cordeiro, AAFDL, Lisboa, 1991, 267-408, 277-279.

defendemos[68], o regime do mandato, pelas suas características, não foi concebido nem é particularmente adequado para regular relações continuadas em que o prestador assume obrigações de administração.

O facto de o mandato poder igualmente ser constituído no interesse do mandante, nos termos do artigo 1170.°/2 do CC[69], em nada inviabiliza a recondução da figura ao universo fiduciário, pelas seguintes razões: (i) tanto do ponto de vista prático, como do ponto de vista dogmático não vislumbramos qualquer obstáculo de fundo que impeça, ao fiduciário, a prossecução de outros interesses que não os do beneficiário da relação, desde que não os coloque em primeiro lugar; (ii) as próprias relações fiduciárias, pense-se no caso paradigmático do *trust*, preveem a possibilidade de o fiduciário ocupar, igualmente, a posição de beneficiário da relação; e (iii) do disposto no artigo 1170.°/2 do CC apenas se pode retirar: o mandato pode igualmente ser constituído em benefício do mandatário e não: o mandato pode ser constituído apenas em benefício do mandatário.

Serão ainda fiduciárias todas as posições jurídicas devedoras do mandato, caso paradigmático do testamenteiro, artigos 2320.° ss do CC[70].

II. *Advogado*. Apesar de a relação existente entre o advogado e os seus clientes se caracterizar por uma enorme heterogeneidade, não restam dúvidas quanto à sua natureza fiduciária, em tudo semelhante ao do *agent*: o advogado é contratado para agir em benefício e no interesse do cliente, não podendo utilizar os poderes que lhe são conferidos para prosseguir qualquer outro fim[71].

Entre nós e em moldes análogos ao que se verifica no Direito inglês[72], a natureza fiduciária da relação emerge diretamente da lei e dos códigos deontológicos aplicáveis. Nos termos dos respetivos estatutos, o advogado deve "agir de forma a defender os interesses legítimos do cliente", artigo 97.°/2; e evitar qualquer situação da qual possa originar um conflito de interesses, artigo 99.°.

[68] *Do trust*, cit., 1012 ss.

[69] STJ 2-mar.-2011 (Nuno Cameira), proc. n.° 2464/03: análise cuidada do preceito, que acompanhamos.

[70] No Direito inglês: *Re, Marsden* (1859) 26 Ch D 783-791, 789: "*an executor is personally liable in equity for all breaches of the ordinary trusts which in Court of Equity are considered to arise from his office*"; *Stamp Duties Commissioners v Livingston* [1965] AC 694-704, 696.

[71] *Denton v Donner* (1856) 23 Beav 285-291: a figura do advogado é descrita como sendo a de um *quasi trustee*.

[72] Veja-se o concludente *Solicitors' Code of Conduct*

III. *Pais*. Ao contrário do que sustenta Löhning[73], não nos parece defensável, nem sequer vantajoso, tanto do ponto de vista prático como teórico, incluir os pais no leque de posições jurídicas fiduciárias. Numa perspetiva não técnico-jurídica, a relação existente entre pais e filhos é, indiscutivelmente, a mais forte relação de confiança existente. Contudo, o conceito de fiduciário é um conceito jurídico e não um conceito social ou antropológico. Por fiduciários não se entendem posições de grande proximidade, mas sim posições às quais o sistema impõe a obrigação de atuar do interesse do beneficiário da relação (dever de lealdade)[74]. Ora, não é isto que se verifica na relação pais//filhos. A posição dos pais não é moldada por um dever de lealdade, mas por um poder funcional[75]: os pais têm o direito de educar os seus filhos como melhor entendam, devendo, porém, fazê-lo sempre atendendo aos seus interesses, nos termos dos artigos 1885.° ss do CC. Estruturalmente, este poder funcional não se confunde com o dever de lealdade. Também os conteúdos são distintos, bastando, a título exemplificativo, atender ao disposto nos artigos 1885.°/1 do CC, relativo à educação, e 1886.° do CC, relativo à educação religiosa. Por fim, não encontramos qualquer vantagem, prática ou dogmática, em reconduzir a posição dos pais, intrinsecamente pessoal e familiar, ao universo fiduciário, por natureza patrimonialista.

IV. *Tutor e curador*. A exclusão do poder paternal implica, por maioria de razão, a exclusão da tutela, sempre que esta seja exercida por um dos pais – nos termos do artigo 144.° do CC: "recaindo a tutela no pai ou na mãe, exercem estes o poder paternal como se dispõe nos artigos 1878 e seguintes". Deverão as demais relações de tutela e as relações de curatela ser igualmente excluídas?

No Direito inglês, conhecem-se algumas decisões, datadas no início do século XIX, em que os *guardians* são apresentados como sendo figuras próximas dos *trustees*[76]. *Esta aproximação não parece ser hoje suportada pela jurisprudência*

[73] Ponto 6/II

[74] Ponto 7.

[75] António Menezes Cordeiro, *Tratado de Direito civil*, I, 4.ª ed., Almedina, Coimbra, 2012, 910; Luís Carvalho Fernandes, *Teoria geral do Direito civil*, II, 5.ª ed., UCP, Lisboa, 2010, 641 e Carlos Mota Pinto, *Teoria geral do Direito civil*, 4.ª ed., por António Pinto Monteiro/Paulo Mota Pinto, Coimbra ed., Coimbra, 2005, 179; Rabindranath Capelo de Sousa, *Teoria geral do Direito civil*, I, Coimbra ed., Coimbra, 2003, 185.

[76] *Hatch v Hatch* (1804) 9 Ves Jun 292-300, 296-297: compara a posição do curador ao do *trustee* e ao do advogado.

britânica, embora tenha sido adotada por outros sistemas da Common Law, caso do Direito australiano[77].

Como ponto de partida, julgamos ser de excluir esta recondução do campo de aplicação da interdição: ao tutor não cabe apenas *governar* os bens do interdito, mas também a sua pessoa, artigo 138.° do CC. Ora, a doutrina fiduciária é de pouca ou nenhuma utilidade nestes casos. Embora se reconheça que os avanços densificadores do dever de lealdade possam ter, pontualmente, algum interesse, tal não basta para a inclusão dos tutores na categoria fiduciária.

A curatela e o regime da inabilitação encontram-se numa zona mais cinzenta: por razões históricas surgem associadas ao Direito da família e tendem a assumir uma forte dimensão personalista, o que as afasta do universo fiduciário. Contudo e atendendo a que a inabilitação respeita à administração de bens, a invocação de uma dimensão fiduciária poderá ter utilidade prática na resolução de litígios, embora mantenhamos a dúvida quanto ao cabimento de uma recondução simples e direta.

V. *Posições de influência*. As relações fiduciárias não se confundem com relações marcadas por uma forte ascendência de um dos sujeitos sobre o outro. Como exemplos paradigmáticos, pense-se na relação médico/doente ou na relação sacerdote/fiel[78].

O doente encontra-se numa posição muito sensível e vulnerável. Para além do estado debilitante em que se possa encontrar, o doente não possuiu, por princípio, mais do que alguns conhecimentos elementares. Por contraste, o médico detém conhecimentos que podem não apenas melhor a saúde do doente, como, em muitos casos, salvar-lhe a vida. Acresce que a elaboração de um correto diagnóstico está, não raramente, dependente da divulgação de informações familiares e pessoais, típicas da esfera privada ou íntima do doente. A relação existente entre o sacerdote e os seus fiéis é análoga, no que ao desequilíbrio respeita e à ascendência existência, em especial se o fiel estiver convencido que apenas poderá alcançar a vida eterna se seguir todas as instruções do sacerdote, sem as questionar.

Apesar de alguma doutrina, em especial estadunidense[79], defender a natureza fiduciária de ambas as posições, não encontramos fundamentos bastantes. O médico não é titular de um dever de lealdade para com cada um dos seus doentes. Nos termos do artigo 5.°/1 do Código Deontológico, ao médico cabe

[77] *Clay v Clay* [2001] 3 ITELR 525-547, 541-542: "*the relationship of guardian and ward . . . is a fiduciary relationship with particular characteristics*".

[78] *Do trust*, cit., 491 ss.

[79] Veja-se a nota anterior.

"exercer a sua profissão com o maior respeito pelo direito à proteção da saúde das pessoas e da comunidade". Certamente que tudo deve fazer para prestar "os melhores cuidados" aos seus doentes, artigo 31.º do Código Deontológico, mas tal não pressupõe a assunção de qualquer dever de lealdade para com cada doente. A obrigação do médico em proteger a saúde das pessoas, em geral, e da comunidade sobrepõe-se. Caso contrário, cada vez que um médico desse prioridade a um doente estaria a violar esse direito de lealdade; pense-se no caso, extremo mas elucidativo, em que um médico opta por transplantar um coração para o doente B em detrimento do doente A. O mesmo se verifica em relação ao sacerdote: a sua obrigação principal é para com toda a comunidade de fiéis e, numa perspetiva teológica, para com Deus.

9. **Relações fiduciárias no Direito Comercial**

I. *Mandatário comercial e figuras afins*. De modo idêntico ao que se verifica para o Direito civil, também no Direito comercial o contrato de mandato assume especial destaque entre as categorias fiduciárias: na execução dos atos que lhe foram confiados, deve o mandatário comercial, o gerente ou o comissário atuarem no estrito cumprimento do dever de lealdade.

O Direito comercial é especialmente fértil em relações fiduciárias, pense-se nos casos paradigmáticos dos contratos de distribuição: agência[80]-[81], comissão e franquia[82].

II. *Administrador de sociedade comercial*. Os administradores de sociedades comerciais são, de todas as posições jurídicas fiduciárias, a que mais tem sido trabalhada e densificada pelos nossos tribunais e doutrina[83]. Aos administradores cabe, nos termos do incontornável artigo 64.º do CSC, atuar sempre no melhor interesse da sociedade que representa.

A concretização jurisprudencial do dever de lealdade dos administradores, fruto da produção de centenas de decisões, assume um papel central na materialização da visão unitária das relações fiduciárias, podendo mesmo assumir, no

[80] Direito inglês: *The Commercial Agents (Council Directive) Regulations 1993*, r. 3(1): "*In performing his activities a commercial agent must look after the interests of his principal and act dutifully and in good faith*".

[81] STJ 14-fev.-2012 (Gabriel Catarino), proc. n.º 1889/03.7: apontando a existência de um dever de lealdade na esfera jurídica do agente.

[82] Harold Brown, *Franchising – A Fiduciary Relationsip*, 49 Tex L Rev, 1971, 650-675.

[83] Por todos: António Menezes Cordeiro, *Anotação ao artigo 64.º do CSC* em *CSC/CIDP*, 2.ª ed., Almedina, Coimbra, 2011, 253; Ricardo Costa/Gabriela Figueiredo Dias, *Anotação ao artigo 64.º do CSC* em *CSC/Coimbra*, I, Almedina, Coimbra, 2010, 744, com indicações bibliográficas.

seio dos sistemas jurídicos continentais, a função desempenhada, na *Common Law*, pelos *trustees*.

Aos administradores de sociedades comerciais acrescem ainda, no âmbito do Direito Civil, os titulares de órgãos de administração das associações e fundações.

10. **Relações fiduciárias no Direito Financeiro**

I. *Intermediário financeiro*. O intermediário financeiro é um fiduciário por excelência. De todas as posições jurídicas fiduciárias, o intermediário financeiro é, do ponto de vista legislativa, o tipo legal mais desenvolvido. A influência fiduciária anglófona no regime jurídico da intermediação financeira é notável: da leitura dos deveres impostos aos intermediários financeiros dificilmente um leitor treinado não é remetido, inconscientemente, para o conteúdo da posição clássica do *trustee*.

Sem propósitos exaustivos, atente-se aos seguintes preceitos legais[84]: artigo 304.°/1: os intermediários financeiros devem orientar a sua atividade no sentido da proteção dos legítimos interesses dos seus clientes; artigo 309.°/3: "o intermediário financeiro deve dar prevalência aos interesses do cliente"; artigo 326.°/1, *a)*: "o intermediário financeiro deve recusar uma ordem quando seja evidente que a operação contraria os interesses do ordenador"; ou artigo 347.°, todos dos CVM: o intermediário financeiro deve evitar conflitos de interesses.

II. *Banco e entidades gestoras*. Também as instituições de crédito, nos termos do disposto no artigo 74.° do RGIC, desempenham uma função fiduciária, em relação aos seus clientes, devendo, nesses termos, atuar sempre com lealdade, dando prioridade aos interesses dos seus clientes.

O mesmo se verifica, por exemplo, com as sociedades gestoras de fundos de investimento: "a entidade gestora age de modo independente e no exclusivo interesse dos participantes", artigo 68.°/1 do RJOIC[85].

[84] Para uma análise mais minuciosa, veja-se o nosso *Manual de Direito dos valores mobiliários*, Almedina, Coimbra, 2016, 285 ss.

[85] Relações fiduciárias no Direito dos valores mobiliários: o nosso *Direito dos valores mobiliários*, I, Almedina, Coimbra, 2015, 312 ss.

*Artigo 800.º do Código Civil: contributo para o conceito de auxiliar e de representante legal**

PROF.ª DOUTORA CLÁUDIA MADALENO

SUMÁRIO: *1. Introdução. 2. A introdução do terceiro por vontade do devedor. 3. Situações duvidosas. 4. Representante legal.*

1. **Introdução****

O artigo 800.º do Código Civil, com a epígrafe *"atos dos representantes legais ou auxiliares"*, estabelece no seu n.º 1 que *"O devedor é responsável perante o credor pelos atos dos seus representantes legais ou das pessoas que utilize para o cumprimento da obrigação, como se tais atos fossem praticados pelo próprio devedor"*. Trata-se de responsabilidade obrigacional do devedor por facto de outrem, ou seja, de uma imputação de responsabilidade civil[1]-[4], com duas características importantes:

* Destinado aos Estudos Comemorativos do Cinquentenário do Código Civil.

** Abreviaturas utilizadas: BGB – Código Civil Alemão. CC – Código Civil. CCE – Código Civil Espanhol. CCF – Código Civil Francês. CCI – Código Civil Italiano. CIRE – Código da Insolvência e da Recuperação de Empresas. CSC – Código das Sociedades Comerciais. CT – Código do Trabalho.

[1] LUIZ DA CUNHA GONÇALVES, *Tratado de Direito Civil em Comentário ao Código Civil Português*, Volume XII, Coimbra, Coimbra editora, 1937, p. 346, assinala que é provável que a palavra *responsabilidade civil* provenha do latim *re-spondere*, *"que significa garantir ou convencionar o retôrno ou ressarcimento do que o lesado perdeu.* Ressarcir *é o têrmo clássico, como se vê no* «rupitias sarcito» *da* Lei das XII Tábuas *dos Romanos"*. Também PAULO CUNHA, *Direito das Obrigações*, Tomo III – O Facto Jurídico na Relação Obrigacional, pelo Aluno Orlando Courrège, Lisboa, 1943, pp. 115 e 116, refere que por responsabilidade se pode entender um sentido muito amplo, significando que há uma pessoa da qual outra pode exigir responsabilidade; ou em sentido estrito, que é a situação em que se coloca o autor de um facto ilícito.

por um lado, a responsabilidade consagrada é obrigacional e objetiva, isto é, independente da culpa e até da prática de um facto ilícito pelo agente; e, por outro, consiste em responsabilidade por facto de outrem, ou seja, de um terceiro inserido no contexto relacional obrigacional[3].

II. Para aferir o âmbito de aplicação do artigo 800.º do CC importa, antes de mais, determinar qual o conceito de auxiliar relevante para efeitos deste artigo.

Com efeito, há vários modos de cooperação com o devedor no âmbito da obrigação. Numa primeira aceção, podemos dizer que os auxiliares são *quaisquer terceiros de que o devedor necessita ou aos quais recorre com vista à execução da prestação a que se encontra obrigado*. De acordo com esta perspetiva abrangente[4]:

a) Pode haver auxiliares materiais ou jurídicos;
b) Os auxiliares podem ser introduzidos pelo devedor ou ser impostos por lei.

Destarte, se em sentido amplo podem ser considerados auxiliares o representante, o trabalhador, o notário, as testemunhas, o intérprete, o tradutor e o mediador, poderão já não ser considerados *auxiliares de cumprimento*, para efeitos

Paulo Cunha, *Direito das Obrigações*, Tomo III – O Facto Jurídico na Relação Obrigacional, ob. cit., pp. 124 e seguintes, assinala que, seja subjetiva ou objetiva, é sempre necessário a verificação de um *"nexo entre o facto violador e uma pessoa"*: tratando-se de responsabilidade subjetiva, trata-se de *"um nexo moral entre o acto violador e certa pessoa"*; se se tratar de responsabilidade objetiva, *"contentamo-nos com um nexo materal, mas o nexo material ou moral, há-de haver sempre"*.

[2] Acerca da imputação de danos, cf. António Menezes Cordeiro, *Tratado de Direito Civil Português*, I – Introdução. Fontes do Direito. Interpretação da lei. Aplicação das leis no tempo. Doutrina geral, 4.ª edição, Coimbra, Almedina, 2012, pp. 979 e seguintes, salientando-se, na p. 983, os diferentes *títulos de imputação*, nomeadamente por facto ilícito ou por incumprimento, pelo risco e por facto lícito ou pelo sacrifício. Cf. também: Luís Manuel Teles de Menezes Leitão, *Direito das Obrigações*, Volume I – Introdução. Da constituição das obrigações, 15.ª edição, Coimbra, Almedina, 2018, pp. 49 e seguintes; Pedro Romano Martinez, *Direito das Obrigações. Programa 2010/2011. Apontamentos*, 3.ª edição, Lisboa, AAFDL, 2011, pp. 297 e seguintes.

[3] Francisco Jordano Fraga, *Da responsabilidade del deudor por los auxiliares que utiliza en el cumplimiento*, Madrid, Editorial Civitas, 1994, p. 19, refere que se trata da responsabilidade *"en que un sujeto responde (civilmente: indemnizándolos) de los daños causados por un sujeto distinto"*, havendo assim uma dissociação entre o sujeito responsável e o sujeito causador do dano.

[4] Segundo Francesco Messineo, *Il contratto in genere*, Tomo primo, Milão, Dott. A. Giuffrè Editore, 1973, p. 224, neste sentido alargado, o conceito de cooperação ou de colaboração num contrato alheio abrange, em geral, o *"ausilio di persona che, pur essendo, di regola, estranea al contratto da stipulare, interviene in esso – con funzione a volta diversa: epperò anche a titolo diverso"*.

do artigo 800.º, n.º 1, do CC. Por isso, torna-se necessário averiguar, dentro de cada categoria, quem pode ser efetivamente auxiliar.

2. **A introdução do terceiro por vontade do devedor**

I. Numa primeira aproximação, auxiliar de cumprimento é aquele que, *com base na vontade do devedor*, atua como seu ajudante, no cumprimento de uma obrigação do devedor[5]. A introdução do auxiliar assente numa atuação voluntária do devedor constitui, efetivamente, um elemento essencial para a aplicação do artigo 800.º, n.º 1, do CC. Isto porque a utilização de auxiliares decorre da liberdade de atuação do devedor[6]: cabe a este definir o modo de atingir o fim a que se obrigou, ou seja, a forma como vai realizar a prestação.

A introdução no cumprimento pode provir[7]:

a) De um ato do próprio devedor, caso em que temos um auxiliar de cumprimento;
b) Da lei, caso em que se trata de um representante legal.

Assim, são auxiliares todas as pessoas das quais o devedor se serve para a execução da sua obrigação. No mesmo sentido, Ferrara exemplifica a responsabilidade do devedor pelos atos de qualquer pessoa que seja utilizada pelo devedor no cumprimento, podendo, inclusivamente, ser um familiar ou um hóspede.

II. No conceito de auxiliar são igualmente incluídas as pessoas que convivam com o devedor e das quais este se sirva para executar a prestação, verificando-se assim a exigência da voluntariedade da introdução do terceiro na relação

[5] Helmut Heinrichs, *Münchener Kommentar zum Bürgerlichen Gesetzbuch*, Band 2, Schuldrecht, Allgemeiner Teil (§§ 241-432), 3. Auflage, Munique, C. H. Beck'sche Verlagsbuchhandlung, 1994, p. 894.

[6] Francisco Jordano Fraga, *Da responsabilidade del deudor por los auxiliares que utiliza en el cumplimiento*, ob. cit., p. 57.

[7] Assim, cf. Wolfgang Krüger, *Münchener Kommentar zum Bürgerlichen Gesetzbuch*, Band 2, Schuldrecht, Allgemeiner Teil, §§ 241-432, 6. Auflage, Leinen, C. H. BECK, 2012, anotação ao § 278, ponto 41. Cf. também Francesco Ferrara, *Responsabilità contrattuale per fatto altrui*, em *Archivio Giuridico*, Nuova Serie, Volume XI, Fasc. 3, 1903, p. 412. Em Portugal, veja-se Jaime Augusto Cardoso de Gouveia, *Da responsabilidade contratual, Lisboa*, Edição do Autor, 1932, p. 411, referindo a responsabilidade do devedor pelos atos de terceiros que sejam *"pessoas que, por virtude das relações de subordinação, parentesco ou convivência, devem ser dirigidas e vigiadas pelo solvens"*.

obrigacional. Ou seja, os membros da sua família, bem como quaisquer hóspedes ou visitas, contanto que introduzidos pelo próprio devedor no cumprimento da obrigação[8]. Mesmo que se trate de um terceiro familiar do devedor, que este haja introduzido no esquema obrigacional por motivos de parentesco ou convivência, parece igualmente de aplicar o artigo 800.°, n.° 1, do CC[9].

De acordo com Pedro Múrias, o auxiliar pode até não ser uma pessoa que participe na execução da obrigação propriamente dita. O Autor indica o exemplo de M dar à sua namorada, N, o texto de uma tradução de que está incumbido, a qual, furiosa, atira as folhas da janela, provocando um enorme atraso no cumprimento, concluindo que o devedor não se pode exonerar argumentando com a imprevisibilidade de tal comportamento[10]. Tal seria a solução, em paralelismo com o regime constante do artigo 1044.° do CC, nos termos do qual *"O locatário responde pela perda ou deteriorações da coisa, não excetuadas no artigo anterior, salvo se resultarem de causa que lhe não seja imputável nem a terceiro a quem tenha permitido a utilização dela"*. No entanto, não nos parece que, neste caso, se deva aplicar o artigo 800.°, n.° 1, do CC, ainda que M deva sempre responder, já que o comportamento de N não constitui uma causa *exterior* a si. Não obstante, a mesma solução pode ser obtida com fundamentação diversa:

a) Pode entender-se que M introduziu N como sua auxiliar de cumprimento, e que, por culpa de N, se verificou a mora, aplicando então o artigo 800.°, n.° 1, do CC;
b) Ou pode, em alternativa, considerar-se que M tinha em seu poder uma coisa pertencente a outrem, neste caso o seu credor, e que tal detenção visava a execução da obrigação, pelo que M responde, nos termos do artigo 1044.° do CC, pela atuação dos terceiros aos quais facultou o acesso a essa coisa.

A diferença, como bem se vê, circunscreve-se à fundamentação, mas não modifica a solução: M responde pela mora, mas não porque haja introduzido N

[8] Neste sentido, Émile Becqué, *De la responsabilité du fait d'autri en matière contractuelle. Contribution a l'étude du droit comparé des obligations*, em *Revue Trimestrielle de Droit Civil*, Tome Treizième, 1914, p. 297.

[9] Pode tratar-se de uma qualquer pessoa, familiar, amigo ou conhecido, ou mesmo nem isso. Não se aplica aqui o conceito de *"pessoas especialmente relacionadas com o devedor"*, presente, p.ex., no artigo 49.° do CIRE. Trata-se, ao invés, de qualquer pessoa a que o devedor recorra, independentemente de tal proximidade especial existir ou não.

[10] Pedro Ferreira Múrias, *A responsabilidade por actos de auxiliares e o entendimento dualista da responsabilidade civil*, em *Revista da Faculdade de Direito da Universidade de Lisboa*, Volume XXXVII, N.° 1, 1996, p. 190.

no cumprimento e antes por lhe ter facultado o contacto com uma coisa alheia, da qual era detentor. Por outro lado, o artigo 1044.º do CC é menos exigente do que o artigo 800.º, n.º 1, do CC, não se exigindo a atuação *no cumprimento* nem a *culpa* do auxiliar.

III. A exigência da introdução do terceiro por vontade do devedor é relevante na medida em que, por definição, o devedor deve responder pelas pessoas que não lhe são estranhas. Porém, sendo relevante que o auxiliar atue por vontade do devedor, já não é essencial que se demonstre, em concreto, qual o auxiliar concretamente culpado. Por conseguinte, basta provar que houve culpa de *um qualquer auxiliar*, não tendo de ser demonstrado em específico qual deles praticou o ato[11].

Essencial é então apenas que o terceiro haja sido introduzido no cumprimento da obrigação por iniciativa do próprio devedor[12], pois, se isso não se não verificar, não haverá em princípio responsabilidade obrigacional deste pela atuação de tal pessoa[13].

Em alternativa, pode acontecer que o devedor tenha apenas tolerado a intervenção do terceiro, ou o contacto do terceiro com o credor, ou, por outras palavras, a *"Einschaltung"* do auxiliar por parte do devedor, mesmo que essa seja efetuada tacitamente ou por simples tolerância[14]. Assim, o devedor também responde pela atuação de um auxiliar se ele tinha, necessariamente, de contar com a atuação deste[15].

IV. Apesar de a introdução do auxiliar dever decorrer da vontade do devedor, este não tem, necessariamente, de formalizar essa vontade através de um contrato. Basta uma iniciativa do devedor que, em termos amplos, possa ser reconduzida à sua vontade.

[11] Wolfgang Krüger, *Münchener Kommentar zum Bürgerlichen Gesetzbuch*, Band 2, ob. cit., anotação ao § 278, ponto 42.

[12] Dieter Medicus/Stephan Lorenz, *Schuldrecht I*, Allgemeiner Teil, Munique, Verlag C. H. Beck, 2012, p. 184, afirmam que auxiliar é qualquer pessoa que atua, de facto, com vontade do devedor no cumprimento da sua obrigação, não relevando as formas de atividade nem a relação jurídica entre auxiliar e devedor.

[13] Jaime Augusto Cardoso de Gouveia, *Da responsabilidade contratual*, ob. cit., pp. 304 e 411.

[14] Francisco Jordano Fraga, *Da responsabilidade del deudor por los auxiliares que utiliza en el cumplimiento*, ob. cit., pp. 47, pp. 113 e seguintes e 134 e seguintes, onde afirma: *"basta, pero es también indispensable, que el terceiro que interviene en el cumplimiento de la obligación, lo haga por voluntad de éste"*.

[15] Helmut Heinrichs, *Münchener Kommentar zum Bürgerlichen Gesetzbuch*, Band 2, ob. cit., p. 896.

O auxiliar pode, inclusivamente, estar a atuar com vista a fazer um favor, ou por obséquio[16], sem que tal prejudique a aplicação do regime do artigo 800.° do CC[17].

Por outro lado, a vontade do devedor pode ser inicial ou subsequente[18]. Portanto, o auxiliar de cumprimento pode ser introduzido na execução por vontade do devedor, prévia ou posterior à sua própria atuação[19].

V. A qualificação como auxiliar é uma questão de facto, donde resulta que as partes não podem, por via de convenção, excluir essa qualidade[20]. Assim, uma vez concluído que determinada pessoa foi introduzida, com vontade do devedor, no cumprimento duma obrigação deste, não poderá este furtar-se à consequência da aplicação do artigo 800.°, n.° 1, do CC.

Tanto é auxiliar aquele que é utilizado pelo devedor na realização de um serviço perante o credor, como aquele que realiza um serviço para o próprio devedor, quando este é necessário para o cumprimento[21].

No entanto, no primeiro caso, será importante que o auxiliar informe a sua qualidade ao credor[22].

VI. Por força desta delimitação, não podem ser considerados auxiliares, na aceção do artigo 800.°, n.° 1, do CC aqueles que:

a) Desenvolvem espontaneamente uma atividade;
b) Atuam por iniciativa do credor;

[16] Maria Victória R. F. da Rocha, *A imputação objectiva na responsabilidade contratual. Algumas considerações*, em *Revista de Direito e de Economia*, Ano XV, 1989, p. 89.

[17] Dieter Medicus/Stephan Lorenz, *Schuldrecht I*, ob. cit., p. 184.

[18] Assim também Adriano Paes da Silva Vaz Serra, *Responsabilidade do devedor pelos factos dos auxiliares, dos representantes legais ou dos substitutos*, em *Boletim do Ministério da Justiça*, N.° 72, Janeiro/1958, p. 273.

[19] Helmut Heinrichs, *Münchener Kommentar zum Bürgerlichen Gesetzbuch*, Band 2, ob. cit., p. 896. Cf. também o Acórdão do Tribunal da Relação do Porto de 08.06.2009 (Processo n.° 2016/05.1TVPRT.P1, Relatora Maria Adelaide Domingos, disponível em www.dgsi.pt), no qual se considerou que *"O «auxiliar» a que o n.° 1 do artigo 800.° do CC se reporta é alguém introduzido na execução da obrigação por iniciativa própria do devedor, inexistindo qualquer relação específica entre o credor e este terceiro, não se excluindo a possibilidade de uma qualquer relação entre credor, devedor e o terceiro."*.

[20] Francisco Jordano Fraga, *Da responsabilidade del deudor por los auxiliares que utiliza en el cumplimiento*, ob. cit., p. 48.

[21] Helmut Heinrichs, *Münchener Kommentar zum Bürgerlichen Gesetzbuch*, Band 2, ob. cit., p. 890.

[22] Neste sentido, Giovanna Visintini, *La Reticenza nella formazione dei contratti*, Pádua, Cedam, 1972, pp. 288 e 289, aproximando, neste âmbito, a atuação do auxiliar da do representante. Visintini ainda considera que o princípio da responsabilidade do devedor por facto do seu auxiliar é extensível à violação, a este imputável, dos deveres de correção e lealdade em sede de execução da obrigação.

c) Se imiscuem no cumprimento da obrigação[23], sem intervenção/conhecimento do devedor ou contra a vontade deste, incluindo aqui o gestor de negócios, quando o *dominus* não venha a ratificar ou a aceitar o ato.

Assim, daqui resulta que:

a) O gestor de negócios em gestão representativa será considerado auxiliar, desde que o *dominus* ratifique a gestão;
b) Não são auxiliares o gestor na gestão não representativa, nem na gestão representativa não ratificada.

VII. Também não se confunde com o auxiliar o co-devedor, nem a pessoa que por sua livre iniciativa se propõe cumprir uma obrigação de outrem[24] (assunção de dívida por parte de terceiro). Em caso de solidariedade passiva, é seguramente inaplicável a norma da responsabilidade por facto dos auxiliares, dado que falta então a estraneidade do co-devedor em relação ao credor[25]-[26]. Por sua vez, no caso da assunção de dívida[27], e, contanto que haja declaração expressa do credor, verifica-se uma substituição de devedores.

VIII. Não é necessário que exista uma determinada relação jurídica entre o devedor e o auxiliar de cumprimento, para que este seja considerado como tal. No entanto, em regra, os auxiliares são pessoas especialmente contratadas pelo devedor para o coadjuvar no cumprimento das obrigações assumidas perante terceiros[28].

[23] Francisco Jordano Fraga, *Da responsabilidade del deudor por los auxiliares que utiliza en el cumplimiento*, ob. cit., p. 123.

[24] Émile Becqué, *De la responsabilité du fait d'autri en matière contractuelle...*, ob. cit., p. 297.

[25] C. Massimo Bianca, *Commentario del Codice Civile. Libro Quarto – Delle Obligazioni. Dell'inadempimento delle obligazioni. Artigo 1228-1229*, Seconda Edizione, Bolonha/Roma, Nicola Zanichelli Editore/Soc. Ed. Del Foro Italiano, 1979, p. 465.

[26] M. De Savigny, *Le Droit des Obligations*, Tome Premier, Tradução de C. Gérardin e P. Jozon, Paris, Auguste Durand, Librairie-Éditeur, 1863, pp. 150 e seguintes

[27] Giovanna Visintini, *Trattato breve della responsabilità civile. Fatti illeciti. Inadempimento. Danno risarcibile*, Milão, CEDAM, 1996, p. 642.

[28] Fernando de Sandy Lopes Pessoa Jorge, *O mandato sem representação*, Lisboa, Edições Ática, 1961, pp. 15 a 17, refere a variedade de sujeitos que podem intervir na preparação e celebração de contratos, destacando: (a) os mediadores, que aproximam e/ou põem em contacto os possíveis contraentes; (b) os que desempenham funções na própria celebração do contrato, a nível puramente material, como o núncio e o intérprete, ou a nível jurídico, como o notário, as testemunhas, os representantes e os assistentes; (c) os terceiros em situação de interposição real, como o mandatário.

Pode tratar-se de uma de duas situações[29]:

a) Pessoa a quem o devedor entrega, totalmente, o cumprimento da obrigação, ou *substituto*;
b) Pessoa que colabora com o devedor no cumprimento, ou *auxiliar*.

Em regra, mas não necessariamente, entre o devedor e o terceiro auxiliar existe um contrato de trabalho ou um contrato de prestação de serviço. Contudo, reitera-se que nada obriga a que o terceiro seja contratado pelo devedor. Com efeito, tal como afirmava Vaz Serra, o devedor responde pelos atos de qualquer terceiro, aqui se incluindo os *"empregados, criados, operários, ajudantes, cônjuge e filhos, hóspedes de passagem"*[30].

IX. Para que possa ser qualificado como auxiliar, *o terceiro não pode adquirir a posição de parte na relação obrigacional.*

O auxiliar é, por definição, um terceiro, embora não estranho ao devedor[31], não podendo por isso ocupar nem a posição de credor[32], nem a de devedor[33]: o devedor responsável é, assim, a única pessoa à qual o credor pode exigir responsabilidades pelo incumprimento da obrigação[34].

[29] Jaime Augusto Cardoso de Gouveia, *Da responsabilidade contratual*, ob. cit., p. 421.

[30] Cf. Adriano Paes da Silva Vaz Serra, *Responsabilidade do devedor pelos factos dos auxiliares, dos representantes legais ou dos substitutos*, ob. cit., p. 261.

[31] Emilio Betti, *Teoria Generale delle Obbligazioni*, I – Prolegomeni: funzione economico-sociale dei rapporti d'obbligazione, , Milão, Dott. A. Giuffrè Editore, 1953, p. 127, salienta que *"In realtà, quando si parla di estraneità, si deve intendere estraneità alla sfera di controllo propria del debitore e al suo potere di prevenzione dei rischi che mettono in pericolo la prestazione"*. Na p. 148, acrescenta que, *"trattandosi di fatti dipendenti in definitiva dal potere di controllo del debitore e rientranti nella sfera interna della sua economia individuale, la legge ne attribuisce al debitore la imputabilità basandosi appunto sul suo potere di controllo e sulla normale possibilità che egli aveva di prevenire l'evento dannoso al creditore"*.

[32] Por isso, não há confusão com a situação em que se verifica a *adiectio solutionis causa*, na qual o devedor é autorizado a exonerar-se mediante a realização da prestação a um terceiro, encarregado pelo credor de a receber. Este caso configura, como salienta Diogo de Leite Campos, *Contrato a favor de terceiro*, Coimbra, Almedina, 1980, p. 64, uma obrigação de faculdade alternativa no que se refere ao sujeito.

[33] Razão pela qual também não se confunde o recurso a auxiliares de cumprimento com os chamados *contratos a cargo de terceiro*, referidos por Diogo de Leite Campos, *Contrato a favor de terceiro*, ob. cit., pp. 59 e 60, nos quais se pretende atribuir ao terceiro uma das posições contratuais, estando dependente do consentimento do próprio terceiro, momento em que este deixa, obviamente, de ser terceiro.

[34] Francisco Jordano Fraga, *Da responsabilidade del deudor por los auxiliares que utiliza en el cumplimiento*, ob. cit., pp. 46 e 53.

Os auxiliares, por definição, são *estranhos* em relação à obrigação existente entre o devedor e o credor[35]. Se o não forem, nomeadamente, se ocuparem a posição de devedor ou de credor nessa relação, então já não se pode falar de auxiliar[36].

São ilustrativos os exemplos dados por Ferrara[37]:

a) Se A contrata B para tratar do seu jardim, B é um prestador de serviços, que responde perante A pelo resultado e, bem assim, pelos atos dos seus auxiliares;
b) Diversamente, se A contrata tanto B como os seus ajudantes para tratar do jardim, por *x* ao dia, durante 8 dias, B já não responde pelos atos dos auxiliares, porque, em bom rigor, não se pode falar aqui de auxiliares mas antes de uma pluralidade de devedores[38] [39].

X. Nesta linha de raciocínio, deve afirmar-se que o recurso a auxiliares de cumprimento não se confunde com os chamados *contratos de prestação por terceiro*, nos quais se promete a realização de uma prestação pelo terceiro, *"ficando*

[35] Francesco Messineo, *Il contratto in genere*, Tomo primo, ob. cit., p. 225.

[36] Assim, cf. Francesco Messineo, *Il contratto in genere*, ob. cit., p. 224: *"la parte che contrae abbisogna dell'ausilio di persona che, pur essendo, di regola, estranea al contratto da stipulare, interviene in esso – con funzione a volta a volta diversa: epperò anche a titolo diverso. In quel che si è sommariamente accennato consiste la cooperazione (o collaborazione) al contratto altrui."*.

[37] Francesco Ferrara, *Responsabilità contrattuale per fatto altrui*, ob. cit., p. 458, nota 1.

[38] Contudo, já não concordamos com o exemplo dado por Francesco Ferrara, *Responsabilità contrattuale per fatto altrui*, ob. cit., p. 512, segundo o qual se o filho do devedor, contrariamente às ordens deste, aparece de improviso na fábrica e destrói uma máquina, causando um desastre, o devedor não responde perante o credor, argumentando que *"il fatto di mio figlio vale quanto per il fatto di un terzo"*. Porém, se é verdade que o devedor não terá que responder *por facto de outrem*, já não nos parece que não deva haver responsabilidade obrigacional, pois se a fábrica não estava suficientemente protegida contra intromissões de terceiros, deve haver responsabilidade (subjetiva) do devedor.

[39] A questão pode ser discutida no caso da pluralidade de empregadores, prevista no artigo 101.º do CT, uma vez que a lei determina que um dos empregadores *representa os demais*, podendo discutir-se se é ou não auxiliar destes. À partida, parece-nos que não, uma vez que temos uma pluralidade de devedores, ainda que haja certos poderes e direitos que apenas possam ser exercidos por um dos empregadores. Pense-se p.ex. na emissão de duas ordens contraditórias, por dois dos empregadores, sendo necessário que haja um deles que possa tomar a decisão definitiva sobre a ordem que o trabalhador deverá cumprir. Sobre esta figura, cf. Pedro Romano Martinez, *Direito do Trabalho*, 8.ª edição, Coimbra, Almedina, 2017, p. 427. Cf. também Catarina de Oliveira Carvalho, *As perplexidades suscitadas pelas regulamentação positiva de uma figura não inovadora: o contrato de trabalho celebrado com pluralidade de empregadores*, em Prontuário de Direito do Trabalho, N.º 87, Setembro-Dezembro de 2010, Coimbra, Coimbra editora, pp. 45 e seguintes.

este obrigado, por mero efeito do contrato, a favor do promissário ou de um terceiro"[40]. Também neste caso o terceiro se não transforma em parte contratual. Contudo, enquanto os auxiliares de cumprimento são introduzidos no esquema obrigacional por iniciativa do devedor[41], havendo apenas uma obrigação, nos contratos de prestação por terceiro pretende-se a criação de uma obrigação para o próprio terceiro, ainda que tal não se mostre viável em face do artigo 406.°, n.° 2, do CC. De modo que, quanto muito, o devedor obriga-se a conseguir o facto do terceiro, o qual não fica, contudo, obrigado, a menos que dê o seu consentimento, momento em que deixa de ser terceiro para passar a ter a qualidade de devedor[42].

Não obstante a destrinça, chama-se a atenção para o entendimento de Leite Campos, para quem a promessa de facto de terceiro pode implicar, para o devedor, a assunção de uma obrigação de resultado, hipótese em que o próprio devedor tem a opção de cumprir em vez do terceiro. Ora, nestes casos, o Autor afirma que há uma *garantia de resultado*, cujo conteúdo *"é uma prestação idêntica à devida pelo garantido"*, de forma que o devedor ou promitente *"deve um equivalente (ou sucedâneo) da prestação – a indemnização – circunstância que ressalta se o facto do terceiro consistir numa prestação diferente do pagamento de uma soma em dinheiro"*[43]. Ora, sendo certo que as situações são diversas, não podemos deixar de assinalar a similitude do resultado, ou seja, o facto de, tanto no recurso a auxiliares, como na promessa de facto de terceiro com a configuração de obrigação de resultado[44], existir responsabilidade do devedor em caso de "incumprimento" do auxiliar/terceiro[45].

Também neste sentido se pronuncia Ana Prata, ao considerar que *"a actuação daquele que culposamente não cumpre, quando se tenha comprometido face ao devedor a exonerá-lo da dívida"*, ou seja, a situação prevista no artigo 444.°, n.° 1, parece caber no artigo 800.°, n.° 1[46]. Aqui, o terceiro promete ao devedor liberá-lo da sua obrigação, pelo que de facto se pode entender que o devedor

[40] Diogo de Leite Campos, *Contrato a favor de terceiro*, ob. cit., p. 55, sublinhando a ilicitude destes acordos, que não vinculam o terceiro.
[41] Não sendo, por isso, auxiliar, o gestor de negócios.
[42] Diogo de Leite Campos, *Contrato a favor de terceiro*, ob. cit., p. 56.
[43] Diogo de Leite Campos, *Contrato a favor de terceiro*, ob. cit., pp. 57 e 58.
[44] Não aceitando esta classificação, cf. Luís Manuel Teles de Menezes Leitão, *Direito das Obrigações*, Volume I – Introdução. Da constituição das obrigações, ob. cit., pp. 137 e seguintes.
[45] Acerca desta classificação, cf. António Menezes Cordeiro, *Tratado de Direito Civil Português*, I – Introdução. Fontes do Direito. Interpretação da lei. Aplicação das leis no tempo. Doutrina geral, ob. cit., pp. 477 e seguintes.
[46] Ana Prata, *Cláusulas de exclusão e limitação da responsabilidade contratual. Regime geral*, Coimbra, Almedina, 1985, p. 725.

o utiliza no cumprimento. Além disso, como o acordo é estabelecido entre o devedor e o terceiro, o credor não é um beneficiário direto, não podendo exigir responsabilidades ao terceiro mas somente ao devedor[47]. Entendimento que nos parece de acolher.

XI. O auxiliar pode ser uma pessoa singular ou coletiva, a qual, enquanto terceiro em relação ao credor, intervém, como colaborador do devedor, nas tarefas relacionadas com o cumprimento da obrigação[48]-[49].

Assim, pode concluir-se que não é relevante[50]:

a) A existência de uma relação jurídica entre o devedor e o terceiro;
b) A existência de poderes de direção por parte do devedor;
c) Se a atividade do terceiro é ou não obrigatória para que o devedor possa executar a sua prestação;
d) Que o terceiro conheça a sua qualidade de auxiliar;
e) Que o devedor conheça todos os seus auxiliares: basta que o devedor esteja de acordo com o recurso a determinadas pessoas para o cumprimento: daí que, como veremos, o auxiliar do auxiliar seja também, em princípio, considerado auxiliar para efeitos do artigo 800.º, n.º 1, do CC.

Conforme já reiterado anteriormente, mesmo que não tenha introduzido de forma expressa o terceiro na relação obrigacional, é ao menos necessário que o devedor haja autorizado a sua intervenção.

Por último, refira-se que o auxiliar não precisa de atuar com conhecimento da sua qualidade[51]. Relevante é somente que, do ponto de vista material, o

[47] Assim também ANA PRATA, *Cláusulas de exclusão e limitação da responsabilidade contratual. Regime geral*, ob. cit., p. 726, ao afirmar que o credor não é titular de qualquer direito cumulável com o crédito.

[48] MARIA VICTÓRIA R. F. DA ROCHA, *A imputação objectiva na responsabilidade contratual. Algumas considerações*, ob. cit., p. 84.

[49] FRANCISCO JORDANO FRAGA, *Da responsabilidade del deudor por los auxiliares que utiliza en el cumplimiento*, ob. cit., p. 45, afirma que o auxiliar *"en cuanto tercero no obligado frente al acreedor, interviene, como colaborador o auxiliar del deudor y por iniciativa o voluntad de éste, en las actividades relacionadas con el cumplimiento de la obligación que media entre dicho deudor y su también dicho acreedor"*.

[50] RICHARD ALFF/WERNER BALHAUS/REINHOLD WEBER, *Das Bürgerliche Gesetzbuch. Mit besonderer Berücksichtigung der Rechtsprechung des Reichsgerichts und des Bundesgerichtshofes. Kommentar, Band II, 1. Teil, §§ 241 – 413*, Berlim/Nova Iorque, Walter de Gruyter, 1976, p. 82.

[51] DIETER MEDICUS/STEPHAN LORENZ, *Schuldrecht I*, ob. cit., p. 184. Cf. também WOLFGANG KRÜGER, *Münchener Kommentar zum Bürgerlichen Gesetzbuch*, Band 2, ob. cit., anotação ao § 278, ponto 42.

auxiliar esteja a executar uma prestação do devedor, ou a colaborar com este na realização de tal prestação, mesmo que desconheça que assim é. Tal desconhecimento é irrelevante para o credor, razão pela qual não impede a aplicação do artigo 800.º, n.º 1, do CC.

3. **Situações duvidosas**

I. Coloca a doutrina a seguinte questão: *são auxiliares, na aceção do artigo 800.º, n.º 1, do CC, os dependentes que o devedor introduziu no cumprimento, com vista à execução de uma determinada tarefa, mas que espontaneamente realizam uma tarefa diversa daquela para a qual receberam a incumbência?*

Para Vaz Serra, não são auxiliares os dependentes ou empregados do devedor que este não encarregou de realizar uma tarefa executiva relativa à obrigação não cumprida. Quanto muito, poderia haver aqui responsabilidade extracontratual do devedor, mas não responsabilidade obrigacional[52].

Relacionada com esta questão, está uma outra, que é a seguinte: *podem ser considerados auxiliares as pessoas que habitualmente com ele colaboram mas não foram por ele introduzidos na execução da obrigação que foi, em concreto, incumprida ou cumprida de forma inadequada?*

II. Para Esser/Schmidt, o devedor responde pelos atos de todos os seus auxiliares, desde que estes atuem na área de interesses da obrigação, mesmo que não sejam propriamente utilizados pelo devedor no seu cumprimento[53]. Os Autores consideram que o conceito de auxiliar é *funcional*, ou seja, é considerado auxiliar aquele que intervém por vontade do devedor, caso contrário, não se poderá responsabilizar o devedor pelos atos de tal pessoa.

Pela nossa parte, parece-nos também preferível adotar este segundo entendimento. Com efeito, numa hipótese em que um dependente do devedor atua numa obrigação para a qual não recebeu incumbência do devedor, aquilo que se verifica é o *desrespeito, pelo auxiliar, das instruções que lhe foram dadas*. Ora, tal como sucede no âmbito do artigo 500.º, n.º 2, do CC, também no artigo 800.º do CC esse é um risco típico, i.e., o risco de inobservância das ordens ou instruções do principal. Risco esse pelo qual deverá ser o próprio devedor a responder, e não o credor. Razão pela qual consideramos que este terceiro deve

[52] Adriano Paes da Silva Vaz Serra, *Responsabilidade do devedor pelos factos dos seus auxiliares...*, ob. cit., pp. 275 e 276.

[53] Josef Esser/Eike Schmidt, *Schuldrecht*, Band I, Allgemeiner Teil, Teilband 2, ob. cit., p. 55 e pp. 396 e 397.

ser considerado auxiliar na aceção do artigo 800.º, n.º 1, do CC, até porque, tal como se referiu anteriormente, o devedor tinha de contar com a sua possível intervenção, já que essa estava na esfera de risco criada pelo próprio devedor ao permitir o contacto entre o terceiro e a obrigação.

III. Surgem dúvidas em relação aos chamados *auxiliares aparentes*, que a doutrina alemã denomina de *"Anscheinsgehilfe"*[54].

A uma primeira vista, dir-se-ia que, quando o "auxiliar", efetivamente, não o seja, isto é, quando seja apenas alguém que o devedor introduziu no esquema obrigacional mas sem competência para atuar, não cumprindo o dever de informação da contraparte quanto ao seu verdadeiro papel, parece ainda assim que é de considerar o devedor responsável pela atuação que esta pessoa venha a ter[55]. Solução que se afigura justificada, já que foi o devedor quem, voluntariamente, introduziu tal pessoa nos preliminares contratuais, mesmo que o auxiliar não haja observado as instruções que recebeu do devedor. Esta situação será similar à que referimos anteriormente, ou seja, quando haja um auxiliar do devedor, mas que não foi por este introduzido no cumprimento da obrigação concretamente incumprida, antes o fazendo por inobservância das instruções recebidas do próprio devedor.

IV. Para que o falso representante possa ser considerado auxiliar do devedor, *falta o requisito essencial da introdução do terceiro*, com vontade do devedor. Por isso, segundo alguma doutrina, se o (falso) procurador de um cliente de um banco falsifica uma ordem de pagamento e, na sequência disso, o banco efetua o pagamento, não pode defender-se com o facto de o procurador ser auxiliar do cliente[56].

Em França, no âmbito da representação, há quem considere que o representado deve responder, ao abrigo do artigo 1384.º do CCF, dando como

[54] Francisco Jordano Fraga, *Da responsabilidade del deudor por los auxiliares que utiliza en el cumplimiento*, ob. cit., p. 115, Jordano Fraga refere-se a estas pessoas como estando *"envuelto de una apariencia de legitimidade representativa"*. Sobre o problema no âmbito da representação, Rui Paulo Coutinho de Mascarenhas Ataíde, *A responsabilidade do "representado" na representação tolerada. Um problema de representação sem poderes*, Lisboa, AAFDL, 2008, pp. 160 e seguintes. Cf. ainda Pedro de Albuquerque, *A representação voluntária em Direito Civil (ensaio de reconstrução dogmática)*, Coimbra, Almedina, 2004, pp. 991 e seguintes.

[55] Giovanna Visintini, *La Reticenza nella formazione dei contratti*, ob. cit., p. 289 e nota 67, dando o exemplo da pessoa de quem o comerciante se serve para exibir a mercadoria ao futuro adquirente, que pode ser um simples colaborador ou até um familiar.

[56] Para Richard Alff/Werner Balhaus/Reinhold Weber, *Das Bürgerliche Gesetzbuch...*, ob. cit., p. 84, não se aplica, neste caso, o § 278 do BGB.

exemplo de aplicação os casos de administradores ou gerentes de sociedades que tenham abusado da sua assinatura. Diferentemente, Becqué assinala que o representante, contrariamente ao *"préposé"*, não se encontra ligado ao representado por um nexo de subordinação e dependência, o qual seria essencial para a aplicação deste dispositivo[57]. Considera, por seu turno, que a responsabilidade pelos atos do representante surge como uma *necessidade económica*, imposta pela segurança das relações comerciais.

Em Espanha, Jordano Fraga admite a responsabilidade obrigacional do representado pelos danos sofridos pelo credor que contrata com um auxiliar do devedor/falso representante, danos esses que resultam da consequente *não vinculação* do devedor, com base nos artigos 1259.° e 1725.° do CCE[58]. Porém, destaca como elemento essencial da responsabilização do devedor a circunstância de ter sido este a *introduzir, voluntariamente, o auxiliar*, que veio a atuar como falso procurador, nas relações com o (potencial) credor, a que acresce que apenas terá direito a indemnização o credor que se encontre de boa fé[59].

Sobre o tema, em Itália, Visintini assinala que a responsabilidade do proponente pela atuação do auxiliar nos preliminares contratuais se não confunde com a responsabilidade do representado aparente pelo ato do *falsus procurator*, o qual poderá também responder, a título de culpa *in contrahendo*, pela criação de uma realidade aparente e errónea[60].

V. A situação que nos propomos analisar é, efetivamente, singular: trata-se de alguém que *não é, efetivamente, auxiliar do devedor, mas que atua como se o fosse*, fazendo-se passar por auxiliar e havendo motivos objetivos para terceiros acreditarem que assim é. Por hipótese, suponha-se que alguém se introduz num hospital, fazendo-se passar por um enfermeiro, ou que uma pessoa coloca o uniforme de operador de caixa e atua como se trabalhasse num determinado supermercado. Considera-se auxiliar, para efeitos do artigo 800.°, n.° 1, do CC? Em caso de incumprimento, responde o devedor pela atuação deste "auxiliar aparente"?

Numa primeira nota, parece-nos de salientar que, contrariamente ao disposto para o representante no artigo 260.° do CC, não há dispositivo que per-

[57] Émile Becqué, *De la responsabilité du fait d'autri en matière contractuelle...*, ob. cit., p. 235.

[58] Francisco Jordano Fraga, *Da responsabilidade del deudor por los auxiliares que utiliza en el cumplimiento*, ob. cit., p. 89.

[59] Francisco Jordano Fraga, *Da responsabilidade del deudor por los auxiliares que utiliza en el cumplimiento*, ob. cit., p. 90.

[60] Giovanna Visintini, *La Reticenza nella formazione dei contratti*, ob. cit., pp. 292 e 293.

mita ao credor exigir ao auxiliar de cumprimento um instrumento que legitime a sua atuação[61].

A favor da não responsabilização parece estar o disposto no artigo 268.º do CC, uma vez que os atos praticados pelo representante fora dos poderes que lhe hajam sido conferidos não vinculam o representado, a menos que este os ratifique. Certo que o auxiliar pode ser ou não representante mas, ainda assim, poder-se-ia dizer que o regime seria aplicável igualmente ao caso do auxiliar, por meio de interpretação extensiva.

Uma solução possível poderia consistir em seguir a linha sugerida por Pedro Albuquerque: *"encara-se a eventualidade de o legislador, ao não prever outras formas de protecção do tertius, para além das expressamente previstas nos artigos 266.º a 269.º, ter querido simplesmente deixar a via aberta a um ulterior aperfeiçoamento do tráfego"*[62]. Neste ponto, dir-se-ia haver uma margem para a proteção do terceiro, com base na aparência e na confiança dela resultante para o credor.

A nossa perspetiva é a de que esta situação se assimila à tolerância por parte do devedor, pelo que, estando diante de terceiro de boa fé (credor), deve igualmente aplicar-se o artigo 800.º, n.º 1, do CC. Contudo, será necessário que haja, efetivamente, uma aparência legitimadora da intervenção do terceiro, isto é, não basta que o terceiro esteja simplesmente presente para fundar uma crença razoável, por parte do credor, de que aquela pessoa é um auxiliar do devedor[63].

VI. Vejamos um pouco melhor esta fundamentação. No contrato de agência, o artigo 23.º do Decreto-Lei n.º 178/86, de 3 de julho (modificado pelo Decreto-Lei n.º 118/93, de 13 de abril) estabelece um regime jurídico especial, nos termos do qual: *"o negócio celebrado por um agente sem poderes de representação*

[61] Pedro de Albuquerque, *A representação voluntária em Direito Civil*, ob. cit., p. 992.

[62] Pedro de Albuquerque, *A representação voluntária em Direito Civil*, ob. cit., p. 999.

[63] Não o afirmando expressamente, parece ir neste sentido a opinião de Bianca, a respeito do artigo 1228.º do CCI, muito embora este Autor se pronuncie especificamente acerca de um auxiliar com poderes de representação mais limitados do que as aparências dão a entender ao credor. Assim, C. Massimo Bianca, *Commentario del Codice Civile. Libro Quarto – Delle Obligazioni. Dell'inadempimento delle obligazioni. Artigo 1228-1229*, ob. cit., p. 465, afirma que *"il debitore deve ritenersi assoggettato alla situazione di apparente rappresentanza colposamente creata in capo al terzo e sulla quale il creditore abbia fatto affidamento"*. Cf. ainda a anotação de Angelo Falzea, *Apparenza*, em AAVV, *Enciclopedia del Diritto*, II, Ali – Are, Milão, Giuffrè Editore, 1958, pp. 682 e seguintes, onde faz a ligação entre os temas da aparência, boa fé e erro, considerando o erro como elemento da factispécie complexa que integra a tutela da aparência. Como exemplo de manifestação deste princípio, enuncia o caso do *"mandato, considerando valido e vincolante per il preteso mandante il negozio concluso dal preteso mandatario quando l'apparente qualità di quest'ultimo sai dovuta ad un fatto, anche colposo, del primo, ed affermando persino che l'apparente mandatario impegna la responsabilità extracontrattuale indiretta del preteso mandante per i fatti dolosi o colposi commessi in occasione dello svolgimento del mandato."*.

é eficaz perante o principal se tiverem existido razões ponderosas, objetivamente apreciadas, tendo em conta as circunstâncias do caso, que justifiquem a confiança do terceiro de boa fé na legitimidade do agente, desde que o principal tenha igualmente contribuído para fundar a confiança do terceiro"[64]. Este é um regime *arrojado*, que dispensa a ratificação por parte do principal, configurando um caso de *"representação aparente, ilustrativo da teoria da aparência, em que o agente age de modo a criar no terceiro a aparência de ser representante do principal, gerando a confiança do terceiro na real existência de poderes representativos"*[65].

São pressupostos da tutela do terceiro:

a) Existência de razões ponderosas, objetivamente apreciadas, tendo em conta as circunstâncias do caso;
b) Confiança do terceiro na legitimidade do agente;
c) Boa fé do terceiro;
d) Contribuição do principal para fundar a confiança do terceiro.

Aqui há mais do que uma situação *tolerada* pelo principal, porquanto este, em bom rigor, contribui para a confiança ou erro suscitado na pessoa do terceiro[66]. Sobre esta parte final, a doutrina mostra alguma perplexidade, já que a conduta do principal parece conferir *alguma legitimidade* ao agente, apontando antes para *"uma hipótese de representação tolerada ou consentida"*[67].

Segundo Pinto Monteiro, esta norma é, aliás, de *"alargar a todos os contratos de cooperação ou de colaboração"*[68].

[64] António Pinto Monteiro, *Contrato de Agência. Anotação ao Decreto-Lei n.º 178/86, de 3 de julho*, 5.ª edição, Coimbra, Almedina, 2004, pp. 107 e seguintes. Sobre o tema, cf.: Manuel Januário da Costa Gomes, *Apontamentos sobre o contrato de agência*, Separata da Revista Tribuna da Justiça, N.º 3, 199?, pp. 9 e seguintes; Carlos Lacerda Barata, *Anotações ao novo regime do contrato de agência*, Lisboa, LEX, 1994, pp. 62 e seguintes; José A. Engrácia Antunes, *Direito dos contratos comerciais*, Coimbra, Almedina, 2009, pp. 439 e seguintes.

[65] Assim, Carlos Lacerda Barata, *Anotações ao novo regime do contrato de agência*, ob. cit., p. 62.

[66] António Pinto Monteiro, *Contrato de Agência. Anotação ao Decreto-Lei n.º 178/86, de 3 de julho*, ob. cit., p. 108; António Menezes Cordeiro, *Da boa fé no Direito Civil*, Coimbra, Almedina, 1997, pp. 1245 e seguintes.

[67] Carlos Lacerda Barata, *Anotações ao novo regime do contrato de agência*, ob. cit., p. 63, sublinhando, porém, que aqui não se respeita a forma escrita, exigida no mesmo diploma.

[68] António Pinto Monteiro, *Contrato de Agência. Anotação ao Decreto-Lei n.º 178/86, de 3 de julho*, ob. cit., p. 109. Cf. também Manuel Carneiro da Frada, *Teoria da confiança e responsabilidade civil*, Coimbra, Almedina, 2004, pp. 52 e seguintes. Assim também, invocando expressamente a analogia, Pedro de Albuquerque, *A representação voluntária em Direito Civil*, ob. cit., p. 1054. Em sentido oposto, Rui Paulo Coutinho de Mascarenhas Ataíde, *Regime e natureza jurídica da*

Para alguma doutrina, parece que poderia existir aqui um problema de culpa *in contrahendo*, havendo um comportamento próprio e culposo do devedor, que criou o erro da contraparte quanto à existência do auxiliar[69]. Isso apenas será possível se, efetivamente, existir uma situação de confiança criada pelo devedor em relação à atuação do suposto auxiliar, caso contrário este não poderá ser responsabilizado.

VII. Assim, o fundamental parece ser que, independentemente de haver ou não culpa do principal (ou falso principal, se se preferir), deve ainda assim ser este a suportar o dano, se a atitude do falso auxiliar *"se puder configurar para ele como risco da empresa (risco de participação da empresa no tráfico jurídico"*[70]. Por isso, mostra-se razoável o recurso ao artigo 800.º, n.º 1, do CC, pelo menos quando se trata de um auxiliar do devedor, introduzido por este no cumprimento, mas sem os necessários poderes de representação[71], ou seja, a legitimação para atuar. E, a nosso ver, o mesmo se diga quando o próprio auxiliar seja um falso auxiliar, desde que ainda assim haja uma situação imputável ao risco da empresa. O princípio da confiança assim o parece exigir, contanto que se preencham os seus pressupostos de aplicação[72].

Uma outra disposição que poderia ser invocada a este respeito reside no n.º 3 do artigo 1681.º do CC, nos termos do qual: "*se um dos cônjuges entrar na administração dos bens próprios do outro ou de bens comuns cuja administração lhe não caiba, sem mandato escrito mas com conhecimento e sem oposição expressa do outro cônjuge, é aplicável o disposto no número anterior; havendo oposição, o cônjuge administrador*

administração conjugal "de facto", ob. cit., p. 739, considera que não se mostra viável a aplicação da figura da *representação tolerada* fora do âmbito específico do artigo 23.º do DL n.º 178/86.

[69] Cf. ainda, no âmbito da representação, Rui Paulo Coutinho de Mascarenhas Ataíde, *A responsabilidade do "representado" na representação tolerada. Um problema de representação sem poderes*, ob. cit., p. 160. Sobre a oposição a este entendimento, no âmbito do representante, cf. Pedro de Albuquerque, *A representação voluntária em Direito Civil*, ob. cit., pp. 1043 e seguintes.

[70] Com esta argumentação, a propósito do falso representante, cf. José de Oliveira Ascensão/Manuel A. Carneiro da Frada, *Contrato celebrado por agente de pessoa colectiva. Representação, responsabilidade e enriquecimento sem causa*, em *Revista de Direito e Economia*, N.ºs 16 a 19, 1990 a 1993, p. 70.

[71] Assim, José de Oliveira Ascensão/Manuel A. Carneiro da Frada, *Contrato celebrado por agente de pessoa colectiva. Representação, responsabilidade e enriquecimento sem causa*, ob. cit., p. 71.

[72] Acerca deste princípio, cf. António Menezes Cordeiro, *Tratado de Direito Civil Português*, I – Introdução. Fontes do Direito. Interpretação da lei. Aplicação das leis no tempo. Doutrina geral, ob. cit., pp. 969 e seguintes. Em especial, na p. 971, o Autor enuncia os pressupostos da proteção jurídica da tutela da confiança: a) uma situação de confiança; b) uma justificação para essa confiança; c) um investimento de confiança; d) uma imputação da situação de confiança criada à pessoa que vai ser atingida pela proteção dada ao confiante.

responde como possuidor de má fé"[73]. Assim, não havendo oposição expressa, será aplicável o regime do mandato, não obstante a ausência de mandato expresso nesse sentido entre os cônjuges.

VIII. Não nos parece haver aqui especificidades de maior em relação à doutrina geral da tutela da confiança[74]: se alguém se fizer passar por auxiliar de cumprimento, verificando-se os requisitos exigidos pelo artigo 23.° do regime do contrato de agência, deve ser adotada a mesma solução que a presente neste artigo, *com as necessárias adaptações*, ou seja, o devedor responderá pela atuação de tal *auxiliar aparente*, nos termos do artigo 800.°, n.° 1, do CC, solução que se impõe pelo Princípio da boa fé, na sua vertente da tutela da confiança.

A questão poderá ser diversa *se tais requisitos não estiverem preenchidos*, desde logo o último, ou seja, se não se puder imputar a confiança do terceiro a uma atuação do próprio devedor. Pense-se nos casos inicialmente referidos, da pessoa que utiliza um uniforme da empresa, fazendo-se passar por empregado desta. Não parece que se possa dizer aqui que há um contributo por parte da empresa na criação da situação de confiança, até devido à facilidade com que se conseguirá criar um uniforme semelhante (a menos que se trate de situações muito específicas, em que tal não seja possível).

Será ainda assim de imputar ao devedor a atuação do auxiliar? Parece-nos que, não obstante não se preencher aqui aquele requisito, ainda assim tal solução emanará do Princípio da boa fé. Não podemos olvidar que o artigo 23.° da Lei da agência é uma manifestação deste princípio, princípio este que constitui uma regra, e não uma exceção. Ora, numa situação destas:

a) O artigo 800.°, n.° 1, do CC não é diretamente aplicável, porquanto o terceiro não foi introduzido pelo devedor no cumprimento;
b) A solução a dar ao caso tem de ser procurada noutros pontos do sistema, designadamente nos princípios nele vigentes;
c) Pode dar-se o caso de haver culpa ou, pelo menos, um facto imputável ao devedor: p.ex., se o devedor deixou o uniforme à disposição de qualquer terceiro, ou ainda se os trabalhadores do devedor responsáveis pela

[73] Sobre o tema, cf. Rui Paulo Coutinho de Mascarenhas Ataíde, *Regime e natureza jurídica da administração conjugal "de facto"*, em *Estudos em Homenagem ao Prof. Doutor Martim de Albuquerque*, Coimbra, Coimbra editora, 2010, pp. 673 e seguintes.

[74] Cf. António Menezes Cordeiro, *Da boa fé no Direito Civil*, ob. cit., em especial as pp. 1234 e seguintes. O Autor salienta as diversas concretizações deste princípio e assinala que em consequência do mesmo pode ocorrer a preservação de uma posição alicerçada na confiança ou uma obrigação de indemnizar (p. 1249).

supervisão dos seus funcionários não se deram conta de que um terceiro se imiscuíra na empresa, caso em que, naturalmente, a empresa deve responder:

(1) No primeiro caso exemplificado – uniforme deixado à disposição de terceiros – parece que o regime é ainda o disposto no artigo 798.º do CC: com efeito, a atuação do terceiro não pode ser considerada um facto externo, não imputável ao devedor, pelo que não terá aplicação o artigo 790.º do CC;

(2) No segundo caso, porém, será já de aplicar, a nosso ver, o artigo 800.º, n.º 1, do CC, porquanto há uma falha dos verdadeiros auxiliares do devedor no cumprimento, ao não detetarem o intruso;

d) Finalmente, ainda que nenhuma destas situações se verifique, ou seja, mesmo que todos os cuidados tenham sido tomados pelo devedor, a circunstância de um terceiro se imiscuir na empresa constitui um facto que, a nosso ver, deve correr por conta do devedor, e não do credor: o princípio da boa fé e da tutela da confiança assim o impõe. O paciente que seja atendido por alguém que enverga o uniforme da clínica tem, necessariamente, de confiar na pertença de tal pessoa àquela organização. A aparência assim o determina, pois seria absurdo exigir a tal pessoa que apresentasse documento de legitimidade, antes de aplicar o tratamento. Logo, ainda que não se descubra qualquer comportamento imputável ao devedor, ainda assim esta é uma situação que deve correr por conta dele: note-se, não por força do artigo 800.º, n.º 1, do CC, mas como decorrência do princípio da boa fé.

IX. Esta situação não se confunde com o caso dos *terceiros que atuam espontaneamente*, sem que sejam para tal introduzidos pelo próprio devedor, numa lógica similar à gestão de negócios. Neste caso, em princípio, o devedor não responde pela atuação destes terceiros[75], salvo se, posteriormente, vier a ratificar tais atos.

Na mesma linha, e, por maioria de razão, o devedor igualmente não responde quando tenha previamente proibido a intervenção do terceiro[76].

X. Jordano Fraga coloca a este respeito uma questão interessante: na perspetiva deste Autor, quando a atividade devida pelo devedor é, apenas, a desig-

[75] Assim, Francesco Messineo, *Manuale di Diritto Civile e Commerciale (Codici e norme complementari)*, ob. cit., p. 322.

[76] Assim, Francesco Messineo, *Manuale di Diritto Civile e Commerciale (Codici e norme complementari)*, ob. cit., p. 322.

nação do terceiro que terá de realizar certa conduta diante do credor, este terceiro não será considerado auxiliar daquele. Exemplifica com o disposto no artigo 154.° do CCE, que estabelece o dever legal de cuidado dos pais em relação aos filhos. Assim, se um filho estiver doente, o pai terá a obrigação de chamar um médico, com a celeridade razoável e que seja uma pessoa de confiança, pelo que, se o não fizer, responde pelo incumprimento de tal obrigação, ou, caso escolha um profissional inadequado, poderá responder por culpa *in eligendo*. Contudo, o médico não se considera auxiliar do pai para efeitos de cumprimento deste dever[77].

Este entendimento é também defendido por Esser e Schmidt: o § 278 do BGB não se aplica, na perspetiva destes Autores, ao cumprimento de *certos deveres conexos com obrigações gerais, em que o devedor não pode, sozinho, executar a obrigação*. No caso do dever do pai de chamar o médico, estamos perante um dever que é cumprido desde que a escolha se revele adequada e seja realizada em período razoável, considerando as circunstâncias do caso. O caso não se confunde com o § 278 do BGB:

a) No § 278 do BGB, bem como no artigo 800.°, n.° 1, do CC, o devedor deve, realmente, a tarefa executada pelo auxiliar;
b) No caso exemplificado, o pai não deve o tratamento que será realizado pelo médico: a sua obrigação resume-se a chamar um médico com os conhecimentos necessários e com a brevidade razoável[78].

Cremos que a razão de ser deste entendimento é que o âmbito da obrigação do pai não é curar o filho, mas apenas o de realizar todos os atos necessários a que essa cura venha a ter lugar. Assim, *a atividade do médico extravasa o próprio conteúdo do dever legalmente imposto*, razão pela qual se acompanha o entendimento exposto.

Do mesmo modo e pelas mesmas razões, considera-se que:

a) A pessoa contratada para administrar um terreno não responde, segundo o § 278 do BGB, pelo comportamento dos operários que nele realizam reparações;

[77] Francisco Jordano Fraga, *Da responsabilidade del deudor por los auxiliares que utiliza en el cumplimiento*, ob. cit., p. 192.

[78] Josef Esser/Eike Schmidt, *Schuldrecht*, Band I, *Allgemeiner Teil, Teilband 2 – Durchführungshindernisse und Vertragshaftung, Schadensausgleich und Mehrseitigkeit beim Schuldverhältnis*, 8.ª edição, Heidelberg, C. F. Müller Juristischer Verlag, 1995, p. 100.

b) O advogado não responde pelo comportamento do seu cliente[79].

XI. Outra situação duvidosa é a de saber se podem ser considerados auxiliares certos terceiros que o devedor utiliza na execução da prestação mas que são entidades que exercem serviços em *regime de monopólio, ou quase monopólio*: será o caso típico dos serviços de correios, telecomunicações, água e eletricidade. De salientar, todavia, que a questão apenas se coloca se, considerando a obrigação em causa, se concluir que se trata de uma obrigação de colocação[80], ou seja, em que o devedor apenas cumpre depois de levar a prestação até ao credor[81]. Não há aqui nenhuma particularidade, uma vez que o devedor responde pelos atos dos auxiliares *no cumprimento da obrigação*, donde resulta que, neste caso, o problema apenas se discute se for da responsabilidade do devedor a obrigação de remeter a prestação ao credor.

A qualificação como auxiliar torna-se problemática nas seguintes situações:

a) Terceiros cuja atuação é um *pressuposto necessário*, como por exemplo os correios ou o recurso à energia elétrica;
b) Terceiros que assumem uma *atuação independente*, não efetuada por conta do devedor, como o advogado, notário, conservador, etc.

XII. Vejamos antes de mais a primeira situação, ou seja, os terceiros aos quais o devedor recorre, com o assentimento, expresso ou tácito do credor, mas *em relação aos quais não tem influência*, como os correios ou o transporte por comboio ou avião, por exemplo, Vaz Serra considerava que não seria de responsabilizar o devedor: estas entidades não seriam, assim, seus auxiliares, podendo verificar-se impossibilidade superveniente não imputável ao devedor[82]. Porém, o Autor salientava que apenas seria assim se houvesse assenti-

[79] Josef Esser/Eike Schmidt, *Schuldrecht*, Band I, ob. cit., p. 100.

[80] Luís Manuel Teles de Menezes Leitão, *Direito das Obrigações*, Volume II – Transmissão e Extinção das Obrigações, Não Cumprimento e Garantias do Crédito, 12.ª edição, Coimbra, Almedina, 2018, pp. 170 e seguintes, onde diferencia: a) obrigações de colocação, nas quais o devedor apenas deve colocar a prestação à disposição do credor, no domicílio deste ou num outro local, devendo o credor realizar um esforço para ir buscar a prestação fora do seu domicílio, se for caso disso; b) obrigações de entrega, em que o devedor tem, efetivamente, de entregar a coisa ao credor no domicílio deste ou no local por ele indicado; c) obrigações de envio, em que o devedor se obriga apenas a enviar a coisa para o domicílio do credor, sendo o transporte por conta e risco deste.

[81] Cf. também Francisco Jordano Fraga, *Da responsabilidade del deudor por los auxiliares que utiliza en el cumplimiento*, ob. cit., p. 146.

[82] Adriano Paes da Silva Vaz Serra, *Responsabilidade do devedor pelos factos dos seus auxiliares...*, ob. cit., pp. 274 e 275.

mento do credor em relação ao recurso a esses meios por parte do devedor. No mesmo sentido, também Maria Victória da Rocha entende que não se trata aqui de auxiliares de cumprimento, argumentando que "*são situações em que o acto do terceiro é uma componente necessária da prestação e o devedor, desde que a oferta de mercado seja monopolística, não tem qualquer poder de escolha, ou então trata-se de instituições que oferecem os seus serviços de forma idêntica a todo o público.*"[83].

Segundo Bianca, que analisa o problema a respeito do artigo 1228.° do CCI, deve excluir-se do conceito de auxiliar que o devedor responde pela atuação de *"persone che gestiscono pubblici servizi"*, para o que invoca dois argumentos: por um lado, o devedor não tem poder de controlo destes serviços, e, por outro, não é ao devedor que cabe pré-determinar a realização da obra pelo terceiro[84].

Diversamente, a maior parte da doutrina alemã considera que estas entidades são auxiliares para efeitos de aplicação do § 278 do BGB, ainda que se trate de serviços monopolizados[85]. Na doutrina espanhola, pronuncia-se também neste sentido Jordano Fraga[86].

A nosso ver, é a segunda a orientação que se nos afigura preferível. Com efeito, ainda que se trate de um monopólio, o devedor poderia sempre cumprir pessoalmente ou mesmo contratar alguém apenas para esse efeito. Havendo aqui a necessidade de optar entre quem sofre as consequências da atuação desta entidade, afigura-se que a solução justa será que tal responsabilidade impenda sobre o devedor, pois que, apesar de tudo, foi este quem introduziu tal pessoa na execução da prestação[87].

[83] Maria Victória R. F. da Rocha, *A imputação objectiva na responsabilidade contratual. Algumas considerações*, ob. cit., p. 92.

[84] C. Massimo Bianca, *Commentario del Codice Civile. Libro Quarto – Delle Obligazioni. Dell'inadempimento delle obligazioni. Artigo 1228-1229*, ob. cit., p. 463.

[85] Wolfgang Krüger, *Münchener Kommentar zum Bürgerlichen Gesetzbuch*, Band 2, ob. cit., anotação ao § 278, pontos 29 e 44; Helmut Heinrichs, *Münchener Kommentar zum Bürgerlichen Gesetzbuch*, Band 2, ob. cit., p. 895; Dieter Medicus, *Bürgerliches Recht. Eine nach Anspruchsgrundlagen geordnete Darstellung zur Examensvorbereitung*, Colónia/Berlim/Bona/Munique, Heymann, 1992, p. 371; Richard Alff/Werner Balhaus/Reinhold Weber, *Das Bürgerliche Gesetzbuch...*, ob. cit., p. 90; Claudia Bittner/Manfred Löwisch/Hansjörg Otto, *J. Von Staudingers Kommentar zum Bürgerlichen Gesetzbuch mit Einführungsgesetz und Nebengesetzen*, Buch 2 – Recht der Schuldverhältnisse, §§ 255-304 (Leistungsstörungsrecht I), 16. Neubearbeitung, Sellier – De Gruyter, 2009, p. 351.

[86] Francisco Jordano Fraga, *Da responsabilidade del deudor por los auxiliares que utiliza en el cumplimiento*, ob. cit., pp. 144 e seguintes.

[87] Neste sentido, cf. também Francisco Jordano Fraga, *Da responsabilidade del deudor por los auxiliares que utiliza en el cumplimiento*, ob. cit., p. 145: *"fue el deudor quien preferió cumplir contanto con ellos"*.

Por outro lado, a verdade é que se preenchem aqui os pressupostos de recurso ao artigo 800.º, n.º 1, CC, nomeadamente a circunstância de o devedor introduzir um terceiro no cumprimento de uma obrigação que é sua. Se o transporte ou o envio por correio é uma obrigação do devedor, estes meios aos quais recorre são auxiliares de cumprimento. Na verdade, o devedor poderia, com os seus próprios meios, cumprir. Se utiliza um destes recursos, independentemente do assentimento ou não do credor, fá-lo a seu próprio risco e por isso é de aplicar ainda assim o artigo 800.º, n.º 1, do CC. Caso contrário, estar-se-ia a fazer uma interpretação restritiva do preceito, para a qual não encontramos razão de ser. Aqui o terceiro é introduzido pelo devedor no cumprimento, pelo que o devedor responde igualmente pela sua atuação, como se fosse própria.

XIII. No seguimento do ponto anterior, coloca-se a questão de saber se são considerados auxiliares *certas entidades que têm, obrigatoriamente, de intervir na celebração de um negócio jurídico*, como é o caso dos notários[88], intérpretes, advogados[89], etc.

Alguma doutrina considera que os notários podem ser auxiliares do devedor, para efeitos da sua responsabilização[90]. Todavia, no Direito alemão, a maioria dos autores parece pronunciar-se em sentido inverso[91]. Só não será assim se o notário for, efetivamente, introduzido por uma das partes no cumprimento de um dever específico desta, e não já no âmbito das competências do próprio notário enquanto tal[92].

Por outro lado, podem surgir dúvidas na diferenciação entre o auxiliar e a figura que, no Direito alemão, é designada por *Sachwalter*, como abrangendo

[88] Sem prejuízo da responsabilidade própria que estes possam ter. Especificamente sobre o tema, cf. Jean-Luc Aubert, *La responsabilité civile des notaires*, 5ème édition, Paris, Defrénois, 2008, pp. 17 e seguintes, onde discute em particular se se trata de responsabilidade *contratual*.

[89] No processo civil, sobre os participantes processuais, cf. Miguel Teixeira de Sousa, *Introdução ao Processo Civil*, 2.ª edição, Lisboa, LEX, 2000, p. 32, e, do mesmo Autor, *Estudos sobre o novo Processo Civil*, 2.ª edição, Lisboa, LEX, 1997, pp. 136 e seguintes.

[90] Francisco Jordano Fraga, *Da responsabilidade del deudor por los auxiliares que utiliza en el cumplimiento*, ob. cit., p. 148.

[91] Claudia Bittner/Manfred Löwisch/Hansjörg Otto, *J. Von Staudingers Kommentar zum Bürgerlichen Gesetzbuch mit Einführungsgesetz und Nebengesetzen*, Buch 2 – Recht der Schuldverhältnisse, §§ 255-304 (Leistungsstörungsrecht I), ob. cit., p. 350; Josef Esser/Eike Schmidt, *Schuldrecht*, Band I, ob. cit., p. 91.

[92] Richard Alff/Werner Balhaus/Reinhold Weber, *Das Bürgerliche Gesetzbuch...*, ob. cit., p. 83; Helmut Heinrichs, *Münchener Kommentar zum Bürgerlichen Gesetzbuch*, Band 2, ob. cit., p. 895; Wolfgang Krüger, *Münchener Kommentar zum Bürgerlichen Gesetzbuch*, Band 2, ob. cit., anotação ao § 278, ponto 29.

as "*pessoas que, não sendo representantes de uma das partes nas negociações contratuais, são por ela introduzidas nestas negociações e exercem uma influência determinante na conclusão do contrato, nomeadamente por causa da especial confiança que a outra parte nelas deposita em virtude do seu conhecimento na matéria*"[93]. Os exemplos avançados pela doutrina são, precisamente, o do advogado e notário, conselheiro de investimento, perito, etc. Estes intervenientes em negócios alheios podem ter responsabilidade própria, desde logo pela inobservância dos seus próprios deveres, legalmente impostos.

XIV. Com Esser/Schmidt, afigura-se preferível entender que neste caso o âmbito de atividade destes *auxiliares* extravasa o conteúdo da obrigação do devedor, pelo que daí não pode advir responsabilidade a título obrigacional do próprio devedor[94]. Assim, há que delimitar a figura do auxiliar de cumprimento em relação a pessoas que intervêm na *celebração* do negócio jurídico, a título complementar, como é o caso dos intérpretes, tradutores, testemunhas, notários, advogados, etc.

Deve entender-se que, no âmbito do seu trabalho de celebração ou de autenticação de negócios jurídicos, o notário não é auxiliar de nenhuma das partes: ele não atua, aqui, no cumprimento de uma obrigação das partes, atua antes no exclusivo cumprimento dos seus próprios deveres profissionais[95].

Ressalve-se, no entanto, que em certos casos o notário poderá ser auxiliar de uma das partes, desde logo quando atua com base num mandato especial e fora do exercício dos seus poderes especificamente públicos: p.ex., quando representa as partes perante as autoridades administrativas, prestando uma espécie de assistência jurídica[96].

[93] Jorge Ferreira Sinde Monteiro, *Responsabilidade por conselhos, recomendações ou informações*, Coimbra, Almedina, 1989, p. 54, salientando que a tradução mais próxima seria a de "procurador" mas não em sentido técnico-jurídico.

[94] Josef Esser/Eike Schmidt, *Schuldrecht*, Band I, ob. cit., p. 92.

[95] Acerca do § 278 do BGB, cf. Claudia Bittner/Manfred Löwisch/Hansjörg Otto, *J. Von Staudingers Kommentar zum Bürgerlichen Gesetzbuch mit Einführungsgesetz und Nebengesetzen*, Buch 2 – Recht der Schuldverhältnisse, §§ 255-304 (Leistungsstörungsrecht I), ob. cit., p. 350.

[96] Claudia Bittner/Manfred Löwisch/Hansjörg Otto, *J. Von Staudingers Kommentar zum Bürgerlichen Gesetzbuch mit Einführungsgesetz und Nebengesetzen*, Buch 2 – Recht der Schuldverhältnisse, §§ 255-304 (Leistungsstörungsrecht I), ob. cit., p. 350.

4. **Representante legal**

I. O artigo 800.º, n.º 1, do CC determina que o devedor é responsável perante o credor pelos atos dos seus representantes legais, como se tais atos fossem praticados pelo próprio devedor[97].

A última parte do preceito encontra-se especialmente pensada para a atuação dos auxiliares de cumprimento, daí que se recorra a uma espécie de *ficção legal*: tudo se passa como se os atos do auxiliar fossem os atos do devedor.

No caso, porém, do representante legal, tal regime não resulta do artigo 800.º, n.º 1, mas do regime da representação: os atos do representante repercutem-se, diretamente, na esfera jurídica do representado, tal como determina o artigo 258.º do CC[98]. Os representantes legais só podem praticar atos lícitos (artigo 1881.º do CC), pelo que se não houvesse o artigo 800.º, n.º 1 poderia acontecer que um incumprimento proveniente de um representante legal beneficiasse o devedor, sem que o credor pudesse executar o património deste com vista à obtenção da indemnização[99].

II. Atualmente, o Código Civil de 1966 regula a representação nos seus artigos 258.º e seguintes. A representação pressupõe, por um lado, que o representante invoque a atuação em nome de outrem (*contemplatio domini*)[100], e, por outro, que esteja efetivamente habilitado com poderes de representação[101]. Segundo Menezes Cordeiro, devem estar presentes três requisitos:

a) Atuação em nome de outrem,
b) Por conta do representado;
c) Dispondo o representante dos poderes para tal[102].

[97] Adriano Paes da Silva Vaz Serra, *Responsabilidade do devedor pelos factos dos seus auxiliares...*, ob. cit., p. 282, assinalava que apenas o § 278 BGB continha a menção aos representantes legais, já que nos restantes ordenamentos jurídicos esta não era formulada em termos expressos, ainda que a solução fosse a mesma, aplicável por analogia.

[98] António Menezes Cordeiro, *Da boa fé no Direito Civil*, ob. cit., pp. 633 e 634.

[99] Neste sentido, Luís Manuel Teles de Menezes Leitão, *Direito das Obrigações*, Volume II – Transmissão e Extinção das Obrigações, Não Cumprimento e Garantias do Crédito, ob. cit., p. 268.

[100] Pedro Leitão Pais de Vasconcelos, *A Autorização*, Coimbra, Coimbra editora, 2012, p. 288.

[101] Helena Mota, *Do abuso de representação. Uma análise problemática subjacente ao artigo 269.º do Código Civil de 1966*, Coimbra, Coimbra editora, 2001, p. 21. Na doutrina italiana, cf. Giuseppe Mirabelli, *Delle obbligazioni...*, ob. cit., p. 360.

[102] António Menezes Cordeiro, *A representação no Código Civil: sistema e perspectivas de reforma*, em *Comemorações dos 35 anos do Código Civil e dos 25 anos da Reforma de 1977*, Volume II – A Parte Geral do Código e a Teoria Geral do Direito Civil, Coimbra, Coimbra Editora, 2004, pp. 396 e 397.

A representação não se confunde com a *interposição real*, em que uma pessoa atua em seu próprio nome, com vista a produzir efeitos na sua própria esfera jurídica, mesmo que com o propósito de trazer um benefício para outrem, como se verifica no mandato sem representação e na comissão comercial[103].

III. Muito embora a atuação do representante repercuta os seus efeitos na pessoa do representado, é igualmente admitida a responsabilidade própria do representante pelos danos causados à contraparte, na celebração do negócio jurídico[104].

Este é um dos aspetos em que o tema é tratado de forma diversa em relação a representante e auxiliar. Com efeito, verifica-se que:

a) Ainda que por meio de uma técnica diferente, tanto os atos do representante como os do auxiliar se repercutem na esfera jurídica do representado ou devedor, respetivamente;
b) Contudo, a lei prevê, no artigo 259.º do CC, a responsabilidade própria do representante, inexistindo norma semelhante no âmbito do auxiliar, o qual apenas responderá, sendo caso disso, em termos delituais, pelo artigo 483.º, n.º 1, do CC.

IV. O Código Civil admite as seguintes *modalidades*:

a) Representação legal;
b) Representação orgânica[105];
c) Representação voluntária.

No entanto, apesar de terem em comum a representação, a doutrina duvida que a representação legal e a representação voluntária sejam duas espécies de um mesmo género[106].

De momento interessa analisar o representante legal, definido pela doutrina portuguesa como aquele que tem poderes para atuar em nome de outra pessoa, poderes esses que lhe são conferidos através de uma disposição legal ou

[103] Helena Mota, *Do abuso de representação...*, ob. cit., p. 22.
[104] Neste sentido, cf. António Menezes Cordeiro, *Da boa fé no Direito Civil*, ob. cit., p. 633.
[105] Contudo, António Menezes Cordeiro, *A representação no Código Civil...*, ob. cit., p. 398, assinala que não se trata aqui de verdadeira representação, já que os ditos representantes integram órgãos da representada, havendo antes um esquema de imputação de efeitos à pessoa coletiva.
[106] Francesco Messineo, *Il contratto in genere*, Tomo primo, ob. cit., p. 264.

por outro meio, contanto que não provenham da vontade do representado. A representação legal, tal como o nome indica, é a que tem fonte na lei[107].

Assim, por representante legal deve entender-se não apenas o poder de representação conferido diretamente pela lei, mas também aquele que, existindo, não se funda na vontade do representado[108]. Com Ferrer Correia, podemos afirmar que, a lei, *"ao mesmo tempo que põe obstáculos à actividade jurídica de certas pessoas, logo nomeia outras a quem legitima para agir pelas primeiras, em ordem à tutela dos seus interesses"*[109].

V. É assim representante legal apenas a pessoa que atua com um poder baseado na lei ou nas disposições de uma determinada organização[110], sendo essencial que o faça independentemente da vontade do representado. A representação legal, ou necessária, configura um *poder-dever*, assumindo carácter excecional[111].

Pelo que, apoiando-nos no entendimento de Vaz Serra, o conceito de representante legal para efeitos do artigo 800.º, n.º 1, do CC não se limita aos representantes dos incapazes e de outros a eles equiparados, abrangendo, pelo contrário, "*todos aqueles que, por lei, representem o devedor*"[112]. Ora, como já foi referido, o poder de representação atribuído ao representante legal não inclui, naturalmente, o poder de praticar atos ilícitos. Assim, se o representante praticar um ato ilícito, não se pode afirmar que esteja a atuar no quadro geral dos poderes que lhe foram conferidos[113]. Não obstante, ainda assim, o devedor será responsabilizado pela sua atuação.

[107] Pedro Pais de Vasconcelos, *Teoria Geral do Direito Civil*, 8.ª edição, Coimbra, Almedina, 2017, p. 327.

[108] Andreas von Thur, *Derecho Civil. Teoria General del Derecho Civil Aleman*, Volumen III – Los hechos jurídicos. El negocio jurídico (cont.). La ilicitude – El tiempo. Ejercicio y proteccion de los derechos, Buenos Aires, Editorial Depal-ma,1948, p. 96.

[109] A. Ferrer Correia, *A procuração na teoria de representação voluntária*, em *Boletim da Faculdade de Direito*, Vol. XXIV (1948), p. 255.

[110] Richard Alff/Werner Balhaus/Reinhold Weber, *Das Bürgerliche Gesetzbuch*..., Band II, 1. Teil, §§ 241 – 413, ob. cit., p. 80. Os Autores referem, a propósito da segunda situação, os estatutos de um município, que conferem poderes de atuação a determinada pessoa, como p.ex. o engenheiro de obras públicas de uma cidade.

[111] Francesco Messineo, *Il contratto in genere*, Tomo primo, ob. cit., pp. 262 e 263.

[112] Adriano Paes da Silva Vaz Serra, *Responsabilidade do devedor pelos factos dos seus auxiliares*..., ob. cit., p. 284.

[113] Ana Prata, *Cláusulas de exclusão e limitação da responsabilidade contratual. Regime geral*, ob. cit., p. 688.

VI. Para Alberto González, a referência ao representante legal deve ser entendida em relação a um *legítimo representante* do devedor, e não como sinónimo de representante legal de devedor incapaz[114]. Naturalmente que, assim sendo, o devedor apenas responderá pela prática de atos jurídicos, pois são esses que podem ser exercidos mediante representação.

Em regra, o representante legal, contrariamente ao representante voluntário (artigo 264.°, n.° 1, do CC), não pode fazer-se substituir por outrem. Apenas o poderá fazer se dispuser de autorização judicial para esse efeito. Ao invés, pode recorrer a auxiliares de cumprimento.

VII. Em primeiro lugar, são representantes legais, na aceção do artigo 800.°, n.° 1, do CC, os pais e os tutores. No que concerne aos *pais*, de acordo com o artigo 1878.°, n.° 1, do CC[115], compete-lhes o exercício das responsabilidades parentais[116], cabendo-lhes representar os filhos, até à maioridade ou emancipação destes, bem como administrar os seus bens[117]. Por sua vez, o artigo 1881.°, n.° 1, do CC esclarece que o poder de representação compreende "*o exercício de todos os direitos e o cumprimento de todas as obrigações do filho, exceptuados os actos puramente pessoais, aqueles que o menor tem o direito de praticar pessoal e livremente e os actos respeitantes a bens cuja administração não pertença aos pais*"[118]. De referir ainda que a representação dos pais encontra alguns limites, designadamente nos atos que carecem de autorização do tribunal (artigo 1889.° do CC).

A incapacidade dos menores é suprida pelo poder paternal, como declara o artigo 124.° do CC. Por outro lado, como assinala Menezes Cordeiro, a fórmula legal carece de alargamento: "*a representação legal permite contratar em nome e*

[114] José Alberto González, *Responsabilidade Civil*, 3.ª edição, Lisboa, Quid Juris, 2013, p. 207. Cf. ainda, com interesse, especificamente sobre a tutela, Roberto de Ruggiero, *Instituições de Direito Civil*, Volume II – Direitos de Família. Direitos Reais e Posse, Lisboa, Livraria Clássica Editora, 1936, pp. 217 e seguintes.

[115] Assim também Pedro Pais de Vasconcelos, *Teoria Geral do Direito Civil*, ob. cit., p. 327; Jorge Duarte Pinheiro, *Direito da Família e das Sucessões*, Volume I – Introdução ao Direito da Família e das Sucessões. Introdução ao Direito da Família. Direito da Filiação e Direito Tutelar, 3.ª edição, Lisboa, AAFDL, 2007, pp. 253 e 257 e, do mesmo Autor, *O Direito da Família Contemporâneo. Lições*, 3.ª edição, Lisboa, AAFDL, 2010, pp. 310 e seguintes e p. 329.

[116] Cf. António Menezes Cordeiro, *Tratado de Direito Civil Português*, Volume IV – Pessoas, 3.ª edição, Coimbra, Almedina, 2011, pp. 474 e seguintes.

[117] Cf. ainda Heinrich Ewald Hörster, *A Parte Geral do Código Civil Português. Teoria Geral do Direito Civil*, Coimbra, Almedina, 1992, pp. 320 e seguintes.

[118] Assim também António Menezes Cordeiro, *Tratado de Direito Civil Português*, Volume IV – Pessoas, ob. cit., p. 475.

por conta dos filhos, o que não se coaduna com o exercício de um direito proprio sensu *nem com o cumprimento de uma obrigação*"[119].

Na constância do casamento, o poder paternal compete a ambos os pais (artigo 1901.º, n.º 1, do CC).

Por sua vez, a tutela é subsidiária em relação ao poder paternal (cf. artigo 1921.º do CC)[120]. Os *tutores* podem ser os pais ou outra pessoa designada para esse efeito pelo tribunal (artigo 1927.º do CC), tendo os mesmos direitos e obrigações dos pais (artigo 1935.º, n.º 1, do CC), ainda que com algumas limitações e restrições. A tutela visa suprir a incapacidade de exercício dos menores (em certos casos, previstos no artigo 1921.º do CC) e dos interditos[121].

VIII. A representação legal é frequentemente associada ao suprimento da incapacidade de exercício dos menores e dos interditos, mas pode assumir um âmbito mais abrangente, que inclui, pelo menos para alguma doutrina, a *representação do cônjuge*.

Este entendimento mostra-se, no entanto, discutível. Com efeito, o Código Civil prevê situações em que um cônjuge pode atuar em representação do outro, caso em que pode dar-se o cumprimento duma obrigação pelo cônjuge representante:

a) O cônjuge tem a administração dos bens comuns, por ele levados para o casamento ou adquiridos a título gratuito depois do casamento, bem como dos bens sub-rogados em lugar daqueles [artigo 1678.º, n.º 1, alínea *c*), do CC][122];
b) O cônjuge tem a administração dos bens que tenham sido doados ou deixados a ambos os cônjuges com a exclusão da administração do outro cônjuge [artigo 1678.º, n.º 1, alínea *d*), do CC];
c) O cônjuge tem a administração dos bens móveis, próprios do outro cônjuge ou comuns, por ele exclusivamente utilizados como instrumento de trabalho [artigo 1678.º, n.º 1, alínea *e*), do CC];

[119] Cf. António Menezes Cordeiro, *Tratado de Direito Civil Português*, Volume IV – Pessoas, ob. cit., p. 475, nota 1654.

[120] António Menezes Cordeiro, *Tratado de Direito Civil Português*, Volume IV – Pessoas, ob. cit., p. 477.

[121] Sobre a interdição, cf. António Menezes Cordeiro, *Tratado de Direito Civil Português*, Volume IV – Pessoas, ob. cit., pp. 495 e seguintes.

[122] Sobre uma questão conexa, cf. Rui Paulo Coutinho de Mascarenhas Ataíde, *Regime e natureza jurídica da administração conjugal "de facto"*, ob. cit., pp. 684 e seguintes, abordando o problema do artigo 1681.º, n.º 3 do CC, que sujeita a intervenção do cônjuge às regras da gestão de negócios ou da responsabilidade civil, no âmbito da chamada *administração conjugal de facto*.

d) O cônjuge tem a administração dos bens próprios do outro cônjuge, se este se encontrar impossibilitado de exercer a administração por se achar em lugar remoto ou não sabido ou por qualquer outro motivo, e desde que não tenha sido conferida procuração bastante para administração desses bens [artigo 1678.°, n.° 1, alínea *f*), do CC];
e) O cônjuge tem legitimidade para a prática de atos de administração ordinária relativamente aos bens comuns do casal (artigo 1678.°, n.° 2, do CC).

Pergunta-se, dentro destas faculdades, quais podem ser consideradas como representação legal? À partida, dir-se-ia que todas elas, uma vez que a possibilidade de atuação do cônjuge deriva, diretamente, da norma legal[123]. Note-se no entanto que, para parte da doutrina, o regime constante do artigo 1678.° do CC se caracteriza por uma *"supletividade condicionada"*, já que os cônjuges têm a faculdade de estipularem, por mandato revogável, uma qualquer regra de administração[124].

IX. Pessoa Jorge considera que o mesmo regime se deve aplicar aos *administradores legais de bens alheios*, no que se refere ao eventual incumprimento das obrigações assumidas no âmbito da administração[125].

Neste sentido, também Ana Prata considera que o artigo 800.°, n.° 1, do CC, é aplicável a todos os sujeitos aos quais, nos termos da lei, são conferidos, ainda que de forma limitada, poderes de representação, entre os quais se inclua o poder para realizar o cumprimento da obrigação, nomeadamente o administrador legal de bens alheios, quanto ao cumprimento das obrigações existentes. A Autora defende, ainda, uma *interpretação extensiva* do artigo 800.° [126], n.° 1,

[123] Helmut Heinrichs, *Münchener Kommentar zum Bürgerlichen Gesetzbuch*, Band 2, ob. cit., p. 896, assinala no entanto e, ao invés, que o cônjuge que não seja titular de uma procuração do outro cônjuge, não se considera seu auxiliar de cumprimento se proceder ao levantamento de determinada quantia no banco, no âmbito de um mútuo concedido por este, e a gastar.

[124] Assim Jorge Duarte Pinheiro, *O Direito da Família Contemporâneo. Lições*, ob. cit., p. 589, invocando como argumento o disposto no artigo 1678.°, n.° 2, alínea *g*). Contra, Francisco Pereira Coelho/Guilherme de Oliveira, *Curso de Direito da Família*, Volume I – Introdução. Direito matrimonial, 3.ª edição, com a colaboração de Rui Moura Ramos, Coimbra, Coimbra editora, 2003, p. 407, com base no artigo 1699.°, n.° 1, alínea *c*).

[125] Fernando de Sandy Lopes Pessoa Jorge, *Ensaio sobre os pressupostos da responsabilidade civil*, Coimbra, Almedina, 1995, p. 144.

[126] Acerca da interpretação da lei, veja-se António Menezes Cordeiro, *Tratado de Direito Civil Português*, I – Introdução. Fontes do Direito. Interpretação da lei. Aplicação das leis no tempo. Doutrina geral, ob. cit., pp. 696 e seguintes.

do CC, para incluir no conceito de *representante legal* os representantes cuja nomeação judicial a lei impõe em determinadas circunstâncias, tais como o administrador de insolvência[127].

X. A questão coloca-se com especial acuidade a respeito do *administrador de insolvência*. Trata-se da uma "*figura nuclear do instituto, essencial à marcha do processo, a quem são cometidas, entre muitas outras de carácter predominantemente preparatório ou instrumental, as tarefas relativas à liquidação do património do devedor*"[128].

O administrador de insolvência é nomeado pelo tribunal na sentença de declaração de insolvência [cf. artigo 36.º, n.º 1, alínea *d*), do CIRE][129]. Deve tratar-se de pessoa inscrita na lista oficial de administradores de insolvência (artigos 32.º, n.º 1 e 52.º, n.º 2, do CIRE[130]). No entanto, após a nomeação pelo juiz, o artigo 53.º do CIRE[131] faculta aos credores, em assembleia de credores, a eleição de outra pessoa para o cargo, a qual pode estar ou não inscrita[132] na lista oficial, desde que seja reunida a maioria dos votantes e dos votos emitidos, não sendo para tanto consideradas as abstenções[133]. Ainda que tal maioria seja obtida, o juiz pode recusar a nomeação se a pessoa em causa não tiver idoneidade ou aptidão para o exercício do cargo, ou ainda quando seja manifestamente excessiva a retribuição aprovada pelos credores ou, tratando-se de pessoa não inscrita na lista oficial, se não se verificar ser aquele um *caso devidamente justificado pela especial dimensão da empresa compreendida na massa*

[127] Ana Prata, *Cláusulas de exclusão e limitação da responsabilidade contratual. Regime geral*, ob. cit., pp. 688 e 689.

[128] Luís A. Carvalho Fernandes/João Labareda, *Código da Insolvência e da Recuperação de Empresas Anotado*, 3.ª edição, Lisboa, Quid Juris, 2015, p. 263.

[129] Cf.: Luís Manuel Teles de Menezes Leitão, *Código da Insolvência e da Recuperação de Empresas Anotado*, 9.ª edição, Coimbra, Almedina, 2017, pp. 119 e seguintes; Luís A. Carvalho Fernandes/João Labareda, *Código da Insolvência e da Recuperação de Empresas Anotado*, ob. cit., pp. 263 e seguintes.

[130] Luís A. Carvalho Fernandes/João Labareda, *Código da Insolvência e da Recuperação de Empresas Anotado*, ob. cit., pp. 324 e seguintes, sublinhando a qualificação do administrador como um *"órgão da insolvência"*.

[131] Luís Manuel Teles de Menezes Leitão, *Código da Insolvência e da Recuperação de Empresas Anotado*, ob. cit., p. 139.

[132] No entanto, o artigo 53.º, n.º 2, do CIRE esclarece que *"A eleição de pessoa não inscrita na lista oficial apenas pode ocorrer em casos devidamente justificados pela especial dimensão da empresa compreendida na massa insolvente, pela especificidade do ramo de actividade da mesma ou pela complexidade do processo"*.

[133] Luís A. Carvalho Fernandes/João Labareda, *Código da Insolvência e da Recuperação de Empresas Anotado*, ob. cit., pp. 332 e seguintes, afirmando que o artigo 53.º do CIRE *"não tem paralelo no Direito precedente"*.

insolvente, pela especificidade do ramo de actividade da mesma ou pela complexidade do processo (cf. artigo 53.°, n.° 3, do CIRE).

O tribunal pode a todo o tempo destituir o administrador de insolvência, desde que considere, fundamentadamente, existir justa causa para tal (artigo 56.° do CIRE[134]). Esta medida justifica-se uma vez que o administrador é fiscalizado pelo juiz (artigo 58.° do CIRE[135]), podendo a justa causa consistir tanto na violação de deveres por parte do administrador, como na inaptidão ou incompetência para o exercício do cargo da qual resulte uma administração insuficiente, inapropriada ou ineficaz da massa, bem como quando seja "*inexigível a manutenção da relação com ele e infundada a possível pretensão do administrador de se manter em funções*"[136]. *Não se trata de um mero poder discricionário do tribunal: havendo justa causa, o administrador deve, efetivamente, ser destituído. Assinale-se ainda que, atualmente, o juiz já não tem um poder diretivo sobre o administrador, podendo apenas fiscalizar a sua ação, o que corresponde a uma crescente "privatização do processo*"[137], em que os credores têm maiores possibilidades de ação, mantendo-se o tribunal como garante da legalidade.

XI. O administrador de insolvência exerce diversas funções, tal como previsto no artigo 55.° do CIRE, as quais devem ser realizadas com a colaboração dos credores e sob a fiscalização da comissão de credores, se esta existir. Por via de regra, a decretação da insolvência implica a transferência dos poderes de disposição e de administração dos bens da massa do insolvente para o administrador de insolvência[138].

Estas funções residem essencialmente no seguinte:

[134] Luís Manuel Teles de Menezes Leitão, *Código da Insolvência e da Recuperação de Empresas Anotado*, ob. cit., p. 141, assinala que o conceito de justa causa é *"vago e indeterminado"*, mas que abrange a *"violação grave dos deveres do administrador, mas também quaisquer outras circunstâncias que tornem objectivamente insustentável a sua manutenção no cargo"*. Cf. também Luís A. Carvalho Fernandes/João Labareda, *Código da Insolvência e da Recuperação de Empresas Anotado*, ob. cit., pp. 349 e seguintes.

[135] Luís A. Carvalho Fernandes/João Labareda, *Código da Insolvência e da Recuperação de Empresas Anotado*, ob. cit., pp. 355 e seguintes.

[136] Luís A. Carvalho Fernandes/João Labareda, *Código da Insolvência e da Recuperação de Empresas Anotado*, ob. cit., p. 349.

[137] Assim, Luís A. Carvalho Fernandes/João Labareda, *Código da Insolvência e da Recuperação de Empresas Anotado*, ob. cit., p. 356.

[138] Luís A. Carvalho Fernandes/João Labareda, *Código da Insolvência e da Recuperação de Empresas Anotado*, ob. cit., pp. 265 e 266.

a) Preparação do pagamento das dívidas do insolvente à custa das quantias em dinheiro existentes na massa insolvente, designadamente através da alienação do património, que compete ao administrador de insolvência promover;
b) Conservação e frutificação dos direitos do insolvente e continuação da exploração da empresa, se for esse o caso, com vista a evitar o agravamento da sua situação económica. Daqui resulta essencialmente o "*dever de diligência na gestão e liquidação da massa insolvente*"[139].

Por outro lado, dentro das competências do administrador de insolvência, salienta-se[140]:

a) O direito de contratar, a termo certo ou incerto, os trabalhadores necessários à liquidação da massa insolvente ou à continuação da exploração da empresa (artigo 55.º, n.º 4, do CIRE);
b) O direito previsto no artigo 102.º do CIRE[141], onde se estabelece que, em qualquer contrato bilateral em relação ao qual, à data da declaração de insolvência, não haja total cumprimento, nem pelo insolvente, nem pela outra parte, o cumprimento fica suspenso, até que o administrador de insolvência declare optar pela execução ou recusar o cumprimento[142]-[143];

[139] Luís A. Carvalho Fernandes/João Labareda, *Código da Insolvência e da Recuperação de Empresas Anotado*, ob. cit., p. 342.

[140] É também de atender à Lei n.º 22/2013, de 26 de fevereiro, que estabelece o estatuto do administrador judicial, salientando-se a enumeração de deveres constante do artigo 12.º.

[141] Luís Manuel Teles de Menezes Leitão, *Código da Insolvência e da Recuperação de Empresas Anotado*, ob. cit., pp. 172 e seguintes, sublinhando que a norma generaliza a todos os contratos bilaterais a solução que já constava do regime anterior para a compra e venda ainda não cumprida. Porém, o Autor nota que a norma será de reduzida aplicação, devido à exigência que nenhuma das partes tenha ainda dado execução ao contrato aquando da insolvência.

[142] Sobre o tema, cf. José de Oliveira Ascensão, *Insolvência: efeitos sobre os negócios em curso, Separata de Estudos Jurídicos e Económicos em Homenagem ao Prof. Doutor António de Sousa Franco*, Coimbra, Faculdade de Direito da Universidade de Lisboa, 2006, em especial as pp. 266 e seguintes. Cf. ainda, em relação aos poderes do administrador de insolvência em relação aos contratos de trabalho celebrados pelo insolvente, e, bem assim, à contratação de novos trabalhadores, Maria do Rosário Palma Ramalho, *Aspectos laborais da insolvência. Notas breves sobre as implicações laborais do regime do Código da Insolvência e da Recuperação de Empresas*, em AAVV, *Estudos em Memória do Professor Doutor José Dias Marques*, Coimbra, Almedina, 2007, pp. 687 e seguintes. Considerando que devem ser equiparados aos representantes legais, cf. Jorge Leite Areias Ribeiro de Faria, *Direito das Obrigações*, Segundo Volume, Coimbra, Almedina, 1990, p. 411, nota 1.

[143] Sobre a matéria no Direito europeu, cf. Luís de Lima Pinheiro, *O regulamento comunitário sobre insolvência – Uma introdução*, Separata da Revista da Ordem dos Advogados, Ano 66, III, Lisboa, Dezembro de 2006, pp. 1101 e seguintes.

c) Direitos conferidos ao administrador de insolvência pelos artigos 103.º a 119.º do CIRE, de forma injuntiva, pelos quais este pode atuar em relação a negócios jurídicos celebrados pelo insolvente antes da decretação da insolvência[144].

De notar que este regime se aplica a todos os contratos celebrados pelo insolvente[145].

XII. Do n.º 2 do artigo 55.º do CIRE resulta a "*pessoalidade e intransmissibilidade como características basilares do cargo de administrador de insolvência*"[146], sem prejuízo, naturalmente, do recurso a auxiliares, expressamente permitido no n.º 3 do preceito. Apesar de ser permitido o substabelecimento, com o assentimento dos credores, o administrador não pode constituir mandatário com poderes gerais de representação, alienação ou oneração, nem para a prática de atos cujos elementos essenciais não sejam desde logo concretizados na procuração. Em caso de substabelecimento (lícito), o n.º 7 determina a responsabilidade pessoal do administrador por todos os atos praticados pelo substabelecido ao abrigo do substabelecimento, o que traduz um caso de responsabilidade objetiva.

XIII. De acordo com o artigo 59.º do CIRE, o administrador de insolvência responde:

a) Pelos danos causados ao devedor e aos credores da insolvência e da massa insolvente, sempre que se verifique a inobservância, culposa[147], dos deveres que lhe incumbem (n.º 1), ou seja, nos termos gerais previstos no Código Civil[148]. Saliente-se que aqui está somente consagrada a

[144] Sobre estas normas, cf. Luís Manuel Teles de Menezes Leitão, *Código da Insolvência e da Recuperação de Empresas Anotado*, ob. cit., pp. 174 e seguintes.

[145] José A. Engrácia Antunes, *Direito dos Contratos Comerciais*, ob. cit., p. 331.

[146] Luís A. Carvalho Fernandes/João Labareda, *Código da Insolvência e da Recuperação de Empresas Anotado*, ob. cit., p. 345.

[147] Luís A. Carvalho Fernandes/João Labareda, *Código da Insolvência e da Recuperação de Empresas Anotado*, ob. cit., p. 359, notam que o crtiério para aferir da culpa é específico, uma vez que se trata da *"diligência normalmente utilizada ou exigível a um gestor criterioso e ordenado"*, em termos análogos ao artigo 64.º do CSC. Contudo, sublinham, a p. 360, que apesar desta responsabilidade ser inspirada no modelo do CSC, contrariamente ao artigo 72.º do CSC, não se estabelece no CIRE qualquer presunção de culpa.

[148] Neste sentido, Luís A. Carvalho Fernandes/João Labareda, *Código da Insolvência e da Recuperação de Empresas Anotado*, ob. cit., p. 359, salientando que o que há de específico consiste no facto de se tratar de *"uma modalidade funcional de responsabilidade, que se fundamenta na violação de deveres postos a cargo do administrador de insolvência na satisfação da missão geral de que está encarregado"*.

responsabilidade por atos praticados no exercício das funções do administrador, sendo o lesado um credor ou o devedor[149].

b) Pelos danos causados aos credores da massa insolvente, se esta for insuficiente para satisfazer integralmente os respetivos direitos e estes resultarem de ato do administrador, salvo o caso de imprevisibildiade de insuficiência da massa, tendo em conta as circunstâncias conhecidas do administrador, e, bem assim, aquelas que ele não devia ignorar (n.º 2)[150].

Decorre do preceito que o administrador responde tanto por *atos próprios*, como por *atos dos seus auxiliares*[151].

XIV. O administrador pode por sua vez recorrer a auxiliares (artigo 55.º, n.º 3, do CIRE). Se tal acontecer, ele responde, em termos próximos ao artigo 800.º, n.º 1, do CC, nos termos do artigo 59.º, n.º 3, do CIRE, *pelos danos causados por atos e omissões dos seus auxiliares*[152]. Os auxiliares funcionam, assim, como "*agentes materiais*" do administrador[153]. Para Carvalho Fernandes e João Labareda, trata-se de uma "*situação paralela à da responsabilidade do comitente por atos do comissário*"[154].

Contudo, não estamos aqui perante uma previsão de responsabilidade objetiva, por facto de outrem, mas antes por responsabilidade *por facto próprio, com presunção de culpa*[155], como resulta da parte final deste preceito, onde, para além de se permitir o afastamento da presunção, é atribuída relevância negativa à

[149] Luís A. Carvalho Fernandes/João Labareda, *Código da Insolvência e da Recuperação de Empresas Anotado*, ob. cit., p. 359.

[150] Situação que corresponde, ainda, a uma previsão de responsabilidade subjetiva, como assinalam Luís A. Carvalho Fernandes/João Labareda, *Código da Insolvência e da Recuperação de Empresas Anotado*, ob. cit., p. 360.

[151] Assim, Luís A. Carvalho Fernandes/João Labareda, *Código da Insolvência e da Recuperação de Empresas Anotado*, ob. cit., p. 358.

[152] Luís Manuel Teles de Menezes Leitão, *Código da Insolvência e da Recuperação de Empresas Anotado*, ob. cit., p. 143, sublinhando que, embora este regime já resultasse das regras gerais, é positiva a sua consagração específica. O Autor questiona ainda, atendendo a que se trata de responsabilidade obrigacional, por que razão não estabelece o CIRE uma presunção de culpa, como o artigo 799.º, n.º 1, do CC.

[153] Luís A. Carvalho Fernandes/João Labareda, *Código da Insolvência e da Recuperação de Empresas Anotado*, ob. cit., p. 346.

[154] Luís A. Carvalho Fernandes/João Labareda, *Código da Insolvência e da Recuperação de Empresas Anotado*, ob. cit., p. 361.

[155] Luís A. Carvalho Fernandes/João Labareda, *Código da Insolvência e da Recuperação de Empresas Anotado*, ob. cit., p. 361, assinalam que está em causa não apenas a escolha do auxiliar, como também o dever de controlo que sobre ele deve ser exercido.

causa virtual. Em crítica a esta opção do legislador, Menezes Leitão refere precisamente a diferente técnica do CIRE, ao adotar uma presunção de culpa que contrasta com a responsabilidade objetiva prevista no artigo 800.°, n.° 1, do CC[156]. Diferentemente, Carvalho Fernandes e João Labareda parecem considerar que efetivamente se trata de um caso de responsabilidade do comitente[157], posição que não acompanhamos, atendendo à formulação da norma.

Além disso, os Autores consideram que a responsabilidade do administrador pelos atos do substabelecido (admitida no n.° 7 do artigo 55.° do CIRE) segue *o mesmo regime* que o artigo 59.°, n.° 3[158], ou seja, admitem o afastamento de tal responsabilidade através da elisão da presunção ou da relevância negativa da causa virtual, o que parece reduzir ainda mais as possibilidades de responsabilização do administrador e conduzir a um afastamento ainda maior em relação ao Direito civil. De facto, não se compreende que no Direito civil, tanto a nível delitual como obrigacional, os artigos 500.° e 800.° do CC prevejam a responsabilidade em termos objetivos e que, em contrapartida, o CIRE, no âmbito de uma responsabilidade profissional do administrador de insolvência, se mantenha aprisionado a um critério de culpa, com reduzidas possibilidades de concretização.

XV. Importa agora responder à seguinte questão: *o administrador de insolvência é representante legal do devedor insolvente, para efeitos de aplicação do artigo 800.°, n.° 1, do CC?*

O administrador de insolvência:

a) Não atua com base na vontade do devedor;
b) Não é, em bom rigor, representante legal do devedor;
c) É designado pelo tribunal, ainda que com audição do devedor e/ou dos credores;
d) A sua atuação é fiscalizada pelo tribunal;
e) Atua com base numa norma legal.

[156] Luís Manuel Teles de Menezes Leitão, *Código da Insolvência e da Recuperação de Empresas Anotado*, ob. cit., p. 143, acrescentando ainda que a tudo isto se soma um prazo de prescrição *"extraordinariamente curto"*.

[157] Assim, Luís A. Carvalho Fernandes/João Labareda, *Código da Insolvência e da Recuperação de Empresas Anotado*, ob. cit., p. 361.

[158] Luís A. Carvalho Fernandes/João Labareda, *Código da Insolvência e da Recuperação de Empresas Anotado*, ob. cit., p. 362. Os Autores invocam como argumento que não faria sentido a diversidade de regimes, nem ponderar em termos diversos a culpa do administrador de insolvência quanto à escolha e controlo do substabelecido e dos auxiliares, concluindo pela necessidade de interpretação extensiva do n.° 3 do artigo 59.° do CIRE.

As características enunciadas podem, efetivamente, suscitar dúvidas quanto a saber se a sua atuação pode ser imputada ao devedor, na aceção do artigo 800.º, n.º 1, do CC. Por outro lado, parece que a solução que se vier a encontrar deverá igualmente ser aplicada àqueles que administram bens penhorados, no âmbito da ação executiva[159].

XVI. Na Alemanha, alguma doutrina propende para considerar que o administrador de insolvência não é um representante legal[160]. Em sentido contrário, no entanto, manifesta-se no entanto uma parte significativa da doutrina, com destaque para Helmut Heinrichs e Dieter Medicus[161].

O argumento invocado para rejeitar a qualidade de representante legal reside na circunstância de estas pessoas agirem com base num *direito próprio*. Não obstante, mesmo para a doutrina alemã que recusa a qualificação como representante legal, entende-se que é aplicável o § 278 do BGB, por serem considerados *representantes legais em sentido amplo*[162], ou seja, por serem designados *oficialmente*[163]. Com efeito, estes autores afirmam que o conceito de representante legal utilizado neste preceito não é o conceito restrito, mas deve antes ser entendido em termos amplos, abrangendo todos aqueles que são chamados a prestar uma atividade em relação a um património alheio, que devem administrar[164].

Por isso, o BGH já considerou o § 278 do BGB aplicável[165]:

[159] A favor da caracterização do administrador de insolvência como representante legal pronuncia-se atualmente Luís Manuel Teles de Menezes Leitão, *Direito das Obrigações*, Volume II – Transmissão e Extinção das Obrigações, Não Cumprimento e Garantias do Crédito, ob. cit., p. 269.

[160] Neste sentido, Richard Alff/Werner Balhaus/Reinhold Weber, *Das Bürgerliche Gesetzbuch...*, Band II, 1. Teil, §§ 241 – 413, ob. cit., p. 80.

[161] Claudia Bittner/Manfred Löwisch/Hansjörg Otto, *J. Von Staudingers Kommentar zum Bürgerlichen Gesetzbuch mit Einführungsgesetz und Nebengesetzen*, Buch 2 – Recht der Schuldverhältnisse, §§ 255-304 (Leistungsstörungsrecht I), ob. cit., p. 355; Helmut Heinrichs, *Münchener Kommentar zum Bürgerlichen Gesetzbuch*, Band 2, ob. cit., p. 894; Dieter Medicus, *Bürgerliches Recht. Eine nach Anspruchsgrundlagen geordnete Darstellung zur Examensvorbereitung*, ob. cit., p. 374.

[162] Richard Alff/Werner Balhaus/Reinhold Weber, *Das Bürgerliche Gesetzbuch...*, ob. cit., p. 80.

[163] Wolfgang Krüger, *Münchener Kommentar zum Bürgerlichen Gesetzbuch*, Band 2, ob. cit., anotação ao § 278, ob. cit., ponto 41.

[164] Richard Alff/Werner Balhaus/Reinhold Weber, *Das Bürgerliche Gesetzbuch...*, ob. cit., p. 81.

[165] Richard Alff/Werner Balhaus/Reinhold Weber, *Das Bürgerliche Gesetzbuch...*, ob. cit., p. 81.

a) Ao testamenteiro, na qualidade de *representante legal* do herdeiro;
b) O marido, em relação à esposa, na qualidade de administrador dos bens trazidos por esta para o casamento.

XVII. Parece-nos também que é esta a perspetiva correta: o administrador de insolvência não é, em sentido estrito, representante legal do devedor insolvente, não podendo a sua atuação ser equiparada à dos pais ou dos tutores. No entanto, o conceito de representante legal contemplado no n.º 1 do artigo 800.º do CC deve, a nosso ver, incluir todos aqueles que, independentemente da vontade do próprio, têm a possibilidade de atuar sobre obrigações alheias. Portanto, serão representantes legais, na *acepção ampla* do artigo 800.º, n.º 1, do CC, tanto o administrador de insolvência, como o administrador de bens penhorados[166].

Daqui resulta que a atuação de qualquer uma destas pessoas deve ser repercutida na esfera jurídica do devedor, para efeitos de responsabilidade obrigacional: o devedor responde pelo comportamento destes *representantes legais*, caso estes, no exercício das respetivas competências legalmente atribuídas, venham a causar danos ao credor no âmbito do cumprimento da obrigação do devedor.

Por exemplo, supondo que o insolvente é devedor de alimentos, não procedendo o administrador de insolvência ao cumprimento desta obrigação, ou fazendo-o em mora, é o devedor responsável, nos termos do artigo 800.º, n.º 1, do CC. Assim, será de aplicar a responsabilidade obrigacional do devedor por facto de auxiliares ou representante legal, sem especificidades.

[166] Assim também Antunes Varela, *Das Obrigações em geral*, Vol. II, 7.ª edição, Coimbra, Almedina, 2013, p. 103, ao afirmar que se incluem no conceito de representante legal, para efeitos do artigo 800.º, n.º 1, do CC, tanto os representantes designados diretamente pela lei, como os escolhidos pelo tribunal ou pelo próprio devedor, como o administrador da massa falida ou insolvente e o testamenteiro.

Responsabilidade pré-contratual nos ordenamentos jurídicos português e brasileiro: uma análise com base na doutrina e jurisprudência portuguesas e brasileiras, respectivamente

DR. ALESSANDRO TORRESI

1. **Introdução**

O presente trabalho está ligado ao estudo do Direito das Obrigações, da Responsabilidade Civil e do Direito Comparado, e visa a analisar o instituto da responsabilidade pré-contratual nos ordenamentos jurídicos português e brasileiro, respectivamente, para fins de comparação. Para esse fim, nada melhor do que ilustrar o problema do qual se encarregará este trabalho a partir de exemplos concretos, inspirados em casos reais. Vejamos:

I. Uma construtora vem construindo um edifício residencial e, no curso das obras, é procurada por empresa que tem interesse em adquirir as frações que compõem o térreo deste edifício, para fins de exercício de atividade comercial no local. Uma vez se encontrando as negociações bem alinhadas, a construtora passa a adotar as providências cabíveis para a alteração dos respectivos alvará de obras e projeto de arquitetura, inclusive mediante indicações feitas pela própria empresa interessada na compra, já iniciando também obras para unificação das frações que compõem o térreo do edifício, a fim de atender à intenção da empresa interessada na compra de ali desenvolver atividade comercial.

No curso dessas obras desenvolvidas pela construtora, todavia, acaba por surgir uma desavença entre as partes quanto ao valor das frações do térreo do edifício, pelo que a empresa antes interessada na compra desiste do negócio. Mesmo após ser comunicada pela empresa de sua desistência no negócio, a construtora mantém a execução das obras de unificação das frações que compõem o térreo do edifício e, após finalizá-las, realiza novas obras, desta vez para readaptação do espaço para a finalidade original, isto é, puramente residencial.

Indaga-se: há responsabilidade pré-contratual, pelo rompimento das tratativas, por parte da empresa interessada na compra das frações do térreo do edifício? Na hipótese, quais seriam os danos indenizáveis?[1]

II. O proprietário de um espaço comercial propõe locar a um empreendedor o imóvel de sua propriedade, para que este último instale e opere no imóvel um salão de jogos. As negociações avançam durante meses, período no qual o potencial locatário tem custos para obtenção de licenças e elaboração de projetos, além de já efetuar adaptações no imóvel para adequá-lo à atividade a ser lá desenvolvida, definindo as partes, durante esse período, os detalhes do contrato a ser firmado. Contudo, depois de meses de negociações, e já estando os detalhes do contrato definidos, o proprietário passa a fazer exigências de difícil cumprimento para a celebração do negócio, o qual, então, vem a não ser concluído.

Pergunta-se: há responsabilidade pré-contratual pelo proprietário do imóvel diante do rompimento das tratativas? Quais seriam os danos indenizáveis?[2]

III. Durante a fase de negociações para a compra e venda de um apartamento, o proprietário-vendedor não informa ao comprador que o edifício no qual se situa o imóvel apresenta graves problemas estruturais, os quais podem afetar o apartamento, sendo que o proprietário-vendedor tinha ciência desse problema. Uma vez celebrada a compra e venda do imóvel, o comprador constata que, se não forem rapidamente efetuados reparos no edifício, sua unidade será severamente avariada.

[1] Hipótese inspirada no seguinte julgado: PORTUGAL. Supremo Tribunal de Justiça. 6ª Seção. Processo 44/07.1. Juiz-Conselheiro Relator Silva Salazar. Julgado em 16.12.2010.

[2] Hipótese inspirada no seguinte julgado: PORTUGAL. Supremo Tribunal de Justiça. Processo 06B4223. Juiz-Conselheiro Relator Custódio Montes. Julgado em 11.01.2007.

Indaga-se: há responsabilidade pré-contratual por parte do vendedor, pela omissão de informação na fase de tratativas? Quais seriam os danos indenizáveis?[3]

São situações como as acima destacadas das quais se encarrega a teoria da *culpa in contrahendo* ou responsabilidade pré-contratual, a qual foi sendo construída, sobretudo pela doutrina e jurisprudência alemãs, como uma forma de enquadrar dogmaticamente as especificidades do período pré-contratual, e de dar resposta aos problemas jurídicos nesse período levantados. Assim, desenvolve-se a concepção de que, apesar de ainda não haver contrato, o qual poderá nem sequer ser celebrado, existe já, na fase de negociações, uma relação efetiva entre as partes, a qual tem efeitos jurídicos próprios e justifica que entre as partes surjam deveres de conduta honesta, leal e correta. Trata-se de relação obrigacional sem dever primário de prestação, cujo desrespeito faz desencadear para a parte lesante a responsabilidade civil[4].

Tendo sua primeira construção doutrinária sido creditada ao jurista alemão Rudolf von Ihering, em 1861, mediante a publicação de ensaio no qual partia da premissa de que podem nascer danos de um contrato nulo, por anomalias ocorridas na sua formação[5], a *culpa in contrahendo* se expandiu bastante no decorrer do último século e meio, estando consagrada em diversos ordenamentos jurídicos baseados na *Civil Law*, entre os quais estão: (I) os artigos 1337.° e 1338.° do Código Civil italiano; (II) o § 311 do BGB alemão, após sua reforma, em vigor desde 2002, sendo o § 311 um dos corolários da "Lei de Modernização do Direito das Obrigações" alemã; e, mais recentemente: (III) o artigo 1104 do Código Civil francês, após sua reforma no que toca aos contratos e obrigações em geral, em vigor desde outubro de 2016[6]-[7]-[8].

[3] Hipótese inspirada no seguinte julgado: PORTUGAL. Tribunal da Relação de Lisboa. Processo 9997/2002-7. Juiz-Desembargador Relator Proença Fouto. Julgado em 18.03.2003.

[4] Costa, Mariana Fontes da. O dever pré-contratual de informação. Revista da Faculdade de Direito da Universidade do Porto, a. 4, Porto, 2007, p. 370.

[5] Jhering, Rudolf Von. Culpa in contrahendo ou indemnização em contratos nulos ou não chegados à perfeição (tradução de Paulo Mota Pinto). Coimbra: Almedina, 2008.

[6] Outros dispositivos no Código Civil francês, após sua reforma, relacionados às relações pré-contratuais, são os artigos 1112-1, 1115, 1116 e 1119.

[7] Já nos países de *Commom Law*, a recepção da *culpa in contrahendo* tem encontrado maiores obstáculos, devido ao forte enraizamento do princípio do *freedom of contract*. Exemplo disso é a decisão da *House of Lords* no caso Walford v. Miles, de 1992, no âmbito do qual o tribunal recusou a existência de qualquer dever de negociar de acordo com a boa-fé objetiva, por entender que este era incompatível com a liberdade de romper com as negociações a qualquer momento e por qualquer razão. Decisão citada em: Vicente, Dário Moura. A responsabilidade pré-contratual no código civil brasileiro de 2002. In: Estudos em Honra de Ruy de Albuquerque – vol. I. Coimbra: Almedina, 2006, p. 318-319 (nota de rodapé 7).

Em Portugal e no Brasil – sistemas jurídicos dos quais se encarregará o presente trabalho –, não é diferente. O artigo 227.º/1 do Código Civil português de 1966 (DL 47344/66 – doravante "CC-PT") e o artigo 422 do Código Civil brasileiro de 2002 (Lei 10.406/02 – doravante "CC-BR") se encarregam, em seus respectivos ordenamentos jurídicos, da responsabilidade pré-contratual.

Em essência, a responsabilidade pré-contratual se trata de instituto jurídico que consagra a boa-fé objetiva[9], especificamente, no período antecedente à celebração do contrato, em duas de suas funções essências[10]: (I) na criação de deveres jurídicos e (II) na limitação ao exercício de direitos subjetivos.

Ao mesmo tempo que exige que as partes em negociações para a celebração de um contrato se comportem de acordo com as regras da boa-fé, acaba também por limitar a autonomia privada das partes[11]. Isso se dá porque, tanto o direito português, como o direito brasileiro (tal como ocorre nos direitos alemão e italiano) consagram a necessidade de um equilíbrio entre, de um lado, (I) a liberdade individual na negociação e conclusão de um contrato e, de outro, (II) a solidariedade traduzida no respeito pelos interesses legítimos da contraparte e na confiança que esta deposita na válida celebração do contrato. Conforme a lição de Dário Moura Vicente: *"o contrato aceitável não é qualquer contrato, mas tão-só o que for conforme com as exigências da ética e da sua função social"*[12].

[8] Sobre a consagração da culpa in contrahendo em diversos ordenamentos jurídicos e, também, em instrumentos internacionais: Prata, Ana. A obrigação de informar na responsabilidade pré-contratual. Revista da Faculdade de Direito da UNL, a. 17, n. 30-31, Coimbra, 2016, p. 7-11.

[9] Doravante, neste trabalho, ainda que se fale apenas em "boa-fé", estará se referindo à boa-fé objetiva, que *"consiste em um dever de conduta. Obriga as partes a terem comportamento compatível com os fins econômicos e sociais pretendidos objetivamente pela operação negocial. No âmbito contratual, portanto, o princípio da boa-fé impõe um padrão de conduta a ambos os contratantes no sentido da recíproca cooperação, com consideração aos interesses comuns, em vista de se alcançar o efeito prático que justifica a própria existência do contrato"*. Difere-se da boa-fé subjetiva, a qual *"relaciona-se com o estado de consciência do agente por ocasião de um dado comportamento"*. Tepedino, Gustavo; Barboza, Heloisa Helena; Moraes, Maria Celina Bodin de. Código civil interpretado conforme a constituição da república (vol. II). Rio de Janeiro: Renovar, 2006, p. 16-17.

[10] A doutrina procura dar conteúdo mais preciso à boa-fé por meio da identificação de três funções essenciais: (I) cânon interpretativo-integrativo; (II) norma de criação de deveres jurídicos; e (III) norma de limitação ao exercício de direitos subjetivos. Tepedino, Gustavo; Barboza, Heloisa Helena; Moraes, Maria Celina Bodin de (2006). *Op. cit.*, p. 17. No mesmo sentido: Fritz, Karina Nunes. O princípio da boa-fé objetiva e sua incidência na fase negocial: um estudo comparado com a doutrina alemã. Revista Forense, vol. 395, ano 104, janeiro/fevereiro de 2008, p. 185.

[11] Fritz, Karina Nunes. O princípio da boa-fé objetiva (...). *Op. cit.*, p. 183.

[12] Vicente, Dário Moura. A responsabilidade pré-contratual no código civil brasileiro de 2002. In: Estudos em Honra de Ruy de Albuquerque – vol. I. Coimbra: Almedina, 2006, p. 319.

Na análise de um caso concreto, todavia, nem sempre configura tarefa simples verificar se o comportamento das partes durante a fase de negociações ocorreu conforme as regras da boa-fé, ou se a boa-fé, naquele caso específico, deveria atuar como limitador à autonomia privada das partes.

Ainda, consiste a responsabilidade pré-contratual em instituto que não encontra lugar, propriamente, nem no universo jurídico da responsabilidade contratual (obrigacional), nem da responsabilidade extracontratual (aquiliana).

A primeira se configura quando há entre as partes uma relação jurídica pré-estabelecida. Por exemplo: A deve pagar certa quantia a B, para que B entregue determinada mercadoria, ou preste algum serviço, a A. Decorre a responsabilidade contratual, portanto, da violação de um dever positivo: o descumprimento, ou o cumprimento defeituoso, de uma obrigação contratual pré-definida. Já a segunda se configura quando não há entre as partes uma prévia relação jurídica. Por exemplo: A, conduzindo seu carro, atropela B. Decorre a responsabilidade extracontratual, desse modo, da violação de um dever negativo, de ordem genérica: não causar dano a outrem, quem quer que seja (*neminem laedere*).

Na fase de negociações, entretanto, da qual se encarrega a responsabilidade pré-contratual, não há ainda, em regra, um negócio jurídico celebrado entre as partes, ao mesmo tempo que se distancia, também, do cenário em que uma pessoa, no convívio em sociedade, tem o dever geral de se comportar de modo a não causar danos a outras pessoas. Pode-se afirmar, portanto, que consiste em uma relação jurídica diferente, um "contato social qualificado", por assim dizer, pois já há entre as partes uma aproximação buscando um fim comum: entabular um acordo de vontades. Trata-se de mais um aspecto interessante sobre a responsabilidade pré-contratual, com implicância direta na análise de sua natureza jurídica, tema controverso tanto no ordenamento jurídico português, como no brasileiro.

Inspirado nos casos concretos acima expostos, e instigado pelos aspectos jurídicos que permeiam a responsabilidade pré-contratual, como os devidos contornos dos deveres de conduta durante a fase de tratativas e a natureza jurídica da *culpa in contrahendo*, este trabalho tem o objetivo de analisar o instituto em questão, respectivamente, nos ordenamentos português e brasileiro, para fins de comparação, identificando o que há neles de semelhante e de diferente, com exposição do entendimento dos tribunais de ambos os países.

A escolha pelos ordenamentos jurídicos português e brasileiro decorre do fato de estes ordenamentos compartilharem uma cultura jurídica comum, no que se inclui princípios como a igualdade, a autonomia privada e a boa-fé objetiva. Não somente o direito brasileiro, em seu Código Civil de 2002, foi influenciado pelo direito português ao tratar da boa-fé objetiva e do abuso de direito, como também o direito brasileiro serve de fonte de inspiração ao direito português (é o que sucedeu, por exemplo, no Anteprojeto do Código de Defesa do Consumidor português, inspirado em várias soluções preconizadas no CDC brasileiro)[13].

Assim, serão abordados ao longo deste trabalho, sempre à vista dos direitos português e brasileiro: (I) as fontes da *culpa in contrahendo* no direito positivo; (II) o conteúdo dos denominados deveres de conduta; (III) os casos-padrão de responsabilidade pré-contratual; (IV) as hipóteses limítrofes que não configuram a responsabilidade pré-contratual; (V) a hipótese de revogação de oferta pelo proponente antes de aceitação pelo oblato; (VI) os elementos caracterizadores da responsabilidade pré-contratual, com maior enfoque no âmbito dos danos indenizáveis; e, finalmente, (VII) a natureza jurídica da *culpa in contrahendo*.

2. **Responsabilidade pré-contratual em Portugal e no Brasil**

2.1. ***Fontes no direito positivo***

A responsabilidade pré-contratual se encontra presente tanto no direito positivo português, como no direito positivo brasileiro.

No ordenamento jurídico português, a responsabilidade pré-contratual tem sua regra geral insculpida no artigo 227.°/1 do CC-PT[14], cujo texto prevê, expressamente, a observância das regras da boa-fé durante a fase de negociações para celebração de um contrato (*"tanto nos preliminares como na formação dele"*), sob pena de se responder pelos danos que culposamente causar à outra parte[15]-[16].

Ao se referir tanto aos preliminares, quanto à formação do contrato, o artigo 227.°/1 do CC-PT prevê que a *culpa in contrahendo* deve abranger todo o período que antecede a celebração do contrato, incluindo (I) a fase de nego-

[13] Vicente, Dário Moura. Direito Comparado (vol. I). 3ª ed. Lisboa: Almedina, 2015, p. 82-83.

[14] Artigo 227.° do CC-PT (culpa na formação dos contratos) – *"1. Quem negoceia com outrem para conclusão de um contrato deve, tanto nos preliminares como na formação dele, proceder segundo as regras da boa fé, sob pena de responder pelos danos que culposamente causar à outra parte"*.

[15] Para um estudo do desenvolvimento histórico da *culpa in contrahendo* no direito português, ver: Menezes Cordeiro, António Manuel da Rocha e. Da boa-fé no direito civil (vol. I). Coimbra: Almedina, 1984, p. 571 e ss.; e Prata, Ana. Notas sobre responsabilidade pré-contratual. Coimbra: Almedina, 2005, p. 19-24.

[16] Para uma análise do artigo 227.°/1 do CC-PT, à luz da doutrina brasileira: Popp, Carlyle. Responsabilidade civil pré-negocial: o rompimento das tratativas. Curitiba: Juruá, 2001, p. 175-178. Ainda, sobre o âmbito do artigo 227.°/1 do CC-PT: Prata, Ana (2005). Notas sobre responsabilidade pré-contratual. *Op. cit.*, p. 24 e ss.

ciações, desde o início das negociações até a emissão da proposta contratual, e (II) a fase decisória, desde a emissão da proposta contratual até a conclusão do contrato, com a aceitação da proposta pelo oblato[17].

A fonte inspiradora mais próxima do artigo 227.°/1 do CC-PT, sem dúvida, é o artigo 1.337 do Código Civil italiano de 1942[18]: ambos os preceitos acolhem a boa-fé como fonte autônoma de direitos e deveres na formação e na conclusão do contrato, refletindo a permeabilidade dos direitos europeus continentais às exigências ético-sociais que lhes são marcantes desde o primeiro pós-guerra[19]. Ademais, ambos fazem distinção entre os preliminares do contrato e sua formação[20].

O instituto da *culpa in contrahendo* encontra aplicação também pelo artigo 334.° do CC-PT, que trata do abuso de direito, pelo qual é ilegítimo o exercício de um direito quando o titular exceder manifestamente os limites impostos pela boa-fé, pelos bons costumes ou pelo fim social ou econômico desse direito. Basta pensar na hipótese da ruptura injustificada de negociações: sendo o direito de contratar, ou não, uma liberdade inerente à autonomia privada, pode-se afirmar que age com abuso de direito aquele que injustificadamente romper com as tratativas negociais, após ter criado na outra parte a legítima expectativa de que o negócio seria celebrado.

Além disso, a responsabilidade pré-contratual está concretizada em dispositivos específicos encontrados em legislação esparsa portuguesa[21], e em outros dispositivos no CC-PT, como é o caso dos artigos 229.°/1 e 898.° do CC-PT. O primeiro estabelece que o proponente que receber aceitação tardia, mas emitida durante a vigência da proposta, tem o dever de avisar imediatamente ao aceitante que não considera a aceitação eficaz. O segundo concretiza a res-

[17] LEITÃO, Luís Manuel Teles de Menezes. Direito das obrigações (vol. I). 9ª ed. Lisboa: Almedina, 2010, p. 373.

[18] Artigo 1.337 do CC-IT (*"tratativas e responsabilidade pré-contratual"*) – *"As partes, no desenvolvimento das tratativas e na formação do contrato devem agir de boa-fé (1366,1375, 2208)"*; tradução livre para o português.

[19] VICENTE, Dário Moura. Da responsabilidade pré-contratual em direito internacional privado. Coimbra: Almedina, 2001, p. 262.

[20] ALMEIDA, Carlos Ferreira de. Contratos I. 5ª ed. Lisboa: Almedina, 2015, p. 194.

[21] Conforme CARLOS FERREIRA DE ALMEIDA, é o caso: (I) do artigo 9°/1 da Lei de Defesa do Consumidor portuguesa, (II) do artigo 304°-A/2 do Código de Valores Mobiliários português, (III) do artigo 102.° do Código do Trabalho português e (IV) do artigo 23.° da Lei do Contrato de Seguro portuguesa, entre outros. Vide: ALMEIDA, Carlos Ferreira de (2015). *Op. cit.*, p. 192-193. Conforme DÁRIO MOURA VICENTE, é o caso, também: (I) dos artigos 245.°/2 e 246.°, além do artigo 898.° do CC-PT, e (II) do artigo 8.°/5, além do artigo 9.°/1 da Lei de Defesa do Consumidor portuguesa. Vide: VICENTE, Dário Moura (2001). Da Responsabilidade Pré-Contratual (...). *Op. cit.*, p. 262.

ponsabilidade a que fica sujeito o vendedor que tenha dolosamente induzido ou mantido em erro o comprador acerca da propriedade dos bens vendidos, violando o dever de informação imposto pela boa-fé na formação do contrato.

Já no Brasil, a responsabilidade pré-contratual decorre de esforço interpretativo do artigo 422 do CC-BR[22], segundo o qual "*os contratantes são obrigados a guardar, assim na conclusão do contrato, como em sua execução, os princípios de probidade e boa-fé*"[23]. Diferentemente do artigo 227.°/1 do CC-PT, o artigo 422 do CC-BR não faz referência expressa à fase de negociações contratuais.

Apesar disso, doutrina[24] e jurisprudência interpretam o dispositivo em questão como abrangendo, também, a fase de negociações, conforme ilustra o julgamento do Recurso Especial n° 1.367.955/SP, pelo Superior Tribunal de Justiça brasileiro ("STJ-BR"), asseverando que *"o princípio da boa-fé objetiva já incide desde a fase de formação do vínculo obrigacional, antes mesmo de ser celebrado o negócio jurídico pretendido pelas partes. Na verdade, antes da conclusão do negócio jurídico, são estabelecidas entre as pessoas certas relações de fato, os chamados 'contatos sociais', dos quais emanam deveres jurídicos, cuja violação imporá a responsabilidade civil"*[25].

No direito brasileiro, o intérprete é remetido, com maior amplitude do que no direito português, para as regras gerais de responsabilidade civil, isto é, os artigos 389 e 927 do CC-BR, que, respectivamente, disciplinam a responsabilidade contratual e extracontratual[26]. Pode-se afirmar, portanto, que, no Direto brasileiro, o artigo 422 uniu em um só dispositivo do Código Civil a responsabilidade pré-contratual e a responsabilidade contratual baseada na atuação em desconformidade com a boa-fé.

[22] Artigo 422 do CC-BR – *"Os contratantes são obrigados a guardar, assim na conclusão do contrato, como em sua execução, os princípios de probidade e boa-fé"*.

[23] Para um estudo do desenvolvimento histórico da *culpa in contrahendo* no direito brasileiro, ver: Pereira, Regis Fichtner. A responsabilidade civil pré-contratual: teoria geral e responsabilidade pela ruptura das negociações contratuais. Rio de Janeiro: Renovar, 2001, p. 138 e ss.

[24] *"Com relação à fase de negociação contratual, o termo 'conclusão do contrato', tal como consta do art. 422, merece uma interpretação igualmente extensiva, abrangendo também a fase preliminar à conclusão, ou de 'pré-conclusão'"*. Vide: Tepedino, Gustavo; Barboza, Heloisa Helena; Moraes, Maria Celina Bodin de (2006). *Op.* cit., p. 16. No mesmo sentido: Vicente, Dário Moura (2006). A responsabilidade pré-Contratual (...). *Op. cit.*, p. 322; Pereira, Regis Fichtner (2001). *Op. cit.*, p. 208 e ss.; e Cavalieri Filho, Sérgio. Programa de Responsabilidade Civil. 10ª ed. São Paulo: Atlas, 2012, p. 318 (*"E, embora o Código Civil, em seu art. 422, só se tenha referido à boa-fé na conclusão e na execução do contrato, doutrina e jurisprudência firmaram entendimento no sentido de que esse dispositivo se aplica também às fases pré e pós-contratual"*).

[25] BRASIL. Superior Tribunal de Justiça. 3ª Turma. Recurso Especial 1.367.955/SP. Ministro Relator Paulo de Tarso Sanseverino. Julgado em 18.03.2014.

[26] Vicente, Dário Moura (2006). A responsabilidade pré-contratual (...). *Op. cit.*,p. 320-321.

Em comparação com o artigo 227.º do CC-PT, o artigo 422 do CC-BR deixa a desejar. Ao mesmo tempo que alude expressamente às negociações para a celebração do contrato (*"tanto nos preliminares como na formação dele"*), o artigo 227.º do CC-PT determina o dever de proceder de boa-fé e dispõe sobre os efeitos da conduta do contraente que culposamente atentar contra tal dever, determinando sua responsabilidade civil. Já o artigo 422 do CC-BR, como visto, limita-se a criar o dever jurídico do contraente de guardar, na conclusão do contrato, os princípios da probidade e boa-fé. Fica a impressão de que, diante de exemplo tão próximo como o do direito português (assim como o do direito italiano), poderia o CC-BR ter dado tratamento bem mais adequado e claro à responsabilidade pré-contratual[27].

O artigo 187 do CC-BR, que trata do abuso de direito (assim como ocorre com o artigo 334.º do CC-PT), também tem em si inserido o instituto da responsabilidade pré-contratual. Segundo o dispositivo em questão, comete ato ilícito o titular de um direito que, ao exercê-lo, excede manifestamente os limites impostos pelo seu fim econômico ou social, pela boa-fé ou pelos bons costumes. Novamente, sendo o direito de contratar, ou deixar de contratar, uma liberdade inerente à autonomia privada, configura abuso de direito a ruptura injustificada das negociações contratuais, após uma parte criar na outra a legítima expectativa de que o contrato seria firmado.

Além disso, a responsabilidade pré-contratual está inserida em dispositivos do Código de Defesa do Consumidor brasileiro ("CDC-BR") e em outros dispositivos do CC-BR[28], como é o caso do artigo 430 do CC-BR (equivalente à regra do artigo 229.º/1 do CC-PT), que prevê o dever do contraente-proponente de informar ao aceitante que o contrato não foi estabelecido, por ter a aceitação chegado fora do prazo.

Como se vê, a responsabilidade pré-contratual é alicerçada de formas diferentes no direito português e no brasileiro: no primeiro, a responsabilidade pré-contratual vem disciplinada especificamente no artigo 227.º/1 do CC-PT, enquanto no segundo isso não ocorre, encontrando a responsabilidade pré-contratual consagração mediante construção doutrinária e jurisprudencial a partir da análise do artigo 422 do CC-BR.

[27] Pereira, Regis Fichtner (2001). *Op. cit.*,p. 211.

[28] Conforme Regis Fichtner Pereira, é o caso: (I) dos artigos 147, 443, 449 e 461, além do artigo 430, do CC-BR e (II) dos artigos 6º, III e IV, 8º, 9º, 12, 14, 18, 19, 20, 23, 30, 31, 36, 37 e 46 do Código de Defesa do Consumidor brasileiro, que preveem uma série de regras específicas relacionadas ao dever de informação. Vide: Pereira, Regis Fichtner (2001). *Op. cit.*, p. 208 e 199-206.

Ambos, de todo modo, estão construídos em torno de preceitos jurídicos indeterminados a respeito da boa-fé. Isto é, nem o legislador português, nem o brasileiro indicaram quais são os deveres pré-contratuais de conduta cuja violação dá origem à obrigação de reparar danos causados a outrem. A concretização destes deveres acaba por depender do entendimento adotado pelos tribunais quando da análise de situações envolvendo a violação dos deveres de conduta durante a fase de negociações[29].

Conforme leciona António Menezes Cordeiro, a *culpa in contrahendo*, na forma como foi consagrada no direito português (o que vale também para o direito brasileiro), constitui um campo normativo muito vasto que permite aos tribunais a persecução dos fins jurídicos com uma latitude grande de movimentos, ficando, designadamente, cobertas as três áreas pelas quais se espraiou a doutrina da *culpa in contrahendo*: (I) deveres de proteção, (II) deveres de informação e (III) deveres de lealdade[30].

Uma vez violado algum destes deveres, que dão concretização à boa-fé, estará configurado ato ilícito, o qual constitui o lesante no dever de indenizar os danos que, culposamente, tiver causado ao lesado. Na *culpa in contrahendo*, o ato ilícito, em si, consubstancia-se na violação dos deveres de conduta que compõem a boa-fé.

2.2. *Deveres de conduta*

Como visto, tanto em Portugal, como no Brasil, a responsabilidade pré-contratual está constituída em regras jurídicas de caráter aberto, que não especificam quais deveres de conduta, uma vez descumpridos, darão ensejo à violação da boa-fé objetiva. Isto confere ao intérprete amplitude para, à vista dos fatos e elementos presentes em cada caso concreto, avaliar se houve, ou não, violação à boa-fé objetiva, cujo conteúdo poderá se desdobrar em vários deveres.

Tais deveres de conduta não são orientados para o direto cumprimento da prestação, como os deveres principais, que compõem o núcleo da relação obrigacional e definem o tipo contratual, ou secundários, que se destinam a garantir o cumprimento da obrigação principal. Na verdade, dirigem-se a tutelar o comportamento das partes na fase negocial[31] [32].

[29] Almeida, Carlos Ferreira de (2015). *Op. cit.*, p. 193-194.

[30] Menezes Cordeiro, António Manuel da Rocha e (1984). Da Boa-Fé (...). *Op. cit.*, p. 582-583.

[31] Fritz, Karina Nunes (2008). O princípio da boa-fé objetiva (...). *Op. cit.*, p. 189-190.

[32] Pereira, Regis Fichtner (2001). *Op. cit.*, p. 88: *"na fase pré-contratual (...) os deveres jurídicos decorrentes da incidência do princípio da boa-fé não terão caráter acessório de um dever principal, já que esse*

As muitas vertentes da boa-fé empregada na fase negocial podem ser vistas em julgado, de 2010, do Supremo Tribunal de Justiça português, em que restou asseverado que *"o dever geral da boa-fé na formação dos contratos desdobra-se em vários deveres de atuação, em que se destacam o dever de informação, os deveres de guarda e restituição, o dever de segredo, o dever de clareza, o dever de lealdade e os deveres de proteção e conservação"*[33].

Não existe um catálogo exaustivo dos deveres de conduta, decorrentes da boa-fé objetiva, o que equivale a dizer que esses deveres são identificados de acordo com as circunstâncias de cada caso concreto. Classicamente, todavia, doutrina e jurisprudência elencam alguns exemplos: (I) os deveres de informação, (II) os deveres de lealdade (e de sigilo) e (III) os deveres de proteção[34]. Tais deveres incidem em todas as fases do fenômeno obrigacional, porém, na fase pré-contratual, consistem nos principais deveres a serem observados pelas partes em negociação.

I. Deveres de informação – Por deveres de informação[35] se entende que as partes têm o dever de prestar todos os esclarecimentos necessários à conclusão do contrato, podendo tais deveres ser tanto violados por meio de atos comissivos (indicações inexatas), como por omissões (silêncio em face de elementos que a contraparte tinha interesse em conhecer)[36].

A questão em torno dos deveres de informação está exatamente em saber até que ponto as partes que negociam têm o dever de prestar informações à parte contrária[37]. Sem dúvida, conforme bem aponta Menezes Cordeiro, o dolo negocial (artigo 253.°/1 do CC-PT, sem definição precisa no artigo 145 do CC-BR) implica, de forma automática, a violação dos deveres de informação. Porém, não a esgota, podendo haver violação que, não justificando a anulação

dever jurídico principal ainda não existe. Nessa fase, esses deveres jurídicos assumirão o papel principal na regulação do comportamento das partes, pois serão eles que definirão as exigências de conduta de uma parte em relação à outra".

[33] PORTUGAL. Supremo Tribunal de Justiça. 6ª Seção. Processo n° 44/07.1. Juiz-Conselheiro Relator Silva Salazar. Julgado em 16.12.2010.

[34] Leitão, Luís Manuel Teles de Menezes (2010). *Op. cit.*, p. 373-374; Menezes Cordeiro, António Manuel da Rocha e (1984). Da Boa-Fé (...). *Op. cit.*, p. 582-583; Pereira, Regis Fichtner (2001). *Op. cit.*, p. 90-97; Fritz, Karina Nunes (2008). O princípio da boa-fé objetiva (...). *Op. cit.*, p. 195 e ss.; Costa, Mariana Fontes da (2007). *Op. cit.*, p. 373; e Popp, Carlyle (2001). Op. cit., p. 192-216.

[35] Para um estudo, especificamente, do alcance dos deveres de informação: Costa, Mariana Fontes da (2007). *Op. cit.*, p. 374-391; e Prata, Ana (2016). A obrigação de informar (...). *Op. cit.*, p. 12-35.

[36] Menezes Cordeiro, António Manuel da Rocha (1984). Da Boa-Fé (...). *Op. cit.*, p. 583.

[37] Pereira, Régis Fichtner (2001). *Op. cit.*, p. 90.

do contrato por dolo, constitua violação culposa do cuidado exigível e, por isso, obrigue a indenizar por *culpa in contrahendo*[38].

Em outras situações, todavia, a identificação de eventual violação dos deveres de informação poderá não ser de fácil verificação: por exemplo, os exageros descritivos à coisa vendida poderiam configurar violação dos deveres de informação? A princípio, a situação se enquadraria na figura do *dolus bonus* (artigo 253.º/2 do CC-PT, sem correspondência no CC-BR, apesar de o direito brasileiro admitir a figura do *dolus bonus*). Todavia, não é possível a dedução de uma fórmula de fixação do conteúdo do princípio da boa-fé, o que somente pode se dar caso a caso, segundo as circunstâncias que cercam a atuação das partes, conforme a natureza da relação que travam em sociedade e suas situações socioeconômicas, entre outros fatores[39]. Por exemplo, quando uma das partes se apresenta como mais fraca, as circunstâncias que possam ser relevantes para a formação do consenso se apresentam com maior intensidade[40].

Conforme Mario Júlio de Almeida Costa, o preceito do *dolus bonus* deve conjugar-se com o da observância aos deveres de boa-fé durante a fase de negociações, de modo que a responsabilidade pré-contratual se apoie em fatos que não se qualifiquem como dolo tolerado. O problema, porém, é tão controverso, somente sendo solucionável caso a caso, que o próprio autor pondera ser insatisfatória tal conclusão[41].

Na jurisprudência portuguesa, um caso interessante envolvendo a violação dos deveres de informação se configurou na seguinte situação: um dos vários coproprietários de um imóvel se apresentou a negociar com um interessado comprador, assumindo, pelo seu comportamento, a liderança do negócio de venda do imóvel.

Ocorre, contudo, que o referido coproprietário não informou ao seu interlocutor negocial sobre a possibilidade de os demais proprietários do imóvel não anuírem aos termos que vinham sendo negociados. Em seguida, acordados os elementos essenciais do contrato, o coproprietário se retirou das negociações, frustrando a conclusão do contrato, sob a justificativa de que não representava os demais proprietários.

[38] Menezes Cordeiro, António Manuel da Rocha (1984). Da Boa-Fé (...). *Op. cit.*, p. 583.

[39] Pereira, Regis Fichtner (2001). *Op. cit.*, p. 93.

[40] Leitão, Luís Manuel Teles de Menezes (2010). *Op. cit.*, p. 374.

[41] Almeida Costa, Mário Júlio de. Direito das Obrigações. 12ª ed. Almedina: Coimbra, 2009, p. 312: *"Numa pura perspectiva formal, os dois preceitos conjugam-se do modo seguinte: a esfera de ação do n.º 1 do art. 227.º começa onde termina a do n.º 2 do art. 253.º, isto é, a responsabilidade pré-contratual apoia-se em factos que não se qualifiquem como dolo tolerado. Só que importa reconhecer manifestamente insatisfatória uma ponderação tão redutora".*

No caso, o STJ-PT entendeu que essa omissão do coproprietário em informar as circunstâncias em que intervia nas negociações foi contrária à boa-fé, desrespeitando os deveres de lealdade e informação na fase pré-negocial e provocando ruptura negocial em fase avançada das negociações, a configurar ato ilícito gerador da obrigação de indenizar, uma vez defraudada a confiança do pretenso comprador[42].

Na jurisprudência brasileira, destaca-se caso em que, segundo entendeu o Tribunal de Justiça do Rio de Janeiro, houve erro coletivo induzido por clube de investimentos ligados a uma multinacional brasileira, como dolo de aproveitamento, em razão da omissão de informação essencial sobre a valorização das ações que compunham o patrimônio do clube, privando os quotistas de relevantes ganhos.

Segundo o Tribunal de Justiça do Rio de Janeiro, no caso, *"a negociação de cotas por valores sabidamente depreciados, muito aquém do valor real, demonstram flagrante afronta à boa-fé objetiva, e, sobretudo, aos deveres laterais do contrato, os quais exigiam a prestação de informações relevantes, que foram propositalmente omitidas, demonstrando a quebra de lealdade entre os contratantes"*.

Apesar de o acórdão não ter feito menção expressa à *culpa in contrahendo*, vê-se a presença deste instituto no entendimento adotado pelo Tribunal, ao concluir que houve violação à boa-fé na fase negocial em virtude do descumprimento, por uma das partes, dos deveres de informação, ante a omissão de informar sobre a valorização das ações. Desse modo, o clube de investimentos foi condenado ao pagamento de verba indenizatória correspondente à diferença entre o valor atribuído à cota de investimento e seu valor real, além de indenização por danos morais[43].

II. Deveres de lealdade – Pelos deveres de lealdade, os negociadores não devem assumir comportamentos que se desviem de uma negociação correta e honesta, podendo ser divididos em duas vertentes: (I) as partes não podem desvendar matéria da qual tem conhecimento por ocasião das negociações, contrariando as expectativas da outra parte (deveres de sigilo); e (II) as partes não devem, de modo injustificado e arbitrário, interromper negociações em curso, quando a outra parte tiver adquirido justificadamente a confiança de que elas iriam conduzir à celebração do contrato, hipótese que não tem lugar quando

[42] PORTUGAL. Supremo Tribunal de Justiça. 6ª Seção. Processo 1212/06.9. Juiz-Conselheiro Relator Fonseca Ramos. Julgado em 16.12.2010.

[43] BRASIL. Tribunal de Justiça do Rio de Janeiro. 10ª Câmara Cível. Processo 0271412--58.2007.8.19.0001. Desembargador Relator Celso Luiz de Matos Peres. Julgado em 13.12.2012.

uma das partes, de forma expressa ou através do comportamento manifestado pela contraparte, teve conhecimento da natureza precária das negociações[44].

Quanto à violação dos deveres de sigilo, como vertente dos deveres de lealdade, há interessante precedente, na jurisprudência brasileira, proveniente do Tribunal de Justiça do Rio Grande do Sul. No caso, duas empresas mantiveram relação negocial pela qual a empresa ré restaria incumbida da divulgação de um evento chamado "Salão do Imóvel", a ser realizado pela empresa autora, assim como restaram efetivadas tratativas para a aquisição da empresa autora pela empresa ré, negociações em que informações privilegiadas foram fornecidas pela empresa autora à ré.

Frustrada, contudo, a celebração do negócio jurídico como um todo, a empresa ré resolveu promover evento similar ao que a autora iria realizar, apenas um mês antes do evento que seria realizado pela autora. Segundo entendeu o juízo sentenciante, cujas razões foram ratificadas pelo Tribunal, o conjunto probatório levou a crer que a empresa ré havia se valeu de informações privilegiadas fornecidas pela empresa autora no decorrer da negociação.

Assim, concluiu o Tribunal ter havido violação à boa-fé objetiva, prevista no artigo 422 do CC-BR, que deve nortear os contratantes durante a fase de negociações, assim como prática de concorrência desleal, condenando a empresa ré ao pagamento de indenização pelos danos à imagem causados à empresa autora[45].

A respeito do dever das partes em não interromper negociações em curso, quando a outra parte tenha adquirido justificadamente a confiança de que se conduziria à celebração do contrato, há interessante julgado do Supremo Tribunal de Justiça português que merece menção, denominado de "O Caso das Flores Secas". No caso, a autora havia iniciado aulas de aprendizagem de artes decorativas em atelier do qual a ré era proprietária, estabelecendo-se entre elas, no decorrer do tempo, um relacionamento baseado no gosto e interesse por aquelas artes.

Sucedeu, então, que a ré sentiu necessidade de procurar um novo espaço para instalar seu atelier, e discutiu com a autora a possibilidade de formarem uma sociedade, cuja constituição foi depois discutida também entre os maridos da autora e da ré, também coautor e corréu na ação, respectivamente. Diante destas negociações para a constituição da sociedade, os autores efetuaram obras de remodelação no espaço comercial que seria utilizado, entre outras providências para dar início ao negócio, como a criação de um logotipo e a divulgação

[44] Menezes Cordeiro, António Manuel da Rocha e (1984). Da Boa-Fé (...). *Op. cit.*, p. 583.

[45] BRASIL. Tribunal de Justiça do Rio Grande do Sul. 5ª Câmara Cível. Processo 0148770-71.2013.8.21.7000. Desembargador Relator Jorge Luiz Lopes do Canto. Julgado em 27.11.2013.

da loja que seria inaugurada, além do pagamento do primeiro mês de aluguel do espaço comercial. Todavia, em seguida, os Réus desistiram de formalizar o contrato de sociedade.

Ao julgar o caso, ponderou o STJ português que as negociações avançaram a ponto de criar nos autores uma situação de confiança efetiva e expectativa razoável de concretização da sociedade, levando-os, inclusive, a ter trabalho e a despender quantias, com o que anuíram e consentiram os réus. Assim, concluiu o STJ-PT que se configurou a responsabilidade pré-contratual dos réus na espécie, condenando-os a indenizar os autores pelos danos patrimoniais sofridos (danos que os autores não teriam suportado se, porventura, não tivessem confiado na conclusão do contrato de sociedade), além de danos morais[46].

No Brasil, o "Caso da Concessionária BMW"[47] é emblemático na jurisprudência do Superior Tribunal de Justiça brasileiro acerca da violação dos deveres de lealdade na fase pré-contratual. Ocorreu, aqui, o seguinte: motivada por mensagem publicitária da BMW convidando investidores a se tornarem revendedores de veículos BMW e Land Rover, uma empresa formalizou seu interesse em se candidatar à referida concessão, iniciando duradoura, e documentada, troca de correspondências entre as partes, incluindo, entre outros, comunicação enviada pela ré à autora formalizando sua aprovação para a concessão e pedindo depósito no valor de R$ 75.000,00.

Contudo, mesmo tendo realizado o referido depósito, a Autora passou a ser comunicada acerca de um processo de reavaliação de sua candidatura, sendo informada, ao final, que o contrato não seria entabulado. Depois disso, foi divulgado na imprensa que uma fraude teria sido promovida pelo então presidente da BMW, agindo em nome da companhia, com a divulgação de uma campanha publicitária fraudulenta, da qual teria sido vítima a autora. Acionada, novamente, pela autora, a BMW, por meio de seu novo presidente, formulou pedido de desculpas, sem, todavia, manifestar intenção de devolver os valores despendidos pela autora.

Nas instâncias ordinárias, a BMW foi condenada ao pagamento de R$ 75.000,00, a título de indenização por danos materiais. Chegando ao STJ brasi-

[46] PORTUGAL. Supremo Tribunal de Justiça. 1ª Seção. Processo 1610/07. Juiz-Conselheiro Relator António Joaquim Piçarra. Julgado em 18.12.2012.

[47] Esta decisão do STJ brasileiro é comentada em: MARTINS-COSTA, Judith (2015). *Op. cit.*, p. 423-425, que assim conclui: *"A mencionada decisão é exemplar por sua imersão nas circunstâncias concretas (traduzidas na cuidadosa decisão de primeira instância, atenta à prova, como deve sempre ser enfatizado quando da concretização de 'normas vagas'), e posterior recondução aos parâmetros traçados pela doutrina em sua função orientadora. Serve, assim, para mostrar que, inobstante os óbices da Súmula 7 do STJ, a concreção do princípio da boa-fé, em todas as suas manifestações, há de estar atenta à diretriz da materialidade da situação jurídica subjacente"* (p. 425).

leiro, este ponderou que a BMW havia afirmado sua intenção contratar, adiantando, inclusive, os documentos para a formalização do contrato definitivo, além de ter solicitado depósito prévio pela autora, a ensejar a configuração da responsabilidade pré-contratual da BMW, uma vez que gerou na autora a legítima expectativa de que o contrato seria concluído. Assim, manteve o STJ brasileiro a condenação da BMW ao pagamento dos prejuízos patrimoniais tidos pela autora em virtude do rompimento injusto das tratativas[48].

Ainda, há caso clássico na jurisprudência brasileira envolvendo o dever de lealdade. Trata-se do chamado "Caso do Posto de Gasolina", julgado pelo Tribunal de Justiça do Rio Grande do Sul. O caso girava em torno de negociações para a compra e venda de um posto de gasolina, nas quais o potencial adquirente, depois de descobrir que seu interlocutor negocial não era o único titular das quotas sociais da empresa titular do posto, abandonou as conversações e desistiu de celebrar o contrato, embora já tivesse sido fixada como certa, entre ambos, a celebração.

O proprietário do posto de gasolina, então, inconformado, pediu indenização, sob a alegação de ruptura injustificada das negociações, pelos gastos despendidos com advogado para elaboração da minuta do contrato. O pedido, contudo, foi negado, sob o argumento de que a contraparte, ao não ser informada sobre a real titularidade do bem objeto das negociações, teve justo motivo para abandonar as conversas e desistir do negócio, uma vez que houve quebra da confiança de uma parte na outra[49] [50].

III. Deveres de proteção – Por deveres de proteção, entende-se que as partes, sob o pretexto de negociações preliminares, obrigam-se a não causar danos uma a outra, sejam estes danos (I) diretos, à pessoa ou aos bens da contraparte, ou (II) indiretos, derivados de despesas e outros sacrifícios normais na contratação se revestirem de uma característica de anormalidade, por força do desenvolvimento subsequente do processo negocial[51].

A título ilustrativo de violação de dever de proteção na fase pré-contratual (que, também neste caso, configurou uma violação a dever de lealdade), pode-se citar o seguinte caso, julgado pelo Tribunal de Justiça do Rio de Janeiro, em 2001: após marcada a data de casamento religioso pelos noivos, teve a noiva

[48] BRASIL. Superior Tribunal de Justiça. 3ª Turma. Recurso Especial 1.051.065/AM. Ministro Relator Ricardo Villas Bôas Cueva. Julgado em 21.02.2013.

[49] BRASIL. Tribunal de Justiça do Estado do Rio Grande do Sul. 5ª Câmara Cível. Processo 591017058. Desembargador Relator Ruy Rosado de Aguiar. Julgado em 25.04.1991.

[50] Comentado em: Fritz, Karina Nunes (2008). O princípio da boa-fé objetiva (...). *Op. cit.*, p. 201.

[51] Menezes Cordeiro, António Manuel da Rocha e (1984). Da Boa-Fé (...). *Op. cit.*, p. 583.

gastos comprovados com enxoval, a cerimônia do matrimônio e aparelhos eletrodomésticos, destinados à montagem do lar do casal, além de outras despesas para a casa onde o casal iria residir depois do casamento.

Porém, após a realização dessas despesas, e já com a cerimônia agendada, o noivo, sem motivo justificado, desistiu de se casar. A despeito de o caso ter sido julgado ainda sob a égide do Código Civil brasileiro de 1916, no qual não havia dispositivo correspondente ao artigo 422 do CC-BR de 2002, o Tribunal de Justiça concluiu que, *"quando uma das partes faz crer à outra que o ato viria a concluir-se, poderá causar danos à mesma, se repentinamente puser fim a essas tratativas"*, entendendo que, no caso, o noivo violou os deveres decorrentes da boa-fé objetiva na fase pré-contratual, incorrendo, também, em abuso de direito, ao romper injustificadamente com o noivado, pelo que foi condenado a pagar indenização por danos materiais, correspondente ao valor das despesas tidas pela noiva, além de indenização por danos morais[52].

Outro possível exemplo é o citado por Dário Moura Vicente em interessante artigo sobre a responsabilidade pré-contratual no direito brasileiro: um empresário estabelecido em Porto Alegre convida um colega do Recife a viajar até aquela cidade, a fim de negociarem um contrato. O convidado, assim, apanha um avião, aluga um automóvel e se instala, às suas expensas, em um hotel. Quando, porém, chega ao escritório do anfitrião, o convidado é informado pelo anfitrião que, semanas antes, firmou o contrato com terceiro[53]. Parece-nos, nesta hipótese, que incorreu o empresário anfitrião em *culpa in contrahendo*, violando os deveres de proteção que integram a boa-fé objetiva, devendo indenizar o empresário de Recife pelas despesas que fez visando à conclusão do contrato, além da perda de oportunidade de celebrar o mesmo contrato com um terceiro, desde que provados estes danos[54].

Finalmente, conexo ao dever de proteção, encontra-se o dever de guarda e restituição dos bens recebidos pelas partes durante as negociações. Assim, sempre que uma das partes, em função das negociações preliminares, receber bens ou documentos para análise e verificação, terá o dever de guarda como se fossem seus, devolvendo-os no menor espaço de tempo possível. Haverá respon-

[52] BRASIL. Tribunal de Justiça do Estado do Rio de Janeiro. 5ª Câmara Cível. Processo nº 2001.001.17643. Desembargador Relator Humberto de Mendonça Manes. Julgado em 17.10.2001.

[53] VICENTE, Dário Moura (2006). A responsabilidade pré-contratual (...). *Op. cit.*, p. 318 e 328.

[54] Hipótese muitíssimo semelhante à citada pelo Prof. Dário Moura Vicente, no Brasil, foi apreciada pelo Tribunal de Justiça de São Paulo no seguinte julgado: BRASIL. Tribunal de Justiça do Estado de São Paulo. 26ª Câmara de Direito Privado. Processo nº 1026323-43.2015.8.26.0602. Desembargador Relator Vianna Cotrim. Julgado em 13.09.2018.

sabilidade, destarte, pela retenção excessiva ou danificação da coisa, nos termos da lei[55].

2.3. *Casos-padrão*

A doutrina portuguesa aponta para a existência de três conjuntos de situações típicas em que pode ocorrer responsabilidade pré-contratual por violação das regras da boa-fé objetiva dos contratos: (I) contratos inválidos ou ineficazes; (II) contratos válidos e eficazes; e (III) contratos não concluídos[56]; agrupamento de situações que também se aplica ao direito brasileiro[57]. Conforme aponta Menezes Cordeiro, em lição voltada ao direito português, porém aplicável também ao direito brasileiro, a *culpa in contrahendo* funciona sem consideração pelo fato de se ter obtido um contrato válido, um contrato nulo ou anulável ou coisa nenhuma[58].

[55] Fritz, Karina Nunes (2008). O princípio da boa-fé objetiva (...). *Op. cit.*, p. 197.

[56] Divisão feita por Carlos Ferreira de Almeida, que, ao nosso ver, didaticamente, trata-se da mais adequada. Almeida, Carlos Ferreira de (2015). *Op. cit.*, p. 197. No mesmo sentido: Leitão, Luís Manuel Teles de Menezes (2010). *Op. cit.*, p. 375: *"É a violação desses deveres que gera a culpa in contrahendo, a qual, conforme Galvão Telles, abrange fundamentalmente três situações: 1) a interrupção ou ruptura das negociações, levando a que o contrato não se venha a celebrar; 2) a celebração do contratos, em termos tais que este venha a padecer de invalidade ou ineficácia; 3) a celebração válida e eficaz do contrato, mas em termos tais que o modo como foi celebrado gere danos para uma das partes"*. Também nesse sentido: Vicente, Dário Moura (2001). Da Responsabilidade Pré-Contratual (...). *Op. cit.*, p. 263; Almeida Costa, Responsabilidade pela ruptura das negociações preparatórias de um contrato. Coimbra: Coimbra Editora, 1994, p. 36; Prata, Ana. Notas sobre responsabilidade pré-contratual. Coimbra: Almedina, 2005, p. 85 e ss.; e Costa, Mariana Fontes da (2007). *Op. cit.*, p. 372-373. Por fim, Esse mesmo agrupamento também é feito por Paulo Mota Pinto, com enfoque nos contornos do dano indenizável em cada uma destas hipóteses. Mota Pinto, Paulo. Interesse contratual negativo e interesse contratual positivo. Coimbra: Almedina, 2008, p. 1197 e ss.

[57] *"Independentemente, contudo, de qual hipótese de responsabilidade pré-contratual se trate, todas têm em comum a violação, ainda na fase negocial, de um dos deveres de consideração"*. Fritz, Karina Nunes (2008). O princípio da boa-fé objetiva (...). *Op. cit.*, p. 174.

[58] Menezes Cordeiro, António Manuel da Rocha e (1984). *Op. cit.*, p. 584. Ainda, conforme Menezes Cordeiro, em seu Tratado de Direito Civil: *"A cic não é um instituto subsidiário. Ela pode ser invocada em concorrência com outros institutos, como sejam a invalidade ou a resolução de um contrato, o regime da venda de bens defeituosos ou a existência de acordos preparatórios explícitos. Tão-pouco existe qualquer problema num funcionamento conjunto da cic e do abuso do direito"*. Vide: Menezes Cordeiro, António Manuel da Rocha e (2014). Tratado de direito civil – vol. II (parte geral; negócio jurídico; formação; conteúdo e interpretação; vícios da vontade; ineficácia e invalidades). 4ª ed. Coimbra: Almedina, 2014, p. 277.

Na melhor doutrina brasileira, Judith Martins-Costa afirma que, no direito brasileiro, entendimento que também vale para o direito português, a responsabilidade pré-contratual abarca: (I) o injusto recesso de tratativas; (II) danos causados à pessoa ou ao patrimônio durante as negociações; (III) a conclusão de contrato nulo, anulável ou ineficaz; (IV) a ausência ou defeituosidade de informações que seriam devidas e pela falta culposa de veracidade de informações prestadas; (V) falsas representações na fase das tratativas, desde que culposas, não recaindo no dolo, que é abrangido por figura específica; e (VI) danos culposamente causados por atos ocorridos na fase das negociações, quando tenha sido validamente constituído o contrato[59] [60].

Mesmo admitindo a existência de todas estas hipóteses, diferentemente do que ocorre na doutrina portuguesa, a doutrina brasileira tem o costume de apenas se aprofundar na hipótese de rompimento injustificado das tratativas[61]. Fenômeno semelhante ocorre na jurisprudência brasileira: diferentemente do que se passa nas decisões dos tribunais portugueses, os tribunais brasileiros apenas fazem referência expressa à responsabilidade pré-contratual ou *culpa in contrahendo* quando lidam com situações envolvendo o rompimento injustificado de negociações. Já na jurisprudência portuguesa, o instituto é referenciado em uma gama maior de situações.

O fato de não haver referência expressa na jurisprudência brasileira à responsabilidade pré-contratual em situações que não envolvam ruptura injustificada das negociações, todavia, não significa que os tribunais do Brasil entendem ser desnecessária a observância dos deveres de conduta, durante a fase de formação dos contratos, em situações em que vem a ser concluído contrato inválido ou ineficaz, ou contrato válido e eficaz. Pelo contrário, à vista de situações como estas, entende a jurisprudência brasileira ser necessária à observância dos deveres

[59] Martins-Costa, Judith. A boa-fé no direito privado – critérios para a sua aplicação. São Paulo: Marcial Pons, 2015, p. 418.

[60] Em sentido semelhante, Régis Fichtner Pereira leciona que: *"A responsabilidade civil pré-contratual tem quatro hipóteses típicas, nas quais pode se configurar: a) quando tenha havido a ruptura injustificada das negociações contratuais; b) quando durante o desenrolar das negociações um dos contraentes venha a causar danos à pessoa ou aos bens do outro contraente; c) quando tenha ocorrido o estabelecimento de contrato nulo ou anulável e um dos contraentes conhecia ou deveria conhecer a existência do vício no negócio jurídico; d) quando, mesmo instaurada a relação jurídica contratual, das negociações preparatórias tenham surgido danos a serem indenizados"*. Pereira, Régis Fichtner (2001). *Op. cit.*, p. 102-103.

[61] Tanto Judith Martins-Costa, quanto Régis Fichtner Pereira, admitem, em suas respectivas obras (obrigatórias, ao nosso ver, para o estudo da responsabilidade pré-contratual à luz do direito brasileiro), serem várias as hipóteses de responsabilidade pré-contratual. Porém, aprofundam a análise do instituto apenas na hipótese de rompimento das tratativas. Judith Martins-Costa justifica isto pelo fato de o rompimento injustificado das tratativas ser a situação *"que concentra o maior número de decisões jurisprudenciais"*. Martins-Costa, Judith (2015). *Op. cit.*, p. 418.

de conduta na fase negocial, apenas não há referência ao instituto da responsabilidade pré-contratual.

Nesse sentido, vale a análise de decisão proferida pelo Tribunal de Justiça do Estado do Rio de Janeiro, de 2015: neste caso, estava em jogo a responsabilidade de corretora que intermediou a celebração de instrumento particular de sinal e princípio de pagamento envolvendo a compra e venda de um imóvel, sem informar ao interessado comprador que a vendedora não detinha a propriedade do bem, mas apenas os direitos aquisitivos sobre o mesmo.

Apesar de não fazer referência à responsabilidade pré-contratual (que, aqui, se fazia presente em uma situação de contrato inválido), o Tribunal do Rio de Janeiro entendeu que houve silêncio intencional de uma das partes quanto a fato relevante sobre o imóvel em negociação, a configurar a prática de dolo: *"é o que ocorreu no caso em concreto, onde houve desprezo ao princípio da boa-fé e silêncio sobre circunstância que a natureza do negócio exigia fosse conhecida"*. Assim, o Tribunal concluiu pela anulação do contrato, com a restituição do sinal pago ao promitente comprador[62].

Diferenças à parte quanto a referências expressas ao instituto, o fato é que tanto Portugal, quanto Brasil, determinam a observância dos deveres de conduta, conforme a boa-fé objetiva, na fase de formação do contrato, independentemente de vir a resultar em: (I) contratos inválidos ou ineficazes; (II) contratos válidos e eficazes; ou (III) não conclusão de contrato algum.

I. Contratos inválidos ou ineficazes – Por contratos inválidos ou ineficazes, se consideram tanto contratos nulos (por exemplo, por inobservância da forma legalmente exigível, por ilicitude, inidoneidade do objeto ou ilegitimidade), como contratos anulados (por exemplo, por dolo, erro ou coação), assim como contratos ineficazes (pela omissão de requisito legal ou por falta ou abuso de poderes de representação). De acordo com Carlos Ferreira de Almeida, a imputação de responsabilidade se justifica quando o fator de invalidade, de ineficácia ou de inexistência seja consequência da violação de deveres de lealdade e de desrespeito, por ação ou omissão, de deveres de informação ou de diligência[63].

II. Contratos válidos e eficazes – Também se faz presente a responsabilidade pré-contratual nas situações dos chamados contratos convalidados, isto é, contratos anuláveis (por dolo, erro ou coação) que, por inação da pessoa prejudicada, não tenham sido efetivamente anulados. Conforme Carlos Ferreira

[62] BRASIL. Tribunal de Justiça do Estado do Rio de Janeiro. Processo nº 0005363-72.2014.8.19.0001. Desembargador Relator Ricardo Couto de Castro. Julgado em 03.06.2015.
[63] ALMEIDA, Carlos Ferreira de (2015). *Op. cit.*, p. 197.

de Almeida, nestas situações, a responsabilidade pressupõe o desequilíbrio de prestações, causado por omissão ou deturpação da informação, ou pelo aproveitamento da limitada capacidade de decisão daquele que foi lesado[64].

III. Contratos não concluídos – Por fim, ocorre responsabilidade pré-contratual quando, a propósito da interrupção ou ruptura de negociações, ocorre frustração da expectativa do lesado quanto à conclusão, prorrogação ou renovação de um contrato[65], desde que haja culpa do lesante, configurada pela violação dos deveres de conduta conforme a boa-fé objetiva. Nas palavras de Karina Nunes Fritz, ocorre *"quando a parte, após permitir que surja na outra a certeza de que o contrato será celebrado, abandona sem motivo justificável as negociações, causando dano àquela que, em função da confiança na situação, realizou despesas visando à conclusão do contrato"*[66].

Como assevera José Roberto de Castro Neves, para a configuração da responsabilidade pré-contratual pelo rompimento injustificado de negociações, faz-se necessário que as partes tenham avançado nas negociações a ponto de ter ajustado os elementos essenciais do negócio. Com efeito, as meras tratativas acerca de um possível contrato não irão gerar responsabilidade pré-contratual. Por outro lado, tendo havido mais do que uma troca de informações, já tendo as partes acertado as bases centrais do negócio, o rompimento imotivado poderá acarretar o dever de indenizar à parte surpreendida[67]. Trata-se esta da hipótese em que a responsabilidade pré-contratual tem conhecido mais desenvolvimentos e aplicações.

2.4. *Revogação da proposta pelo proponente antes da aceitação pelo oblato*

Questão interessante é saber se configura responsabilidade pré-contratual a situação em que o proponente, antes da aceitação pelo oblato (pessoa a quem a oferta é dirigida), revoga sua oferta (proposta)[68].

A questão tem relevância porque, tanto no direito português, como no direito brasileiro, em regra, a oferta (proposta) é tratada como negócio jurídico

[64] Almeida, Carlos Ferreira de (2015). *Op. cit.*, p. 197.

[65] Almeida, Carlos Ferreira de (2015). *Op. cit.*, p. 197-198.

[66] Fritz, Karina Nunes (2008). O princípio da boa-fé objetiva (...). *Op. cit.*, p. 174.

[67] Castro Neves, José Roberto de. Direito das Obrigações. 5ª ed. Rio de Janeiro: GZ Editora, 2014, p. 320-321.

[68] Sobre as diferenças entre a proposta e as negociações para a celebração de um contrato: Chaves, Antônio. Responsabilidade pré-contratual. 2ª ed. São Paulo: Lejus, 1997, p. 65-66.

unilateral receptício, que vincula o ofertante aos seus termos[69]. É o que se extrai tanto do artigo 228 do CC-PT, quanto do artigo 427 do CC-BR. Assim, uma vez aceita a proposta no prazo, sem adições, limitações ou modificações (artigo 233 do CC-PT e artigo 431 do CC-BR), o contrato estará concluído, encerrando-se a fase de tratativas, com o início da fase contratual[70]. Já a retirada da oferta no interregno entre sua propositura e a aceitação, por outro lado, leva à situação de responsabilidade pré-contratual.

Como leciona Menezes Leitão, à luz da lei portuguesa (o que vale também para o caso do direito brasileiro), a responsabilidade pré-contratual engloba (I) tanto a chamada fase negociatória, que decorre desde o início das negociações até a proposta, (II) quanto a denominada fase decisória, que decorre desde a emissão da proposta contratual até a conclusão do contrato, com sua aceitação[71].

Embora possa haver, no campo da prova, alguma dificuldade para caracterizar a oferta vinculante, pode-se dizer tecnicamente (e isso vale tanto para o direito português, como para o direito brasileiro) que o ofertante, por ato unilateral, cria no patrimônio do oblato um direito expectativo, ou potestativo, de concluir o contrato. Porém, a obrigação que surge da oferta não tem o efeito próprio de vincular o ofertante ao futuro contrato, se a retirada da oferta se dá antes da aceitação, convertendo-se, assim, a obrigação em perdas e danos[72].

Não havendo obrigação de fazer, ou seja, obrigação de contratar por parte do ofertante, que enseje execução específica da avença, restando ao oblato ape-

[69] Martins-Costa, Judith (2015). *Op. cit.*, p. 398.

[70] Cumpre distinguir, todavia, a proposta (ou oferta) do convite a contratar: não se trata a proposta de um convite a oferecer proposta, e sim de uma declaração negocial já marcada pela clareza, concreção e determinação. O convite a fazer oferta não é pré-negocial, e não tem relevância jurídica. Vide: Gomes, Orlando. Contratos. 26ª ed. Rio de Janeiro: Forense, 2008, p. 73.

[71] Leitão, Luís Manuel Teles de Menezes (2010). *Op. cit.*, p. 373. No mesmo sentido: Almeida, Carlos Ferreira de (2015). *Op. cit.*, p. 194. Na jurisprudência portuguesa: PORTUGAL. Supremo Tribunal de Justiça. 1ª Seção. Processo 1610/07. Juiz-Conselheiro Relator António Joaquim Piçarra. Julgado em 18.12.2012: *"O iter negotii caracteriza-se por envolver duas fases distintas, a negociatória, constituída pelos actos tendentes à celebração do contrato, e a decisória, constituída pela conclusão do acordo, devendo as partes, durante todo o percurso do caminho contratual, proceder segundo as regras da boa fé, conforme prescreve o art. 227.º do CC"*.

[72] Azevedo, Antônio Junqueira de. A boa-fé na formação dos contratos. In: Revista de Direito do Consumidor, vol. III, set/dez, 1992, p. 83. Para este autor, todavia, *"a retirada da oferta acarreta responsabilidade obrigacional, isto é, não aquiliana"*, com o que não concordamos. Reconhecendo o próprio autor que, no caso de retirada da oferta antes de sua aceitação pelo oblato, não há espaço para o cumprimento forçado do contrato que seria entabulado, resolvendo-se a situação em perdas e danos, não há como enquadrar-se a situação em responsabilidade contratual, configurando o caso, na verdade, ao nosso ver, situação de responsabilidade pré-contratual.

nas a tutela reparatória, trata-se a revogação da proposta pelo proponente antes da aceitação pelo oblato de hipótese de responsabilidade pré-contratual[73].

Neste ponto, vale lembrar que tanto o CC-PT (artigo 229.°/1), quanto o CC-BR (artigo 430), possuem regra específica de responsabilidade pré-contratual no que concerne à ausência de formação do contrato: tendo o proponente fixado prazo para a aceitação da oferta, e tendo a aceitação chegado ao proponente após este prazo, tem ele o dever de comunicar ao oblato que o contrato não se constituiu, sob pena de responder por perdas de danos. A *ratio* por trás da norma em questão está no risco de o oblato, achando que o contrato se aperfeiçoou, iniciar a prática de atos necessários para o seu cumprimento[74].

2.5. *Hipóteses limítrofes que não configuram a responsabilidade pré-contratual*

Fora do âmbito da responsabilidade pré-contratual, seja no direito português ou no brasileiro, encontram-se as situações em que as partes estabelecem um contrato preliminar ou pré-contrato, cujo objeto consiste na obrigação de constituir o contrato projetado. Ocorre o mesmo no caso de arras ou sinal, conforme o artigo 442.° do CC-PT e artigos 417 a 420 do CC-BR.

Com efeito, o pré-contrato já é, em si, contrato, estabelecendo uma relação obrigacional entre as partes, cujo objeto consiste no estabelecimento de uma outra relação jurídica contratual definitiva. Sendo assim, o tipo de responsabilidade decorrente do pré-contrato é de natureza contratual, e não pré-contratual, como poderia parecer a uma primeira vista[75]. Trata-se de situação diferente da responsabilidade pré-contratual, a qual somente tem lugar quando, por fatos ocorridos durante o desenrolar das negociações com a finalidade de estabelecimento da relação jurídica contratual, surgirem danos a um dos contraentes[76]-[77].

[73] Nesse sentido, com o qual concordamos: Pereira, Regis Fichtner (2001). *Op. cit.*, p. 366 e 368-369: *"Resta, portanto, a aplicação do regime da responsabilidade pré-contratual, tendo em vista que o destinatário da oferta tem nessa situação o direito ao estabelecimento do contrato, em virtude de, durante as negociações, ter surgido uma situação, à qual a lei concede a um dos contraentes o direito de ver o contrato constituído. Caso esse direito seja frustrado por alguma razão, dispõe a parte prejudicada da tutela reparatória, característica da responsabilidade pré-contratual pelo recesso das negociações contratuais"*.

[74] Pereira, Regis Fichtner (2001). *Op. cit.*, p. 369.

[75] Cavalieri Filho, Sérgio (2012). *Op. cit.*, p. 317.

[76] Pereira, Regis Fichtner (2001). *Op. cit.*, p. 108-110.

[77] *"A responsabilidade pré-contratual não surge da violação de contrato preliminar, consagrado no art. 462 do CC/2002, como uma semelhança terminológica poderia sugerir, pois o pré-contrato é negócio jurídico, ou seja, vínculo obrigacional, cujo inadimplemento gera responsabilidade contratual. Bem distinto é o campo da responsabilidade pré-contratual: aqui não há vínculo obrigacional entre as partes, as quais encontram-se apenas*

Conforme ensina Dário Moura Vicente, a responsabilidade por danos causados nos preliminares e na conclusão dos contratos pode também derivar do descumprimento de obrigações voluntariamente assumidas pelas partes quanto a essa fase do iter contratual. Por exemplo, por meio de um "acordo de negociações", ou de um "acordo de princípio", pelo qual as partes se vinculam a iniciar ou a prosseguir negociações visando à conclusão futura de um contrato. Ou, ainda, de um "acordo de confidencialidade", mediante o qual se obrigam a não divulgar informações obtidas no decurso das negociações.

Nestes casos, estar-se-á perante uma forma de responsabilidade cujos pressupostos e conteúdo são, independentemente da caracterização jurídica que lhes forem mais apropriadas, determinados pela vontade das partes, a apurar por interpretação dos negócios jurídicos que constituem a fonte das referidas obrigações, razão pela qual não se confunde com a responsabilidade pré-contratual[78].

O STJ brasileiro, se deparando com a questão, ressalta em acórdão de 2013 que *"não cabe confundir o contrato preliminar com as negociações preliminares – que não geram responsabilidade negocial –, tampouco com o contrato definitivo, situando-se o pré-contrato em fase intermediária nesse iter, mas consistindo em manifestação de vontade hábil a formar o contrato definitivo, por isso mesmo deve ser cumprido pelos que se comprometeram na avença"*[79].

2.6. *Elementos caracterizadores e dano indenizável*

Tanto em Portugal, como no Brasil, os elementos caracterizadores da responsabilidade pré-contratual são: (I) a prática de ato ilícito; (II) a existência de culpa do lesante; (III) nexo de causalidade entre o ato ilícito culposo e o dano e (IV) a existência de dano indenizável[80]. Em dois julgados já mencionados ao longo deste trabalho – o "Caso das Flores Secas", julgado pelo STJ português, e o "Caso da Concessionária BMW", julgado pelo STJ brasileiro, os requisitos caracterizadores da *culpa in contrahendo* foram abordados. Ambos envolveram hipótese de rompimento injustificado das tratativas negociais.

em conversações visando eventualmente a celebração de futuro contrato". Fritz, Karina Nunes. O princípio da boa-fé objetiva (...). *Op. cit.*, p. 174/175.

[78] Vicente, Dário Moura (2001). Da Responsabilidade Pré-Contratual (...). *Op. cit.*, p. 263-264.

[79] BRASIL. Superior Tribunal de Justiça. 4ª Turma. RESP 1.331.081/TO. Ministro Relator (para o acórdão) Raul Araújo. Julgado em 25.06.2013.

[80] Vicente, Dário Moura (2006). A responsabilidade pré-contratual (...). *Op. cit.*, p. 321-322; e Prata, Ana (2005). Notas sobre responsabilidade pré-contratual. *Op. cit.*, p. 36;

No primeiro ("Flores Secas"), foi decidido pelo STJ português que, naquele caso concreto, estavam verificados todos os requisitos determinantes da responsabilidade pré-contratual, a saber: (I) o fato voluntário, *"consistente na criação, nestes* [autores], *da expectativa ou confiança na conclusão do contrato de sociedade, e na recusa injustificada da concluso do mesmo"*; (II) o dano, *"consistente no prejuízo que os autores sofreram em consequência dessa recusa"*; (III) a ilicitude, *"traduzida na própria arbitrariedade do rompimento e violação do dever de lealdade nos termos acima indicados em infração do disposto no citado art. 227.° do Código Civil* [português]*"*; e (IV) a culpa, *"consistente no juízo de censura e de reprovação ético-jurídica que a conduta dos réus merece"*; além do (V) nexo de causalidade entre essa conduta e os danos sofridos pelos autores[81].

Na mesma linha, no segundo caso ("Concessionária BMW"), julgado pelo STJ brasileiro, restou decidido que, naquele caso concreto, restaram comprovados *"o consentimento prévio mútuo, a afronta à boa-fé objetiva com o rompimento ilegítimo das tratativas, o prejuízo e a relação de causalidade entre a ruptura das tratativas e o dano sofrido"*[82].

I. Prática de ato ilícito – Como já ressaltado, o ato ilícito, na responsabilidade pré-contratual, consiste na violação dos deveres de conduta durante a fase de negociações para a celebração de um contrato (com efeito, é a violação à própria boa-fé objetiva no curso das tratativas negociais).

E, sendo a boa-fé objetiva um conceito jurídico indeterminado, tratando-se tanto o artigo 227.°/1 do CC-PT, quanto o artigo 422 do CC-BR de normas abertas, cumpre ao julgador, à vista dos fatos de cada caso concreto, avaliar se a conduta das partes na fase negociatória atendeu aos ditames da boa-fé objetiva.

II. Culpa do lesante – A existência de culpa do lesante se faz necessária, na medida em que, tanto no ordenamento jurídico português (artigo 483.°/2 do CC-PT), quanto no ordenamento jurídico brasileiro (artigo 927 do CC-BR), só há obrigação de reparar o dano independentemente de culpa (responsabilidade civil objetiva) nos casos especificados em lei, não sendo este o caso da responsabilidade pré-contratual.

Desse modo, exige-se, na *culpa in contrahendo*, o pressuposto da culpa do lesante, a qual pode se desdobrar tanto em ato comissivo, como omissivo (por

[81] PORTUGAL. Supremo Tribunal de Justiça. 1ª Seção. Processo 1610/07. Juiz-Conselheiro Relator António Joaquim Piçarra. Julgado em 18.12.2012.

[82] BRASIL. Superior Tribunal de Justiça. 3ª Turma. Recurso Especial 1.051.065/AM. Ministro Relator Ricardo Villas Bôas Cueva. Julgado 21.02.2013.

exemplo: a omissão, durante a fase de negociações, de informação relevante para a celebração do contrato).

Se a vítima, ademais, tiver concorrido culposamente para o evento danoso, sua indenização será fixada tendo em conta a gravidade da sua culpa em confronto com a do autor do dano[83]. É o que decorre, tanto em Portugal, à luz do artigo 570.º/1 do CC-PT, como no Brasil, à luz do artigo 945 do CC-BR. A redução do valor da indenização da vítima em situação de responsabilidade pré-contratual, inclusive, foi aplicada pelo Supremo Tribunal de Justiça português no julgado "I" referido na introdução do presente trabalho.

À vista dos fatos em discussão neste caso, o STJ português verificou que, apesar da responsabilidade pré-contratual da empresa em virtude do rompimento injustificado das negociações, a construtora, após ter sido comunicada pela contraparte da desistência no negócio, manteve a execução das obras de unificação. Assim, concluiu o referido Tribunal pela incidência, no caso, do artigo 570.º/1 do CC-PT, a justificar a redução do montante indenizatório devido à construtora, na medida em que ela, lesada, contribuiu em alguma medida para o seu próprio dano, ao manter a execução de obras sabidamente sem o respaldo da contraparte de que o negócio se concluiria[84].

Questão também interessante é saber a quem compete a prova da ocorrência de culpa ou da falta dela na responsabilidade pré-contratual. Trata-se de questão complexa, ligada ao debate sobre a natureza da *culpa in contrahendo*. Isso porque, no regime da responsabilidade contratual, opera-se a presunção de culpa do lesante, segundo a máxima da experiência de que, em regra[85], o devedor inadimplente age culposamente (artigo 799 do CC-PT, também sendo esta a orientação no direito brasileiro, via construção doutrinária e jurisprudencial). Por outro lado, na responsabilidade extracontratual, incumbe ao lesado a prova da culpa do lesante[86].

[83] Prata, Ana (2005). Notas sobre responsabilidade pré-contratual. *Op. cit.*, p. 162.

[84] Supremo Tribunal de Justiça. Processo 44/07.1. Juiz-Conselheiro Relator Silva Salazar. Julgado em 16.12.2010.

[85] Diz-se em regra porque, mesmo em se tratando de responsabilidade contratual, caso a obrigação assumida seja de meio, a responsabilidade deverá ser fundada em culpa provada, diferente do caso em que a obrigação assumida é de resultado, onde se opera a presunção de culpa.

[86] Cavalieri Filho, Sergio. *Op. cit.*, p. 308: *"Na responsabilidade contratual, a culpa, de regra, é presumida; inverte-se, então, o ônus da prova, cabendo ao credor demonstrar, apenas, que a obrigação não foi cumprida; o devedor terá que provar que não agiu com culpa, ou, então, que ocorreu alguma causa excludente do próprio nexo causal. Na realidade, entretanto, essa presunção de culpa não resulta do simples fato de estarmos em sede de responsabilidade contratual. O que é decisivo é o tipo de obrigação assumida no contrato. Se o contratante assumiu a obrigação de alcançar um determinado resultado (obrigação de resultado – v. item 103) e não conseguiu, haverá culpa presumida, ou, em alguns casos, até responsabilidade objetiva; se a obrigação*

Quanto a esta questão, coadunamos com o entendimento de Dário Moura Vicente e de Régis Fichtner Pereira, no sentido de que a responsabilidade pré-contratual não pode ter uma solução unitária quanto à culpa e à distribuição do ônus da prova. Dependendo do tipo de dever existente entre as partes, podem ou não ser aplicadas as regras típicas da culpa aquiliana, no que tange aos princípios que regem o ônus da prova.

Nas situações de responsabilidade pré-contratual, depõem no sentido do funcionamento da presunção de culpa a circunstância de nelas estarem em causa, geralmente, a violação dos deveres de conduta específicos, emergentes de uma relação jurídica pré-existente, a aproximá-las bastante da violação de obrigações contratuais (no caso, por exemplo, de violação do dever de sigilo relativamente a informações obtidas no curso das negociações, não deve ser aplicado o princípio da culpa aquiliana, e sim o da culpa contratual). Porém, já não deve ser assim quando o ilícito imputado ao lesante for o rompimento abusivo das negociações, e não puder se atribuir ao lesante a violação de qualquer dever jurídico: neste caso, a culpa que deve ser apurada é a delitual[87]-[88].

III. Nexo de causalidade – Na responsabilidade pré-contratual, o evento que obriga à indenização é a negociação conduzida em desconformidade com as regras da boa-fé objetiva, devendo a indenização, assim, compensar o dano verificado por causa das negociações[89].

No direito português, o fundamento para o nexo de causalidade se encontra no artigo 563 do CC-PT, segundo o qual *"a obrigação de indemnização só existe em relação aos danos que o lesado provavelmente não teria sofrido se não fosse a lesão"*. No Direito brasileiro, está no artigo 403 do CC-BR, pelo qual, *"ainda que a inexecução resulte de dolo do devedor, as perdas e danos só incluem os prejuízos efetivos e os lucros cessantes por efeito dela direto e imediato, sem prejuízo do disposto na lei processual"* (embora esta última se trate de norma colocada no CC-BR na parte relativa à responsabilidade contratual, aplica-se a toda a responsabilidade civil[90]).

A despeito de apontamentos no sentido de que o artigo 563 do CC-PT adotou a chamada teoria da causalidade adequada[91], enquanto o artigo 403 do

assumida no contrato foi de meio, a responsabilidade, embora contratual, será fundada na culpa provada. Na responsabilidade extracontratual subjetiva – estamos todos lembrados – a regra é a culpa provada, ônus que cabe à vítima, admitindo-se apenas excepcionalmente a culpa presumida".

87 Vicente, Dário Moura (2006). A responsabilidade pré-contratual (...). *Op. cit.*, p. 327.

88 Pereira, Régis Fichtner (2001). *Op. cit.*, p. 255-256.

89 Almeida, Carlos Ferreira de (2015). *Op. cit.*, p. 217-218.

90 Cavalieri Filho, Sérgio (2012). *Op. cit.*, p. 54.

91 *"O artigo 563.º do Código Civil consagrou a doutrina da causalidade adequada, na formulação negativa nos termos da qual a inadequação de uma dada causa para um resultado deriva da sua total indiferença*

CC-BR abarca a teoria da causa próxima[92], não vislumbramos diferença prática entre a aplicação de um ou outro dispositivo à responsabilidade pré-contratual. Para tanto, valem as lições de Sergio Cavalieri Filho, o qual explica que a expressão *"efeito direto e imediato"*, nos termos do artigo 403 do CC-BR, não indica a causa cronologicamente mais ligada ao evento, temporalmente mais próxima, mas sim aquela que foi a mais direta, a mais determinante segundo o curso natural e ordinário das coisas. Com frequência a causa temporalmente mais próxima do evento não é a mais determinante, caso em que deverá ser desconsiderada, por se tratar de mera concausa[93].

Nas palavras do referido autor: *"em conclusão, por causa direta, imediata, necessária ou adequada, deve-se entender como sendo aquela que revela um liame de necessariedade entre a causa e o efeito, e não de simples proximidade temporal ou espacial. Próxima ou remota, imediata ou mediata, a causa será adequada quando o evento danoso foi eleito necessário de determinado acontecimento. O exame do nexo causal limita-se a verificar se a atividade desenvolvida pelo agente vincula-se de algum modo – próximo, direto, necessário, adequado ou eficiente – ao dano"*[94].

Assim, é possível ao ato ilícito, indiretamente[95], provocar o dano, através de fatos ulteriores, que com ele concorram, sem que por isso deixe de ser devida a indenização pelo dano, na medida em que o dano não teria ocorrido se aquele ato não tivesse sido praticado. E isso independe da aplicação da teoria da causalidade adequada ou da teoria da causa próxima.

Conforme bem releva Anderson Schreiber, a aplicação da teoria da causa próxima não, necessariamente, impede a ressarcibilidade do dano indireto ou remoto: *"embora em sua acepção original a expressão causalidade 'direta e imediata' excluísse a ressarcibilidade do chamado dano indireto ou remoto, resultando em um potente filtro de ressarcibilidade, tal abordagem gerava, em certos casos, enorme injustiça. Desenvolveu-se, deste modo, no âmbito da própria teoria da causalidade direta e imediata, a chamada subteoria da necessidade causal, que entende as expressões dano direto e dano imediato de forma substancial, como reveladores de um liame de necessidade – e não de*

para a produção dele, que, por isso mesmo, só ocorreu por circunstâncias excepcionais ou extraordinárias". PORTUGAL. Supremo Tribunal de Justiça. 1ª Seção. 2290/04. Juiz-Conselheiro Relator Sebastião Póvoas. Julgado em 02.11.2010.

[92] Vicente, Dário Moura (2006). A responsabilidade pré-contratual (...). *Op. cit.*, p. 329.

[93] Cavalieri Filho, Sérgio (2012). *Op. cit.*, p. 54.

[94] Cavalieri Filho, Sergio (2012). *Op. cit.*, p. 55.

[95] Segundo Carlyle Popp: *"A adoção da teoria da causalidade imediata não exclui, contudo, a possibilidade do chamado dano indireto, ou ano ricochete para a doutrina francesa, ou seja, aquele que decorre do ilícito praticado, mas não diretamente. (...). Tudo liga-se, na verdade, à necessariedade da causa, ou seja, que a origem do dano esteja ligada à ação praticada"*. Popp, Carlyle (2001). *Op. cit.*, p. 293.

simples proximidade – entre a causa e o efeito. Haverá, assim, o dever de reparar quando o evento danoso for efeito necessário de determinada causa"[96].

No domínio da responsabilidade pré-contratual, conforme aponta Dário Moura Vicente, será esse o caso, por exemplo, do dano resultante da perda de clientela causada pela circunstância de uma empresa não dispor da matéria prima necessária a fim de produzir prontamente certo bem ou prestar certo serviço, situação, por seu turno, devida à não conclusão de um contrato com outra empresa, sua prospectiva fornecedora da matéria prima, que rompeu arbitrariamente as negociações para o efeito encetadas com a primeira. Deve, por isso, relevar esse rompimento como causa necessária do dano consubstanciado na perda da clientela[97].

IV. Âmbito dos danos indenizáveis – Quanto ao âmbito dos danos indenizáveis, consideramos como solução mais adequada à questão a proposição de Mota Pinto[98] (também adotada por Carlos Ferreira de Almeida[99]), variando o âmbito dos danos indenizáveis de acordo com cada hipótese de responsabilidade pré-contratual.

Assim, no caso de contratos convalidados – isto é, contratos anuláveis, por dolo, erro ou coação, mas que, por inação da pessoa prejudicada, foram mantidos –, a indenização deverá consistir, pelo menos, em repor o equilíbrio contratual, através da redução da prestação da parte lesada. Se não fosse assim, estaria excluída a possibilidade prática de o lesado optar pela subsistência, correspondendo este resultado ao critério do chamado interesse contratual positivo[100]–[101].

Na hipótese, por sua vez, de contratos anulados (isto é, aqueles em que, sendo anuláveis por dolo, erro ou coação, decidiu o lesado efetivamente por sua anulação), além do direito à restituição do que tiver prestado, só deve ser concebível a indenização pelos danos correspondentes ao interesse contratual negativo, uma vez que o próprio lesado excluiu a subsistência do contrato, pre-

[96] Schreiber, Anderson. Novos paradigmas da responsabilidade civil: da erosão dos filtros da reparação à diluição dos danos. 2ª ed. São Paulo: Atlas, 2009, p. 60.

[97] Vicente, Dário Moura (2006). A responsabilidade pré-contratual (...). *Op. cit.*, p. 329.

[98] Mota Pinto, Paulo. Interesse contratual negativo e interesse contratual positivo. Coimbra: Almedina, 2008, p. 1463 e ss.

[99] Almeida, Carlos Ferreira de (2015). *Op. cit.*, p. 214-216.

[100] Almeida, Carlos Ferreira de (2015). *Op. cit.*, p. 214.

[101] *"O interesse negativo tutela, então, a confiança, de tal sorte que a parte lesada não tem, regra geral, direito ao contrato a ser celebrado. O interesse positivo, por sua vez, tutela o interesse no cumprimento. Destarte, leva em consideração as particularidades do contrato firmado e as obrigações de cada uma das partes. Considera não as expectativas, mas a realidade existente. Nesta figura estão abrangidas as situações condutoras da tutela específica, ou seja, visando a tornar efetivo o direito obrigacional violado".* Popp, Carlyle (2001). Op. cit., p. 279.

ferindo reconstituir a situação tal como estaria se nenhum contrato se tivesse celebrado. Admitir o contrário seria o mesmo que permitir que os efeitos da anulação do contrato fossem os mesmos de sua subsistência.

Na jurisprudência brasileira, a questão foi apreciada em julgado do Tribunal de Justiça do Rio de Janeiro. No caso, o autor adquiriu, em uma concessionária, veículo seminovo importado, não tendo a concessionária lhe informado, quando das tratativas da compra e venda, que havia uma necessidade legal de "nacionalização" do chassi do carro. Assim, tendo chegado o veículo ao território brasileiro, o autor não conseguiu contratar seguro para o carro, pois o número do chassi não foi encontrado. Além disso, o veículo foi apreendido pela Polícia Rodoviária.

O Tribunal entendeu que a concessionária descumpriu seu dever de informação, que, aqui, deveria ter sido observado com mais afinco, haja vista se tratar de uma relação de consumo (artigos 6º, III, 12, 14, 18 e 20, 30, 31, 46 e 54 do Código de Defesa do Consumidor brasileiro). Ao estabelecer o *quantum* indenizatório devido, o Tribunal ponderou que *"não pode o autor querer ser indenizado pelo valor que despendeu com a aquisição do veículo e, ao mesmo tempo, pretender a devolução do mesmo totalmente legalizado"*. Em outras palavras, não se podia anular o contrato, restituindo as partes à situação em que o contrato houvesse sido celebrado, e, ao mesmo tempo, manter o contrato, equilibrando as prestações das partes.

Assim, com a anulação do contrato, o Tribunal condenou a concessionária ao pagamento de indenização a título de danos materiais, referente ao valor desembolsado pelo autor com a compra do carro (interesse contratual negativo), além de indenização relativa aos danos morais suportados[102].

Também no caso de contratos nulos ou ineficazes (por exemplo, por inobservância da forma legalmente exigível, por ilicitude, inidoneidade do objeto ou ilegitimidade), a solução não pode ser outra senão a indenização, apenas, pelo interesse negativo. Com efeito, aqui, a cobertura do interesse contratual positivo redundaria na obtenção de um resultado equivalente àquele que o sistema jurídico repudia e que, por razões de interesse geral, pretende evitar com a cominação de nulidade ou de ineficácia[103].

Por último, temos a hipótese em que nenhum contrato é concluído, tendo sido violado o dever de continuar ou de concluir as negociações. Neste caso, doutrina e jurisprudência (tanto de Portugal como do Brasil) são consolidadas no sentido de que, em regra, o dano indenizável deve ficar restrito ao chamado

[102] BRASIL. Tribunal de Justiça do Estado do Rio de Janeiro. 4ª Câmara Cível. Processo 0006081-39.2009.8.19.0003. Desembargador Relator Marcelo Buhatem. Julgado em 08.06.2011.
[103] Almeida, Carlos Ferreira de (2015). *Op. cit.*, p. 215.

interesse contratual negativo, isto é, às perdas e danos decorrentes da não celebração do contrato. Isso porque, não tendo as partes chegado à formação do contrato, indenizar a parte lesada pelo interesse contratual positivo configuraria o mesmo que obrigar as partes à celebração forçada do contrato, violando a livre vontade das partes[104]. A orientação majoritária em Portugal, inclusive, como se vê de julgados recentes[105], é no sentido de que o direito de indenização pela ruptura do processo negocial está delimitado pelos danos correspondentes ao interesse contratual negativo.

Contudo, há certa adesão em Portugal à tese de que, excepcionalmente, cabe também na responsabilidade pré-contratual a indenização pelo interesse contratual positivo, quando ocorrer uma clara violação de conclusão do contrato. É o que Carlos Ferreira de Almeida denomina de "violação do dever de contratar derivado de um acordo pré-contratual final"[106]. Trata-se das hipóteses em que as tratativas avançaram a tal ponto que não há mais nada para negociar, nem existe qualquer obstáculo adicional para a validade do contrato, faltando apenas sua formalização.

Como restou consignado em acórdão do Supremo Tribunal de Justiça português, de 2009: *"nos casos de ruptura ilícita de negociações, a indenização será, em regra, pelo interesse contratual negativo, porque as partes sabem que a celebração do contrato é meramente eventual e não tem outra expectativa que não seja a do desenvolvimento daquelas; contudo, há situações em que a indenização será pelo interesse contratual positivo quando as negociações tiverem atingido um desenvolvimento tal que justifique a confiança na celebração do negócio. Será o caso de se ter atingido um acordo sobre todas*

[104] Nas relações de Direito Civil, entre particulares, este é o entendimento dominante, isto é, que, diante da inexistência de contrato, por se tratar ainda da fase pré-negocial, a ruptura imotivada, injustificada das negociações, gera para a parte causadora de danos o dever de repará-los. Diferentemente, contudo, no Brasil, nas relações de consumo, a questão não se resolve em perdas e danos, em razão da possibilidade de o consumidor exigir o cumprimento da oferta dos produtos ou serviços decorrentes de atos de publicidade, informação e divulgação, existindo, destarte, verdadeiro liame determinado pelo Código de Defesa do Consumidor brasileiro (artigo 35) entre consumidor e fornecedor, devendo este cumprir essa oferta, sob pena de sofrer, por parte do consumidor, uma ação de obrigação de fazer, ou ainda, à sua escolha, aceitar outro produto ou serviço, assim como, a exemplo do que ocorre nas relações entre particulares, pleitear perdas e danos. Tudo isso a critério do consumidor. Nesse sentido: Donnini, Rogério (2008). *Op. cit.*, p. 204; e Pereira, Régis Fichtner (2001). *Op. cit.*, p. 199-205.

[105] Nesse sentido: (I) PORTUGAL. Supremo Tribunal de Justiça. Processo 1156/12.5. Juiz Conselheiro Relator Sousa Lameira. Julgado em 22.11.2018; (II) PORTUGAL. Supremo Tribunal de Justiça. Processo 3407/15.5. Juiz Conselheiro Relator Ilídio Sacarrão Martins. Julgado em 06.12.2018; e (III) PORTUGAL. Supremo Tribunal de Justiça. Processo 4154/15.3. Juiz Conselheiro Relator Abrantes Geraldes. Julgado em 27.04.2017.

[106] Almeida, Carlos Ferreira de (2015). *Op. cit.*, p. 216.

as questões essenciais e apenas falte a concretização/celebração do acordo através da forma legal"[107].

A questão foi objeto de apreciação pelo Supremo Tribunal de Justiça português também no julgado indicado em "II" na introdução do presente trabalho. No caso, uma vez tendo se definido que houve responsabilidade pré-contratual por parte do proprietário do espaço comercial, discutiu o STJ português se haveria lugar, na hipótese (que envolvia ruptura injustificada das negociações), para a aplicação de uma indenização pelo interesse contratual positivo (*"se os autores têm direito ao dano ex contratu, ou seja, aos lucros que lhe adviriam se o contrato tivesse sido celebrado"*).

Apesar de confirmar que doutrina e jurisprudência entendem que, em regra, no caso de não conclusão do contrato, a indenização deve se limitar ao interesse contratual negativo, ponderou-se que, em certas situações, deve a indenização integrar também o interesse contratual positivo. Este foi o caso em tela, na medida em que, segundo o STJ português, os réus tinham o dever de celebrar o contrato acordado, diante do decurso de tempo desde o início das negociações, das obras realizadas e da documentação produzida, sempre com a colaboração da parte autora, período em que os réus não fizeram exigências de difícil cumprimento como as que levaram a cabo na altura de ultimar o negócio, provocando o fim das negociações.

Com efeito, entendeu o STJ português que houve, no caso, verdadeira violação ao dever de celebrar o negócio pela parte ré. No cômputo da indenização correspondente ao interesse contratual positivo, porém, ressaltou o STJ português que, nestas hipóteses, a indenização deve "tender" para o interesse contratual positivo, o que é diferente de cobrir integralmente o interesse contratual positivo. Com base neste argumento, ponderou o STJ português que não se poderia, aqui, fixar uma indenização tendo em conta que o contrato teria duração ilimitada, nem sequer o prazo previsto diante dos termos das negociações (no caso, 10 anos), pois, assim, os autores seriam colocados, pela ruptura das negociações, numa situação mais vantajosa do que aquela que conseguiriam se o contrato visado tivesse sido consumado.

À vista desse raciocínio, concluiu o STJ português ser correta a conclusão de que a condenação dos réus ao pagamento de indenização deveria corresponder ao lucro projetado para os dois anos que se seguiriam à celebração do contrato.

[107] PORTUGAL. Supremo Tribunal de Justiça. Processo 09A0457. Juiz-Conselheiro Relator Azevedo Ramos. Julgado em 28.04.2009.

Nas palavras utilizadas no respectivo acórdão, *"nesta lógica, os prejuízos reclamados para além desse período não poderiam ligar-se causalmente ao ilícito pré-contratual"*[108].

Como se vê, apesar de adotar a solução da indenização pelo interesse contratual positivo para alguns casos específicos de ruptura ilegítima de negociações (nos quais tenha havido a chamada violação do dever de contratar), tal indenização não vem a ser constituída pela integralidade do que se esperaria ganhar com o contrato celebrado, operando-se uma redução equitativa do montante da indenização (tal como foi feito pelo STJ português no caso acima citado).

Aqui reside uma sutil diferença entre a responsabilidade pré-contratual em Portugal e no Brasil. No Brasil, doutrina e jurisprudência se posicionam no sentido de que, no caso de não conclusão do contrato, a responsabilidade pré-contratual do lesante leva à sua obrigação de reparar apenas o interesse contratual negativo. Apesar disso, há decisão do Tribunal de Justiça do Estado de São Paulo em que, apesar de o referido Tribunal não discorrer sobre a possibilidade de indenização pelo interesse contratual positivo nos casos de ruptura imotivada das negociações, foi concedida indenização dessa espécie.

No caso, após a realização de entrevista, o autor foi selecionado para vaga de trabalho, tendo aguardado por cinco meses a contratação definitiva, frustrada ao final de tal prazo. O Tribunal de São Paulo, uma vez concluindo ter havido responsabilidade pré-contratual da empresa ré no caso, entendeu que a indenização deveria ser composta pelos valores que o autor teria recebido se fosse efetivamente contratado (interesse contratual positivo), além dos danos patrimoniais e morais decorrentes da não conclusão do contrato (interesse contratual negativo), depois de criada no autor a expectativa de que o contrato seria firmado[109].

Apesar desta decisão do Tribunal de Justiça de São Paulo, não se pode afirmar que, no Brasil, teria repercussão a teoria de que, em alguns casos de rompimento imotivado das negociações, a indenização poderia corresponder também ao interesse contratual positivo (a própria decisão do Tribunal Paulista em destaque sequer aborda o assunto, apenas destinando, sem maiores considerações, indenização ao autor pelos valores que teria recebido se fosse efetivamente contratado). No nosso entendimento, a indenização pelo interesse contratual positivo no caso de ruptura imotivada das negociações, ainda que estas tenham alcançado um estágio tão avançado a ponto de apenas ficar pendente a formalização do negócio, acaba por promover a indenização de dano hipotético,

[108] PORTUGAL. Supremo Tribunal de Justiça. Processo 06B4223. Juiz-Conselheiro Relator Custódio Montes. Julgado em 11.01.2007.

[109] BRASIL. Tribunal de Justiça do Estado de São Paulo. 3ª Câmara de Direito Privado. Processo 914109118.2006.8.26.0000. Desembargador Relator Adilson de Andrade. Julgado em 14.06.2011.

especialmente mediante a aplicação de um critério de redução equitativa do valor (já que deve apenas "tender" para o interesse positivo, e não cobri-lo integralmente), razão pela qual não deveria ter cabimento, seja no ordenamento português ou brasileiro.

O entendimento de que apenas o interesse contratual negativo pode ser indenizado, no caso de ruptura de negociações, foi confirmado em julgado recente do STJ brasileiro, sob a relatoria do Ministro Moura Ribeiro, no qual restou decidido que, *"verificada a antijuridicidade no rompimento de tratativas negociais, a responsabilidade civil pré-contratual que se estabelece cobre apenas as despesas realizadas para finalização do negócio jurídico frustrado ou em razão dessa mesma operação. (interesses negativos)"*[110].

2.7. *Natureza jurídica*

Chega-se, por fim, à questão sobre a natureza jurídica da *culpa in contrahendo*. Afinal, qual é a natureza da responsabilidade pré-contratual nos ordenamentos jurídicos português e brasileiro, respectivamente?

Durante a fase de negociações, não há ainda um contrato firmado, de modo que não parece, tecnicamente, adequado afirmar que a relação travada entre as partes teria natureza contratual. Por outro lado, distancia-se também a fase de negociações do cenário em que uma pessoa, no convívio em sociedade, deve cumprir o dever geral de se comportar de modo a não causar dano a outras pessoas (*neminem laedere*), uma vez que, na fase de negociações, já há uma aproximação entre as partes, buscando um fim comum: entabular um acordo de vontades.

A questão, como se vê, é complexa, o que se reflete em controvérsia existente tanto em sede doutrinária, como jurisprudencial, em Portugal e também no Brasil, havendo três correntes: (I) a que defende ser contratual, (II) a que defende ser extracontratual e (III) a que defende ter a responsabilidade pré-contratual natureza mista, por não se enquadrar precisamente nem na responsabilidade contratual, nem na responsabilidade extracontratual.

I. Corrente contratualista – Em Portugal, a corrente contratualista consiste na vertente clássica quanto à natureza da responsabilidade pré-contratual. Bastante influenciada pela doutrina alemã (cujo direito, após a reforma do BGB em 2001, não dá margem para dúvidas no sentido de que a responsabilidade pré-

[110] BRASIL. Superior Tribunal de Justiça. 3ª Turma. Recurso Especial 1.641.868/SP, Ministro Relator Moura Ribeiro. Julgado em 05.06.2018.

-contratual, na Alemanha, tem natureza contratual), possui esta corrente como defensores, entre outros, Antunes Varela[111] e Menezes Cordeiro[112].

Para Antunes Varela, apesar de não haver ainda entre as partes nenhum vínculo contratual durante a fase de negociações, a relação criada entre estas está muito mais próxima de uma relação contratual, a ensejar que a natureza da *culpa in contrahendo* seja contratual[113].

Menezes Cordeiro defende que a violação da relação pré-negocial é fonte de responsabilidade obrigacional, aplicando-se, designadamente, o artigo 799.° do CC-PT, com a sua presunção de culpa, assim como faz críticas às teses extracontratual e híbrida. Para Menezes Cordeiro: a tese extracontratual obrigaria o lesado à prova da violação dos deveres de boa-fé, que não poderia se valer da presunção da culpa relativa à responsabilidade contratual; e a tese híbrida enfraqueceria o regime da responsabilidade contratual (artigo 798.° e ss. do CC-PT), aumentando a complexidade do instituto e enfraquecendo seus vínculos[114].

Tratava-se a teoria contratualista, conforme aponta Menezes Cordeiro, da posição tradicional da jurisprudência portuguesa, a qual deixou de ser unânime depois de desenvolvidas outras correntes a respeito da natureza da *culpa in contrahendo* em Portugal[115]. Encontra, contudo, ainda espaço a teoria contratualista na jurisprudência portuguesa, conforme se ilustra pelo seguinte julgado do Tribunal da Relação de Évora, em que restou decidido que *"a responsabilidade pré-contratual é predominantemente qualificada como tendo a natureza de responsabilidade contratual e sujeita ao regime desta, conforme o qual, presumindo-se a culpa (artigo 799.°, n.° 1, do Código Civil), compete, todavia, ao credor lesado a prova do facto ilícito do incumprimento ou cumprimento defeituoso (artigo 342.°, n.° 1)"*[116].

Já no Brasil, a teoria contratualista não tem tanto apoio. Segundo Régis Fichtner Pereira, a análise da obra de Pontes de Miranda daria sinais de que este último entendia ter a responsabilidade pré-contratual natureza contratual, na medida em que, segundo Pontes de Miranda, a responsabilidade pré-contratual

[111] Varela, João de Matos Antunes. Das obrigações em geral – vol. I. 9ª ed. Coimbra: Almedina, 1996, p. 275.

[112] Menezes Cordeiro, António Manuel da Rocha e (1984). Da Boa-Fé (...). *Op. cit.*, p. 585. No mesmo sentido: Menezes Cordeiro, António Manuel da Rocha e (2014). Tratado (...). *Op. cit.*, p. 278.

[113] Varela, João de Matos Antunes (1996). *Op. cit.*, p. 275.

[114] Menezes Cordeiro, António Manuel da Rocha e (2014). Tratado (...). *Op.cit.*, p. 277 e ss.

[115] Menezes Cordeiro, António Manuel da Rocha e (2014). Tratado (...). *Op.cit.*, p. 278.

[116] PORTUGAL. Tribunal da Relação de Évora. Processo 05B2354. Juiz-Desembargador Relator Lucas Coelho. Julgado em 21.12.2005.

resulta não de infração de dever oriundo de negócio jurídico, mas da violação de deveres resultantes de uma "relação jurídica de trato, de negociação"[117].

É raro encontrar na literatura jurídica brasileira o entendimento de que a responsabilidade pré-contratual possui natureza contratual, sendo uma destas raridades a doutrina de Luiz Roldão de Freitas Gomes, cuja posição é sustentada em três pilares:

(I) a boa-fé objetiva surgiu e se desenvolveu no âmbito das relações obrigacionais, pelo que, quando uma norma jurídica sujeita o desenvolvimento de uma relação social ao imperativo da boa-fé, é isso índice seguro de que aquela relação social se transformou, no plano jurídico, em uma relação obrigatória, cujo conteúdo se trata precisamente de especificar segundo a boa-fé;

(II) os deveres pré-contratuais constituem imperativos de conduta destinados a satisfazer o interesse de sujeitos determinados (ou determináveis), o que é o elemento que permite caracterizar distintivamente as obrigações dos deveres jurídicos; e

(III) os deveres pré-contratuais não se configuram, como tipicamente acontece com os deveres cuja violação constitui ato ilícito extracontratual, por um conteúdo negativo, antes tendendo para a promoção e satisfação do interesse de um determinado sujeito[118] [119].

O STJ-BR tem precedente no sentido de que a responsabilidade pré-contratual tem natureza contratual. No caso, o STJ-BR havia decidido por conceder uma indenização por conta dos danos causados por uma das partes após a ruptura injustificada das negociações, sendo que, no direito brasileiro, os juros de mora têm termos *a quo* diferentes no caso de responsabilidade contratual (a partir da citação) e de responsabilidade extracontratual (a partir do evento danoso).

Assim, de forma a poder fixar o termo inicial dos juros de mora, o STJ-BR teve que abordar a natureza do instituto. No caso, apesar de fazer referência à acima referida doutrina de Luiz Roldão de Freitas Gomes, o STJ-BR entendeu pela natureza contratual da responsabilidade pré-contratual por conta da

[117] PEREIRA, Regis Fichtner (2001). *Op. cit.*, p. 234.

[118] GOMES, Luiz Roldão de Freitas. Elementos de Responsabilidade Civil. Rio de Janeiro: Renovar, 2000, p. 264-265.

[119] CARLYLE POPP, também defensor da doutrina contratualista, sustenta que a peculiaridade das situações ocorridas na fase pré-contratual não autoriza a criação de uma terceira via. POPP, Carlyle (2001). *Op. cit.*, p. 149-150.

posição ocupada pelo artigo 422 no CC-BR. Conforme constou do respectivo acórdão: *"esse dispositivo está previsto no Título V, 'Dos Contratos em Geral', não no Título III, que trata dos 'atos ilícitos', especificamente, dos ilícitos absolutos. Então, por opção legislativa, a responsabilidade civil decorrente de ruptura de tratativas tem natureza contratual"*[120].

Tratou-se este, em nossa opinião, de critério inadequado para a análise da natureza de instituto tão complexo e rico em conteúdo como a *culpa in contrahendo*. A mera "posição" do artigo 422 do CC-BR não define, por si só, a natureza da responsabilidade pré-contratual no direito brasileiro.

II. Corrente extracontratualista – Em Portugal, a corrente extracontratualista consiste na corrente minoritária sobre a natureza da responsabilidade pré-contratual, tendo como maior expoente Mário Júlio de Almeida Costa, ao analisar a hipótese da ruptura injustificada das negociações. Para chegar a tal entendimento, o referido autor parte do raciocínio de que o problema não se reconduz a uma simples querela dogmática, revestindo-se, na verdade, de acentuada importância prática. Assim, elencando os principais pontos de diferença entre os dois tipos clássicos de responsabilidade civil (a contratual e a aquiliana), conclui que o regime que melhor se adapta à *culpa in contrahendo* consiste no regime da responsabilidade aquiliana. São as tais diferenças analisadas por Mário Júlio de Almeida Costa:

(I) a presunção de culpa na responsabilidade contratual, o que não ocorre na responsabilidade aquiliana;
(II) em caso de pluralidade passiva, o regime da responsabilidade aquiliana é o da solidariedade, enquanto na contratual o regime é o da obrigação fracionária, à falta de regra contratual ou legal expressa;
(III) a lei portuguesa autoriza a graduação equitativa da indenização, quando houver mera culpa do lesante na responsabilidade aquiliana, o que não tem lugar na responsabilidade contratual;
(IV) o prazo prescricional geral da lei portuguesa para a responsabilidade aquiliana é de 3 anos, enquanto o prazo prescricional geral é de 20 anos (neste caso, cumpre pontuar, o CC-PT possui regra expressa para a aplicabilidade do prazo prescricional de 3 anos nos casos de responsabilidade pré-contratual, na forma do artigo 227.°/2 do CC-PT);

[120] BRASIL. Superior Tribunal de Justiça. Recurso Especial 1.367.955/SP. Ministro Relator Paulo de Tarso Sanseverino. Julgado em 18.03.2014. No mesmo sentido, decidiu o Tribunal de Justiça do Estado do Rio de Janeiro: BRASIL. Tribunal de Justiça do Rio de Janeiro. Processo 0000748-51.2010.8.19.0204. Desembargador Relator Luiz Fernando Pinto. Julgado em 21.08.2015.

(V) as regras da responsabilidade contratual por fato de terceiro não dependem do pressuposto da comissão, requisito estabelecido para a responsabilidade extracontratual, dispensando-se na contratual uma relação de subordinação ou dependência entre o devedor e o auxiliar;

(VI) a capacidade na relação contratual diverge das regras de imputabilidade no caso de responsabilidade extracontratual;

(VII) a constituição do devedor em mora diverge na relação contratual e na responsabilidade aquiliana; e

(VIII) há diferenças na fixação da competência entre a responsabilidade contratual e a responsabilidade aquiliana.

Como já dito, sopesando todos estes pontos, Mário Júlio de Almeida Costa entende que o melhor para a responsabilidade pré-contratual é a aplicação a este instituto, em bloco, do regimento da responsabilidade civil extracontratual[121].

A teoria extracontratualista também se encontra representada na jurisprudência portuguesa, apesar de em menor escala, conforme se ilustra pelo seguinte julgado, de 2007, do Supremo Tribunal de Justiça português: *"a responsabilidade pré-contratual situa-se no âmbito da responsabilidade aquiliana (ou extracontratual)"*. Este caso envolveu hipótese na qual se discutiu se a ré incorreu em responsabilidade aquando de negociações encetadas com a autora, com vistas à aquisição, pela autora, da totalidade das ações de uma empresa, no âmbito das quais a ré teria se comprometido exclusivamente com a autora, vindo, porém, a vender as referidas ações a terceiro concorrente da autora[122].

No Brasil, por sua vez, a corrente extracontratualista se trata da corrente majoritária, tendo como defensores, entre outros, Rogério Donnini[123], Antônio

[121] Costa, Mário Júlio de Almeida. Responsabilidade civil pela ruptura das negociações preparatórias de um contrato. Coimbra: Coimbra Editora, 1994, p. 91-92. No mesmo sentido: Costa, Mário Júlio de Almeida (2009). Direito das Obrigações. *Op. cit.*, p. 301.

[122] PORTUGAL. Supremo Tribunal de Justiça. Processo 07A402. Juiz-Conselheiro Relator Sebastião Póvoas. Julgado em 13.03.2007.

[123] Donnini, Rogério (2008). *Op. cit.*, p. 204-205 e 209-210 (*"Conclui-se, portanto, que, da mesma forma que é mais conveniente enquadrar a culpa post pactum finitum, para efeitos práticos, na responsabilidade contratual, o mesmo raciocínio não deve ser utilizado na culpa in contrahendo, embora haja, como dissemos, entendimento nesse sentido. Na responsabilidade pré-contratual o comportamento das partes não deve ser analisado como se contrato houvesse, mas apenas deve ser verificado se a atitude daquele que rompeu as negociações imotivadamente violou ou não a regra geral de boa-fé e, como consequência, o eventual prejuízo deve ser apurado segundo o disposto no art. 186 do Código Civil"*).

Junqueira de Azevedo[124], Maristela Basso[125], Sílvio de Salvo Venosa[126] e Judith Martins-Costa[127].

De acordo com Judith Martins-Costa, no direito brasileiro, tal qual no direito francês, a responsabilidade pré-contratual se rege pela responsabilidade extracontratual. Pondera a autora, todavia, que tal violação ocorre pela quebra de especiais deveres de conduta, e não apenas do genérico dever de a ninguém lesar, imposto a todos que vivem em sociedade. Ressalta, ainda, que a questão de saber se a responsabilidade pré-negocial – ou pré-contratual – obedece ao regime da responsabilidade extracontratual ou contratual se trata, em grande medida, de um falso problema, seja porque no âmbito do Código de Defesa do Consumidor brasileiro se verifica a unificação dos regimes jurídicos, seja porque no regime geral, do CC-BR, é tradicionalmente forte a aproximação entre ambos os regimes, embora não chegue a haver uma unificação[128].

Trata-se a corrente extracontratualista, também, da corrente majoritária na jurisprudência dos tribunais brasileiros. Em julgado do Tribunal de Justiça do Estado de São Paulo, este decidiu que, *"na fase pré-contratual, aplicam-se as regras da responsabilidade civil extracontratual ou aquiliana"*. No caso, discutiu-se a responsabilidade da empresa ré pelo rompimento de tratativas visando à celebração de contrato de patrocínio a evento esportivo da empresa autora, sendo que, diante da conduta da ré durante a fase pré-contratual, havia a justa expectativa, pela autora, de que o patrocínio iria ocorrer[129].

No mesmo sentido, entendeu o Tribunal de Justiça do Estado do Rio Grande do Sul que *"a relação jurídica pré-contratual leva em conta a boa fé no sentido de promover a consecução do negócio a ser pactuado, de sorte que não efetivado este, responde a parte que agiu com culpa latu sensu, contribuindo para não realização daquele, devendo reparar o prejuízo ao qual deu causa, ato ilícito que se insere na responsabilidade extracontratual, a teor do que estabelece o art. 186 do Código Civil"*[130]. O julgado em questão, de 2013, já foi comentado no item 2.2 deste trabalho: trata-se do caso

[124] Azevedo, Antônio Junqueira de (1992). *Op. cit.*, p. 79.

[125] Basso, Maristela; Martins, Letícia. Responsabilidade civil nas negociações preliminares: boa-fé, deveres anexos e relações negociais. In: Rodrigues Junior, Otavio Luiz; Mamede, Gladston; Rocha, Maria Vital da. Responsabilidade civil contemporânea, em homenagem a Sílvio de Salvo Venosa. São Paulo: Atlas, 2011, p. 276-277.

[126] Venosa, Sílvio de Salvo. Direito Civil (vol. II). 11ª ed. São Paulo: Atlas, 2011, p. 494.

[127] Martins-Costa, Judith (2015). *Op. cit.*, p. 418.

[128] Martins-Costa, Judith (2015). *Op. cit.*, p. 418 (e nota de rodapé 134).

[129] BRASIL. Tribunal de Justiça do Estado de São Paulo. 3ª Câmara de Direito Privado. Processo 9138933-87.2006.8.26.0000. Desembargador Relator Jesus Lofrano. Julgado em 15.03.2011.

[130] BRASIL. Tribunal de Justiça do Rio Grande do Sul. 5ª Câmara Cível. Processo 0148770-71.2013.8.21.7000. Desembargador Relator Jorge Luiz Lopes do Canto. Julgado em 27.11.2013.

em que o tribunal entendeu que a ré violou seus deveres de lealdade e sigilo, em afronta à boa-fé objetiva, ao ser valer de informações obtidas durante a fase de negociações para realizar, por conta própria, evento que divulgaria em favor da autora, caso chegasse a ser entabulado o contrato.

III. Corrente mista (terceira via da responsabilidade civil) – Por fim, tem-se a corrente mais moderna a respeito da natureza da responsabilidade pré-contratual: a que entende que a *culpa in contrahendo* não é, propriamente, nem obrigacional, nem de índole aquiliana.

Em Portugal, a corrente mista tem como defensores, entre outros, Manuel A. Carneiro da Frada[131], Dário Moura Vicente[132], Luís Manuel Teles de Menezes Leitão[133] e Carlos Ferreira de Almeida[134]. De acordo com Dário Moura Vicente, no direito português, a responsabilidade pré-contratual pertence a uma natureza mista (ou dualista), não sendo possível reduzi-la a qualquer das formas tradicionais de responsabilidade civil. Assim, o julgador haverá de ponderar em cada caso as regras de cada regime que deverão ser aplicadas, atento aos valores e interesses em jogo (*"a necessidade de compatibilizar a salvaguarda da autonomia privada com a tutela da integridade patrimonial do lesado poderá mesmo ditar uma certa hibridez do regime aplicável à responsabilidade pré-contratual"*)[135].

Conforme Luís Manuel Teles de Menezes Leitão, o regime aplicável deverá ser construído a partir da aplicação de normas da responsabilidade contratual ou da responsabilidade delitual, consoante o que o julgador considerar mais adequado à solução do caso. Pontua o autor, todavia, que o regime preponderantemente aplicável será o da responsabilidade obrigacional, de modo que o autor do fato danoso se sujeitará à presunção de culpa (artigo 799.° do CC-PT), ficando a responsabilidade por atos dos auxiliares sujeita ao regime do artigo 800.° do CC-PT. Por outro lado, aplicar-se-á algumas soluções da responsabilidade extracontratual, não se devendo aplicar à *culpa in contrahendo* a exigência de capacidade negocial, além do fato de que o próprio artigo 227.°/2 manda aplicar à responsabilidade pré-contratual o prazo prescricional relativo à responsabilidade extracontratual[136].

131 Frada, Manuel A. Carneiro da. Uma "terceira via" no direito da responsabilidade civil? Coimbra: Almedina, 1997, p. 95 e ss.

132 Vicente, Dário Moura (2001). Da Responsabilidade Pré-Contratual (...). *Op. cit.*, p. 272-274.

133 Leitão, Luís Manuel Teles de Meneses (2010). *Op. cit.*, p. 376-377.

134 Almeida, Carlos Ferreira de (2015). *Op. cit.*, p. 196.

135 Vicente, Dário Moura (2001). Da Responsabilidade Pré-Contratual (...). *Op. cit.*, p. 273-274.

136 Leitão, Luís Manuel Teles de Menezes (2010). *Op. cit.*, p. 377.

A corrente híbrida quanto à natureza da responsabilidade pré-contratual também vem encontrando espaço na jurisprudência portuguesa. Em julgado de 2012, o STJ-PT entendeu que *"a responsabilidade pré-contratual não se confunde com a responsabilidade civil contratual, nem com a responsabilidade civil extracontratual, constituindo um tertium genus da responsabilidade civil"*[137]. Neste caso, discutiu-se a responsabilidade pré-contratual da parte ré em virtude do rompimento injustificado de negociações para a aquisição de dois imóveis (primeiro caso mencionado, para fins de ilustração do tema, na introdução deste trabalho).

Em outro caso, de 2010, concluiu o STJ-PT que *"a responsabilidade pré-contratual, por não determinar desde logo a aplicação do regime próprio do contrato visado, mas já poder integrar obrigações resultantes das próprias negociações e, portanto, já de natureza negocial, e não simplesmente derivadas de um dever de conduta genérico, constitui um instituto de regime híbrido, situado a meio caminho entre aqueles e justificativo da aplicação das normas próprias de cada um daqueles ouros dois regimes, ora de um, ora de outro, conforme a situação concreta que se verifique, nomeadamente no que respeita à norma constante do art. 799.º, n.º 1, do CC"*[138]-[139]. Neste caso, discutiu-se a configuração da responsabilidade pré-contratual da ré diante de sua recusa em contratar.

No Brasil, a corrente híbrida, apesar de ter pouco espaço, conta com importantes adeptos. Tanto José Roberto de Castro Neves[140], quanto Regis Fichtner Pereira[141] defendem ter a responsabilidade pré-contratual natureza híbrida. Apesar de reconhecer que há algumas importantes diferenças entre a responsabilidade contratual e a extracontratual[142], José Roberto de Castro Neves pondera

[137] PORTUGAL. Supremo Tribunal de Justiça. 2ª Seção. Processo 2625/09. Juiz-Conselheiro Relator Bettencourt de Faria. Julgado em 25.10.2012.

[138] PORTUGAL. Supremo Tribunal de Justiça. 6ª Seção. Processo 44/07.1. Juiz-Conselheiro Relator Silva Salazar. Julgado em 16.12.2010.

[139] No mesmo sentido: PORTUGAL. Supremo Tribunal de Justiça. 1ª Seção. Processo 1903/06. Juiz-Conselheiro Relator Gregório Silva Jesus. Julgado em 20.03.2012: *"A responsabilidade pré-contratual situa-se entre a responsabilidade contratual e a responsabilidade extracontratual, porquanto não emerge, em rigor, nem do incumprimento de uma obrigação previamente assumida, nem da violação de um dever genérico de respeito de direitos absolutos"*.

[140] Castro Neves, José Roberto de (2014). *Op. cit.*, p. 319-324.

[141] Pereira, Regis Fichtner (2001). *Op. cit.*, p. 248-257: *"A responsabilidade pré-contratual tem natureza específica, sui generis. Ela configura uma 'terceira via' da responsabilidade civil, porque demanda tratamento diverso dos que a lei confere à responsabilidade de natureza contratual e à responsabilidade aquiliana"*.

[142] (I) A responsabilidade contratual pressupõe a capacidade civil, pois a pessoa, para assumir, uma obrigação, precisa ser capaz, o que não ocorre na responsabilidade extracontratual, pois menos um menor absolutamente incapaz pode cometer ato contrário ao direito e gerar danos. (II) Na responsabilidade contratual, as partes podem convencionar o dever de responder pela falha mesmo ausente a culpa do agente, o que não ocorrerá na responsabilidade extracontratual, onde não poderá

que essas distinções, embora válidas, revelam-se, a cada dia, menos relevantes, construindo-se, a rigor, uma só teoria acerca da responsabilidade, aplicável sempre que se violar algum dever jurídico.

Para o autor, existem situações intermediárias entre os ilícitos civis e contratuais, nas quais se admite qualificar uma "terceira via da responsabilidade civil", o que ocorre no caso da responsabilidade pré-contratual (assim como na responsabilidade pós-contratual). Refere-se o autor a este fenômeno como *"alargamento da responsabilidade civil"*[143].

As lições de Regis Fichtner Pereira, por sua vez, também são no sentido de que o enquadramento da responsabilidade pré-contratual não se dá, integralmente, nem no âmbito da responsabilidade contratual, nem da responsabilidade extracontratual. Segundo esse autor, na fase negocial, não há uma obrigação de prestar própria de uma relação contratual, existindo, na verdade, deveres entre as partes, uma com a outra, decorrentes da boa-fé objetiva. Tal diferença fundamental, segundo o autor, torna inviável a aplicação à responsabilidade pré-contratual de certas características da responsabilidade contratual, cujo sistema parte do princípio de que as partes, de forma voluntária, obrigaram-se a prestar alguma coisa em favor do outro contraente[144].

Entre as características da responsabilidade civil contratual inaplicáveis à responsabilidade pré-contratual, conforme aponta Régis Fichtner Pereira, estão as seguintes:

(I) a impossibilidade de presunção de culpa quando houver mais de uma pessoa responsável pelo dano, conforme o artigo 265 do CC-BR, devendo se recorrer, para o reconhecimento da existência de solidariedade, à regra geral de responsabilidade, prevista no artigo 186 do CC-BR, combinada com o artigo 942 do mesmo diploma legal, contido no Título concernente à responsabilidade por ato ilícito, que prevê, quando houver mais de uma pessoa causadora do dano, a solidariedade entre elas;

(II) a não harmonização da presunção de culpa, incidente na responsabilidade contratual[145], com todas as hipóteses de responsabilidade pré-con-

haver prévia exclusão de culpa. (III) Na responsabilidade contratual, quem deve demonstrar que não agiu com culpa para o descumprimento é o devedor, enquanto na extracontratual a prova da culpa cabe ao lesado, a quem cabe demonstrar que o ato lesivo se deu por falha de quem ele considera o responsável. Castro Neves, José Roberto de (2014). *Op. cit.*, p. 319.

[143] Castro Neves, José Roberto de (2014). *Op. cit.*, p. 319-320.

[144] Pereira, Regis Fichtner (2001). *Op. cit.*, p. 250.

[145] Diferentemente do ordenamento jurídico português, tendo o Código Civil de Portugal regra a respeito da culpa presumida nos casos de responsabilidade contratual (artigo 799.º), a culpa

tratual, que, por ser composta por situações diferenciadas, demandam tratamento especial e específico no que se refere ao ônus da prova;

(III) a inaplicabilidade do termo inicial para a fluência dos juros de mora relativo à responsabilidade contratual (quando não houver prazo fixado pelas partes, depende de interpelação, na forma do artigo 397 do CC-BR), sendo mais adequada à responsabilidade pré-contratual a solução pertinente à responsabilidade extracontratual, onde a mora se caracteriza a partir do momento em que praticado o ato ilícito (artigo 398 do CC-BR); e

(IV) o não cabimento das regras de competência jurisdicional da responsabilidade contratual (foro do lugar onde deve ser cumprida a obrigação, na forma do artigo 53, III, "d", do Código de Processo Civil brasileiro), sendo mais adequado aos casos de responsabilidade pré-contratual a aplicação das regras de competência jurisdicional da responsabilidade extracontratual (lugar do ato ou do fato em que ocorreu o dano, na forma do artigo 53, IV, "a", do Código de Processo Civil brasileiro).

De fato, na responsabilidade pré-contratual, não faz sentido se determinar a competência de acordo com o lugar de cumprimento da obrigação, uma vez que não há propriamente prestação a ser cumprida[146].

Por outro lado, conforme Régis Fichtner Pereira, também não se enquadra a responsabilidade pré-contratual no sistema de responsabilidade extracontratual, o qual foi desenvolvido para englobar as situações em que uma pessoa, no seu agir em sociedade, vem a causar dano injusto a outrem, isto é, foi concebido para regular os efeitos do fato de duas pessoas que não mantêm relação jurídica entre si acabarem entrando em conflito, em razão de uma causar dano a bem jurídico da outra, dentro da vida em sociedade, situação diferente do caso de responsabilidade pré-contratual, em que, apesar de ainda não firmado um contrato, já há na relação travada entre as partes uma aproximação ("contato social qualificado")[147].

presumida na responsabilidade contratual, no Brasil, não contém regra prevista no Código Civil brasileiro, tratando-se de uma construção doutrinária e jurisprudencial. Ainda assim, no ordenamento brasileiro, entende-se que, na responsabilidade contratual, de regra, a culpa deve ser presumida. Cavalieri Filho, Sergio (2012). *Op. cit.*, p. 308.

[146] Pereira, Régis Fichtner (2001). *Op. cit.*, p. 249-252

[147] *"Essas características já afastam a responsabilidade pré-contratual do sistema de responsabilidade civil delitual. Na fase das negociações contratuais, as partes iniciam um contato social muito mais intenso, qualificado pelo fato de perseguirem um objetivo comum, qual seja, o de estabelecer entre si uma relação jurídica contratual. Para isso, ingressam no âmbito privado uma da outra, trocam informações sigilosas e criam expectativas mútuas de obtenção de proveito com o contato projetado. Esse 'contato social qualificado' mantido pelas partes durante as*

Os deveres de conduta que devem ser observados na fase pré-contratual não são deveres negativos, e sim deveres positivos, de conduta, conforme a boa-fé objetiva. Nas palavras de Regis Fichtner: *"parece um contrassenso se reconhecer que todos os deveres pré-contratuais são decorrentes da boa-fé objetiva, típica das relações jurídicas contratuais, e depois se aplicar cegamente todas as regras concernentes à responsabilidade delitual, quando do descumprimento desses deveres"*[148].

Assim como ocorre com as regras da responsabilidade civil contratual, segundo Regis Fichtner, a aplicação de várias normas típicas da responsabilidade civil delitual não satisfaz as necessidades e demandas da responsabilidade pré-contratual, notadamente o fato de a responsabilidade pré-contratual não poder ter uma solução unitária no que se refere à culpa e à distribuição do ônus da prova. Dependendo do tipo de dever existente entre as partes, podem ou não ser aplicadas as regras típicas da culpa aquiliana. Assim, deve ser aplicado, por exemplo, o princípio da culpa contratual no caso de violação do dever de sigilo relativamente a informações obtidas no curso das negociações, ao passo que deve ser aplicada a culpa delitual no caso de rompimento das negociações contratuais por um dos contraentes[149].

Como *lege ferenda*, Regis Fichtner propõe que deveria ser criado um sistema próprio de responsabilidade pré-contratual. E, enquanto isso não é feito, seus problemas devem ser solucionados, à falta de regras específicas, pelas regras de responsabilidade contratual mais adequadas a determinadas situações, e pelas regras de responsabilidade extracontratual mais adequadas a outras situações, solução, na visão deste autor, mais favorável do que a aderência a um tipo predeterminado de responsabilidade civil[150].

Questão de difícil definição, no Brasil, refere-se ao prazo prescricional aplicável à responsabilidade pré-contratual. Conforme recentemente decidiu a 2ª Seção do STJ brasileiro, *"nas controvérsias relacionadas à responsabilidade contratual, aplica-se a regra geral (art. 205 CC/02) que prevê dez anos de prazo prescricional e, quando se tratar de responsabilidade extracontratual, aplica-se o disposto no art. 206, § 3º, V, do CC/02, com prazo de três anos"*[151]. Porém, a própria jurisprudência do STJ-BR contém julgados no sentido de que o prazo prescricional

negociações contratuais, certamente, não é o contato social imaginado pelo legislador, quando criou o sistema de responsabilidade civil delitual. O fato de as partes estarem negociando um contrato faz com que surjam entre elas deveres que vão muito além dos simples deveres de conduta, característicos da mera convivência social". Pereira, Regis Fichtner (2001). *Op. cit.*, p. 253.

[148] Pereira, Régis Fichtner (2001). *Op. cit.*, p. 255.

[149] Pereira, Régis Fichtner (2001). *Op. cit.*, 255-257.

[150] Pereira, Régis Fichtner (2001). *Op. cit.*, 257.

[151] BRASIL. Superior Tribunal de Justiça. 2ª Seção. Embargos de Divergência 1.280.825/RJ. Relatora Ministra Nancy Andrighi. Julgado em 27.06.2018.

de três anos previsto no art. 206, § 3°,V, do CC-BR é aplicável tanto aos casos de responsabilidade contratual, como extracontratual[152]. E o assunto ainda está em vias de ser analisado pela Corte Especial do STJ-BR[153]. Logo, se a matéria atinente ao prazo prescricional não é pacificada, no Brasil, nem para as vias tradicionais de responsabilidade civil, que dirá, então, para a responsabilidade pré-contratual.

Em Portugal, isto não ocorre, haja vista a existência de expressa previsão legal no CC-PT (art. 227.°/2 do CC-PT) dispondo que o prazo prescricional aplicável à responsabilidade pré-contratual é de 3 anos, solução que, em nossa opinião, também deve ser aplicada no direito brasileiro, através do art. 206, § 3°, V, do CC-BR, a despeito de este não fazer expressa referência à culpa na formação dos contratos.

Tratando-se, finalmente, da corrente híbrida na jurisprudência brasileira, cumpre apontar que tal vertente, até pouco tempo atrás, não encontrava guarida nos tribunais brasileiros. No entanto, em caso recente apreciado pelo STJ brasileiro, sob a relatoria do Ministro Luis Felipe Salomão, esta Corte teve a oportunidade de concluir que:

(I) *"A responsabilidade pela confiança é autônoma em relação à responsabilidade contratual e à extracontratual, constituindo-se em um terceiro fundamento ou 'terceira pista' (dritte Spur) da responsabilidade civil, tendo caráter subsidiário: onde houver o dano efetivo, requisito essencial para a responsabilidade civil e não for possível obter uma solução satisfatória pelos caminhos tradicionais da responsabilidade, a teoria da confiança será a opção válida"*; e

(II) "A teoria da confiança ingressa no vácuo existente entre as responsabilidades contratual e extracontratual e seu reconhecimento se fundamenta principalmente no fato de que o sujeito que dá origem à confiança de outrem e, após, frustra-a, deve responder, em certas circunstâncias, pelos danos causados dessa frustração. A defraudação da confiança constitui o verdadeiro fundamento da obrigação de indenizar"[154].

[152] Nesse sentido: (I) BRASIL. Superior Tribunal de Justiça. 3ª Turma. Recurso Especial 1.632.842/RS. Relator Ministro Paulo de Tarso Sanseverino. Julgado em 12.09.2017; e (II) BRASIL. Superior Tribunal de Justiça. 3ª Turma. Agravo Interno no Agravo em Recurso Especial 1.490.387/RS. Relator Ministro Ricardo Villas Bôas Cueva. Julgado em 18.05.2017.

[153] Embargos de Divergência no Recurso Especial n° 1.281.594, pendente de julgamento.

[154] BRASIL. Superior Tribunal de Justiça. Recurso Especial 1.309.972/SP. Relator Ministro Luis Felipe Salomão. Julgado em 27.04.2017.

Como se vê, o direito brasileiro vem se modernizando, o que já ensejou a adoção da terceira corrente na jurisprudência do STJ-BR, ainda que em julgado isolado.

3. **Análise comparativa conclusiva**

Ao longo deste trabalho, abordaram-se vários aspectos relacionados à responsabilidade pré-contratual (ou *culpa in contrahendo*) nos ordenamentos jurídicos português e brasileiro. E, conforme se pôde verificar, há muito mais semelhanças entre a *culpa in contrahendo* portuguesa e brasileira, respectivamente, do que diferenças.

O fato de haver mais pontos em comum do que diferenças não se dá ao acaso. Pelo contrário, conforme bem aponta Dário Moura Vicente, deve-se reconhecer que, nos sistemas jurídicos dos países e territórios de língua portuguesa, vigora hoje um Direito comum, um subgrupo no seio da família jurídica romano-germânica. Trata-se de resultado da existência, nesses países e territórios, de uma comunhão de institutos, valores e soluções para determinados problemas jurídicos, a qual reflete os intensos laços históricos, culturais, sociais e afetivos existentes entre os mesmos[155].

Apesar de o artigo 227.º/1 do CC-PT se referir expressamente à fase de negociações para a celebração de um contrato, e o artigo 422 do CC-BR não (sendo o texto do Código português, sem dúvida, muito mais elogiável do que o do Código brasileiro), o fato é que ambos consagram o princípio da boa-fé objetiva durante a fase pré-contratual, contendo tanto a legislação portuguesa, quanto a legislação brasileira outros dispositivos específicos que consagram o instituto da *culpa in contrahendo*.

Ambos os artigos 227.º/1 do CC-PT e 422 do CC-BR se tratam de regras jurídicas de caráter aberto, cabendo sua concretização ao intérprete do Direito, à vista de cada caso concreto. Nesse sentido, a doutrina e a jurisprudência tanto de Portugal, como do Brasil apontam para o dever de as partes atenderem a certos deveres de conduta durante a fase de negociações para a celebração de um contrato. São estes deveres: (I) de informação, (II) de lealdade (e sigilo) e (III) de proteção.

Também no que toca às situações típicas em que pode ocorrer responsabilidade pré-contratual, os casos-padrão são os mesmos em Portugal e no Brasil: (I) contratos inválidos ou ineficazes, (II) contratos válidos e eficazes e (III) con-

[155] VICENTE, Dário Moura (2015). Direito Comparado. *Op. cit.*, p. 87.

tratos não concluídos (rompimento injustificado das negociações por uma das partes, após criar na contraparte a legítima expectativa de que o contrato seria concluído, causando a esta danos). No caso do Brasil, todavia (diferentemente de Portugal), a jurisprudência apenas faz referência expressa à *culpa in contrahendo* nas hipóteses de contratos não concluídos, não sendo raro a doutrina brasileira apenas desenvolver o instituto em questão como se apenas se fizesse presente nos casos de contratos não concluídos. Não obstante, está também presente a *culpa in contrahendo*, no Direito brasileiro, nas demais situações acima identificadas: a responsabilidade pré-contratual prevê a observância da boa-fé objetiva durante a fase de negociações para celebração de um contrato, e tal observância é garantida no direito brasileiro.

Tanto em Portugal, assim como no Brasil, a revogação da proposta pelo proponente antes da aceitação pelo oblato configura hipótese de responsabilidade pré-contratual. Isso porque, antes de ser aceita, a obrigação que surge da oferta não tem o efeito próprio de vincular o ofertante ao futuro contrato, apesar de vincular o proponente. Assim, se a retirada da oferta se dá antes de sua aceitação, a obrigação deve se converter em perdas e danos.

Por outro lado, fora do âmbito da responsabilidade pré-contratual, seja no direito português ou brasileiro, encontram-se as situações em que as partes estabelecem um contrato preliminar ou pré-contrato, cujo objeto consiste na obrigação de constituir o contrato projetado. Em sendo assim, o tipo de responsabilidade decorrente do pré-contrato é de natureza contratual.

Para que possa se configurar a responsabilidade pré-contratual, em Portugal ou no Brasil, devem estar presentes os seguintes elementos: (I) a prática de um ato ilícito; (II) a existência de culpa do lesante; (III) nexo de causalidade entre o ato ilícito culposo e o dano e (IV) a existência de um dano indenizável.

Em relação ao âmbito dos danos indenizáveis, este varia de acordo com cada hipótese de responsabilidade pré-contratual. Assim, no caso de contratos convalidados (isto é, contratos anuláveis, por dolo, erro ou coação, mas que, por inação da pessoa prejudicada, foram mantidos), a indenização deverá corresponder ao interesse contratual positivo. Nas hipóteses, por sua vez, de contratos anulados (isto é, aqueles em que, sendo anuláveis por dolo, erro ou coação, decidiu o lesado efetivamente por sua anulação) e de contratos nulos ou ineficazes (por exemplo, por inobservância da forma legalmente exigível, por ilicitude, inidoneidade do objeto ou ilegitimidade), a indenização deve corresponder ao interesse contratual negativo.

Já na hipótese em que nenhum contrato se concluiu, doutrina e jurisprudência (tanto de Portugal, como do Brasil) são consolidadas no sentido de que, em regra, deve o dano indenizável ficar restrito ao interesse contratual negativo. Contudo, tem certa força em Portugal a tese de que, excepcionalmente, cabe também, na responsabilidade pré-contratual, indenização que "tende" para o interesse contratual positivo, quando ocorrer uma clara violação de conclusão do contrato. Nesta hipótese, as tratativas avançaram a tal ponto que não há mais nada para negociar, nem existe qualquer obstáculo adicional para a validade do contrato, faltando apenas sua formalização. Há decisões do STJ português adotando este entendimento. Porém, no Brasil, tal teoria não tem adesão (a despeito da existência de um julgado do Tribunal de Justiça do Estado de São Paulo, que, porém, não abordou a questão expressamente). Em nossa opinião, nos casos de não conclusão do contrato, fazer a indenização "tender" para o interesse contratual positivo é o mesmo que promover a indenização de dano hipotético, de modo que não deveria ter lugar nem no direito português, nem no direito brasileiro.

Por fim, no que diz respeito à natureza jurídica da responsabilidade pré-contratual, o assunto tem destaques diferentes, respectivamente, nos ordenamentos português e brasileiro. Em Portugal, a doutrina e a jurisprudência clássicas têm bastante difusão no sentido de ter a *culpa in contrahendo* natureza contratual, sendo minoritária a corrente que aponta para a natureza extracontratual. Por outro lado, vem ganhando força na doutrina e jurisprudência portuguesas a corrente de que a responsabilidade pré-contratual possui natureza híbrida (constituindo uma "terceira via" da responsabilidade civil), por não se encaixar inteiramente em nenhum dos dois regimes clássicos de responsabilidade civil (contratual e extracontratual).

No Direito brasileiro, em sentido contrário, a corrente majoritária (na doutrina e jurisprudência) é aquela que aponta para a natureza extracontratual da *culpa in contrahendo*, sendo a corrente contratualista a minoritária (a despeito de haver julgado do STJ brasileiro no sentido de que a responsabilidade pré-contratual tem natureza contratual). Já a teoria híbrida vem ganhando espaço recentemente, contando com a adesão de alguns doutrinadores e de decisão recente do STJ-BR.

Visto tudo isso, os casos que estimularam a realização deste trabalho, em essência, teriam o mesmo resultado, fosse pela aplicação do direito português, fosse pela aplicação do Direito brasileiro, à exceção de alguns pontos, que não encontram correspondência entre estes dois ordenamentos jurídicos.

I. Em relação ao primeiro caso, envolvendo construtora encarregada da construção de um edifício residencial, que, no curso das obras, é procurada por empresa que tem interesse em adquirir frações que compõem o térreo deste edifício, para fins de exercício de atividade comercial no local, tem-se que a solução tanto pelo direito português, como pelo Direito brasileiro, seria a mesma.

Tanto em Portugal (artigo 227.°/1 do CC-PT), quanto no Brasil (artigo 442 do CC-BR), verifica-se a *culpa in contrahendo* da empresa interessada em adquirir as frações que compõem o térreo do edifício, na medida em que rompeu injustificadamente com as tratativas negociais, em violação à boa-fé objetiva, após criar na construtora a legítima expectativa de que o negócio se concretizaria, construtora esta que adotou providências cabíveis para a alteração dos respectivos alvará de obras e projeto de arquitetura, inclusive mediante indicações feitas pela própria empresa interessada na compra, já iniciando também obras para unificação das frações que compõem o térreo do edifício, a fim de atender à intenção da empresa interessada na compra de ali desenvolver atividade comercial.

Inclusive no que se refere ao dano indenizável, restrito ao interesse contratual negativo, indenizando-se a construtora pelos gastos tidos para adaptação do projeto original, a fim de atender à empresa, a solução seria a mesma em Portugal e no Brasil, excluindo-se da indenização os gastos tidos pela construtora para unificação das frações após ter sido comunicada pela empresa de que esta última não iria mais celebrar o negócio (artigo 570.°/1 do CC-PT e artigo 945 do CC-BR), na medida em que a construtora contribuiu para este dano, ao manter a execução de obras sabidamente sem o respaldo da contraparte de conclusão do negócio.

II. Quanto ao segundo caso, em que o proprietário de um espaço comercial propôs locar a um empreendedor o imóvel de sua propriedade, para que este último instalasse e operasse no imóvel um salão de jogos, a solução também seria a mesma, à exceção do dano indenizável. Também aqui, tanto em Portugal (artigo 227.°/1 do CC-PT), como no Brasil (artigo 442 do CC-BR), verifica-se a responsabilidade pré-contratual do proprietário, que, após as negociações avançarem durante muitos meses – período no qual o potencial locatário teve custos com a obtenção de licenças e elaboração de projetos, além de já efetuar adaptações no imóvel para adequá-lo à atividade a ser lá desenvolvida, definindo as partes, durante esse período, os detalhes do contrato a ser firmado –, passou a fazer exigências de difícil cumprimento para a celebração do negócio, provocando o rompimento injustificado das negociações.

No âmbito dos danos indenizáveis, todavia, a solução poderia ser diferente no direito português e no direito brasileiro, respectivamente. Isso porque vem ganhando espaço na jurisprudência portuguesa a teoria de que, quando ocorrer violação do dever de conclusão do contrato (hipóteses em que as tratativas avançaram a tal ponto que não há mais nada para negociar, nem existe qualquer obstáculo adicional para a validade do contrato, faltando apenas sua formalização), a indenização poderá tender para o interesse contratual positivo, não se limitando ao interesse contratual negativo.

Mesmo nesses casos, contudo, a indenização pelo interesse contratual positivo não poderia colocar a parte lesada em posição mais favorável do que estaria com a conclusão do contrato, pelo que deveria haver uma redução equitativa do *quantum* indenizatório. Assim (como, de fato, veio a decidir, neste caso, o STJ português, concedendo indenização ao lesado pelo que esperava lucrar no período de dois anos seguintes ao contrato que não chegou a ser celebrado), à vista da doutrina e jurisprudência portuguesas, poderia ser concedida uma indenização pelo interesse contratual positivo, nos parâmetros já destacados, além de indenização pelo interesse contratual negativo. Já levando em consideração a doutrina e jurisprudência brasileiras, a indenização ficaria limitada ao interesse contratual negativo, não tendo adesão no Direito brasileiro a possibilidade de indenização pelo interesse contratual positivo em caso de não celebração do contrato.

III. Por fim, no que se refere ao terceiro caso, no âmbito do qual, durante a fase de negociações para a compra e venda de um apartamento, o proprietário-vendedor não informou ao comprador que o edifício no qual se situava o imóvel apresentava graves problemas estruturais, os quais poderiam afetar o apartamento, sendo que o proprietário-vendedor tinha ciência desses problemas, a solução seria a mesma pelo Direito português ou brasileiro.

A partir de ambos, houve violação do dever de informação pelo proprietário, infringindo-se a boa-fé objetiva, ocasionando a celebração de contrato anulável (no caso, dolo por omissão – artigos 253.º e 254.º do CC-PT e artigo 147 do CC-BR), o qual pode ser anulado, restituindo-se ao comprador os valores que despendeu pelo imóvel, ou mantido ("convalidado"), com o equilíbrio das prestações cabíveis às partes: no caso, o custeio de todos os reparos necessários pelo proprietário.

A diferença aqui, entre o direito português e o direito brasileiro, é sútil: enquanto a jurisprudência portuguesa trabalha, neste tipo de caso, com a aplicação simultânea do instituto da *culpa in contrahendo* e da figura do dolo, a jurisprudência brasileira apenas se refere expressamente à responsabilidade pré-contratual nas hipóteses de rompimento injustificado das negociações para a formação de um contrato. Isso, contudo, não significa que a doutrina da *culpa in contrahendo* não esteja presente em outras hipóteses no Direito brasileiro. Pelo contrário, está sim, e a solução conferida pelo direito brasileiro a essas situações, tal como ocorre no direito português, passa pela aplicação da boa-fé objetiva na formação dos contratos (*"boa-fé objetiva e responsabilidade pré-contratual andam de mãos dadas"*[156]).

4. Bibliografia

ALMEIDA, Carlos Ferreira de. Contratos I (conceitos; fontes; formação). 5ª ed. Coimbra: Almedina, 2015.

AZEVEDO, Antônio Junqueira de. A boa-fé na formação dos contratos. In: Revista de Direito do Consumidor, vol. III, set/dez, 1992.

BASSO, Maristela; MARTINS, Letícia. Responsabilidade civil nas negociações preliminares: boa-fé, deveres anexos e relações negociais. In: RODRIGUES JUNIOR, Otavio Luiz; MAMEDE, Gladston; ROCHA, Maria Vital da (org.). Responsabilidade civil contemporânea: em homenagem a Sílvio de Salvo Venosa. São Paulo: Atlas, 2011.

CASTRO NEVES, José Roberto de. Obrigações. 5ª ed. Rio de Janeiro: GZ Editora, 2014.

CAVALIERI FILHO, Sergio. Programa de responsabilidade civil. 10ª ed. São Paulo: Atlas, 2012.

CORDEIRO, António Menezes. Da boa fé no direito civil. Coimbra: Almedina, 1981.

___. Tratado de direito civil – vol. II (parte geral; negócio jurídico; formação; conteúdo e interpretação; vícios da vontade; ineficácia e invalidades). 4ª ed. Coimbra: Almedina, 2014.

COSTA, Mariana Fontes da. O dever pré-contratual de informação. Revista da Faculdade de Direito da Universidade do Porto, a. 4, Porto, 2007.

COSTA, Mário Júlio de Almeida. Direito das obrigações. 12ª ed. Coimbra: Almedina, 2009.

___. Responsabilidade pela ruptura das negociações preparatórias de um contrato. Coimbra: Coimbra Editora, 1994.

DONNINI, Rogério. *Culpa post factum finitum* e *culpa in contrahendo*: responsabilidade aquiliana ou contratual? Revista Forense, vol. 398, ano 104, julho/agosto de 2008.

FRADA, Manuel A. Carneiro da. Uma "terceira via" no direito da responsabilidade civil? Coimbra: Almedina, 1997.

FRITZ, Karina Nunes. O princípio da boa-fé objetiva e sua incidência na fase negocial: um estudo comparado com a doutrina alemã. Revista Forense, vol. 395, ano 104, janeiro/fevereiro de 2008.

GOMES, Luiz Roldão de Freitas. Elementos de Responsabilidade Civil. Rio de Janeiro: Renovar, 2000.

GOMES, Orlando. Contratos. 26ª ed. Rio de Janeiro: Renovar, 2008.

156 FRITZ, Karina Nunes. O princípio da boa-fé objetiva (...). *Op. cit.*, p. 175.

Jhering, Rudolf Von. Culpa in contrahendo ou indemnização em contratos nulos ou não chegados à perfeição (tradução de Paulo Mota Pinto). Coimbra: Almedina, 2008.

Leitão, Luiz Manuel Teles de Menezes. Direito das obrigações – vol. I (introdução; da constituição das obrigações). 9ª ed. Coimbra: Almedina, 2010.

Martins-Costa, Judith. A boa-fé no direito privado – critérios para a sua aplicação. São Paulo: Marcial Pons, 2015.

Mota Pinto, Paulo. Interesse contratual negativo e interesse contratual positivo. Coimbra: Almedina, 2008.

Pereira, Regis Fichtner. A responsabilidade civil pré-contratual. Rio de Janeiro: Renovar, 2001.

Popp, Carlyle. Responsabilidade civil pré-negocial: o rompimento das tratativas. Curitiba: Juruá, 2001.

Prata, Ana. A obrigação de informar na responsabilidade pré-contratual. Revista da Faculdade de Direito da UNL, a. 17, n. 30-31, Coimbra, 2016.

____. Notas sobre responsabilidade pré-contratual. Coimbra: Almedina, 2005.

Schreiber, Anderson. Novos paradigmas da responsabilidade civil: da erosão dos filtros da reparação à diluição dos danos. 2ª ed. São Paulo: Atlas, 2009.

Tepedino, Gustavo; Barboza, Heloisa Helena; Moraes, Maria Celina Bodin de. Código civil interpretado conforme a constituição da república (vol. II). Rio de Janeiro: Renovar, 2006.

Varela, João de Matos Antunes. Das obrigações em geral – vol. I. 9ª ed. Coimbra: Almedina, 1996.

Venosa, Sílvio de Salvo. Direito civil – vol. II (teoria geral das obrigações e teoria geral dos contratos). 11ª ed. São Paulo: Atlas, 2011.

Vicente, Dário Moura. A responsabilidade pré-contratual no código civil brasileiro de 2002. In: Estudos em Honra de Ruy de Albuquerque – vol. I. Coimbra: Almedina, 2006.

____. Da responsabilidade pré-contratual em direito internacional privado. Coimbra: Almedina, 2001.

____. Direito Comparado (vol. I). 3ª ed. Lisboa: Almedina, 2015.

6. **Decisões judiciais citadas**

Portugal

– Supremo Tribunal de Justiça. Processo 06B4223. Juiz-Conselheiro Relator Custódio Montes. Julgado em 11.01.2007.
– Supremo Tribunal de Justiça. Processo 09A0457. Juiz-Conselheiro Relator Azevedo Ramos. Julgado em 28.04.2009.

– Supremo Tribunal de Justiça. 1ª Seção. 2290/04. Juiz-Conselheiro Relator Sebastião Póvoas. Julgado em 02.11.2010.
– Supremo Tribunal de Justiça. 6ª Seção. Processo 44/07.1. Juiz-Conselheiro Relator Silva Salazar. Julgado em 16.12.2010.
– Supremo Tribunal de Justiça. 6ª Seção. Processo 1212/06.9. Juiz-Conselheiro Relator Fonseca Ramos. Julgado em 16.12.2010.
– Supremo Tribunal de Justiça. 1ª Seção. Processo 1903/06. Juiz-Conselheiro Relator Gregório Silva Jesus. Julgado em 20.03.2012.
– Supremo Tribunal de Justiça. 2ª Seção. Processo 2625/09. Juiz-Conselheiro Relator Bettencourt de Faria. Julgado em 25.10.2012.
– Supremo Tribunal de Justiça. 1ª Seção. Processo 1610/07. Juiz-Conselheiro Relator António Joaquim Piçarra. Julgado em 18.12.2012.
– Supremo Tribunal de Justiça. 7ª Seção. Processo 1156/12. Juiz-Conselheiro Relator Sousa Lameira. Julgado em 22.11.2018.
– Supremo Tribunal de Justiça. 7ª Seção. Processo 3407/15. Juiz-Conselheiro Relator Ilídio Sacarrão Martins. Julgado em 06.12.2018.
– Supremo Tribunal de Justiça. 2ª Seção. Processo 4154/15. Juiz-Conselheiro Relator Abrantes Geraldes. Julgado em 24.04.2017.
– Tribunal da Relação de Lisboa. Processo 9997/2002-7. Juiz-Desembargador Relator Proença Fouto. Julgado em 18.03.2003.
– Tribunal da Relação de Évora. Processo 05B2354. Juiz-Desembargador Relator Lucas Coelho. Julgado em 21.12.2005.

Brasil

– Superior Tribunal de Justiça. 3ª Turma. Recurso Especial 1.051.065/AM. Ministro Relator Ricardo Villas Bôas Cueva. Julgado em 21.02.2013.
– Superior Tribunal de Justiça. 4ª Turma. Recurso Especial 1.331.081/TO. Ministro Relator (para o acórdão) Raul Araújo. Julgado em 25.06.2013.
– Superior Tribunal de Justiça. 3ª Turma. Recurso Especial 1.367.955/SP. Ministro Relator Paulo de Tarso Sanseverino. Julgado em 18.03.2014.
– Superior Tribunal de Justiça. 3ª Turma. Recurso Especial 1.641.868/SP Ministro Relator Moura Ribeiro. Julgado em 05.06.2018.
– Superior Tribunal de Justiça. 4ª Turma. Recurso Especial 1.309.972/SP. Ministro Relator Luis Felipe Salomão. Julgado em 27.04.2017.
– BRASIL. Superior Tribunal de Justiça. 2ª Seção. Embargos de Divergência 1.280.825/RJ. Relatora Ministra Nancy Andrighi. Julgado em 27.06.2018.
– BRASIL. Superior Tribunal de Justiça. 3ª Turma. Recurso Especial 1.632.842/RS. Relator Ministro Paulo de Tarso Sanseverino. Julgado em 12.09.2017.

– BRASIL. Superior Tribunal de Justiça. 3ª Turma. Agravo Interno no Agravo em Recurso Especial 1.490.387/RS. Relator Ministro Ricardo Villas Bôas Cueva. Julgado em 18.05.2017.
– Tribunal de Justiça do Estado do Rio de Janeiro. 5ª Câmara Cível. Processo 2001.001.17643. Desembargador Relator Humberto de Mendonça Manes. Julgado em 17.10.2001.
– Tribunal de Justiça do Estado do Rio de Janeiro. 4ª Câmara Cível. Processo 0006081-39.2009.8.19.0003. Desembargador Relator Marcelo Buhatem. Julgado em 08.06.2011.
– Tribunal de Justiça do Rio de Janeiro. 10ª Câmara Cível. Processo 0271412-58.2007.8.19.0001. Desembargador Relator Celso Luiz de Matos Peres. Julgado em 13.12.2012.
– Tribunal de Justiça do Estado do Rio de Janeiro. 7ª Câmara Cível. Processo nº 0005363-72.2014.8.19.0001. Desembargador Relator Ricardo Couto de Castro. Julgado em 03.06.2015.
– Tribunal de Justiça do Rio de Janeiro. Processo 0000748-51.2010.8.19.0204. Desembargador Relator Luiz Fernando Pinto. Julgado em 21.08.2015.
– Tribunal de Justiça do Estado do Rio Grande do Sul. 5ª Câmara Cível. Processo 591017058. Desembargador Relator Ruy Rosado de Aguiar. Julgado em 25.04.1991.
– Tribunal de Justiça do Rio Grande do Sul. 5ª Câmara Cível. Processo 0148770-71.2013.8.21.7000. Desembargador Relator Jorge Luiz Lopes do Canto. Julgado em 27.11.2013.
– Tribunal de Justiça do Estado de São Paulo. 26ª Câmara de Direito Privado. Processo 1026323-43.2015.8.26.0602. Desembargador Relator Vianna Cotrim. Julgado em 13.09.2018.
– Tribunal de Justiça do Estado de São Paulo. 3ª Câmara de Direito Privado. Processo 9138933-87.2006.8.26.0000. Desembargador Relator Jesus Lofrano. Julgado em 15.03.2011.
– Tribunal de Justiça do Estado de São Paulo. 3ª Câmara de Direito Privado. Processo 914109118.2006.8.26.0000. Desembargador Relator Adilson de Andrade. Julgado em 14.06.2011.

ÍNDICE DO ANO III (2018)

ESTUDOS LEGISLATIVOS

DOUTRINA

JURISPRUDÊNCIA ANOTADA

RECENSÕES

Política e Ética Editoriais

Critérios de Publicação
na
Revista de Direito Civil

1. A publicação de textos na Revista de Direito Civil (RDC) depende de parecer prévio favorável da Comissão de Revisão, para verificação do cumprimento dos correspondentes critérios de publicação.
2. Os artigos a publicar na RDC devem:

   (i) Cumprir os critérios de elevada qualidade científica, incluindo rigor, clareza e fundamentação científica, fixados no Estatuto Editorial da Revista;
   (ii) Ser inéditos;
   (iii) Cumprir o limite de 90.000 caracteres (cerca de 30 páginas), incluindo espaços e notas de rodapé;
   (iv) Incluir os nomes dos autores no corpo do texto em caracteres normais e os referidos em notas de pé-de-página em versalete;
   (v) Incluir os títulos de monografias, obras coletivas e revistas em itálico e os de textos inseridos em revistas e em obras coletivas entre aspas, em caracteres normais;
   (vi) Incluir resumos em português e em inglês, com 500 caracteres cada.

3. Os textos a incluir na secção "Breves Comentários", incluindo breves anotações de jurisprudência e recensões devem cumprir os critérios definidos para os artigos, salvo quanto ao limite de caracteres, que é de 25.000, e à extensão dos resumos, de 150 caracteres cada.
4. Os textos devem ser submetidos em versão final. Só há umas provas antes da publicação, na qual se admitem correções de gralhas, mas não a introdução de texto novo.

ALMEDINA

REVISTA DE DIREITO CIVIL

DIRETOR: ANTÓNIO MENEZES CORDEIRO

CUPÃO DE ASSINATURA

NOME

MORADA

CÓD. POSTAL – LOCALIDADE

TELEFONE N.º CONTRIBUINTE

PROFISSÃO

EMAIL

4 NÚMEROS AVULSO **€88,00**

ASSINATURA (4 NÚMEROS/ANO) **€77,00** (DESCONTO DE **12,5%**)
COM IVA E DESPESAS DE ENVIO INCLUÍDOS

DESEJO ADQUIRIR A ASSINATURA DA **REVISTA DE DIREITO CIVIL**
(4 NÚMEROS) DO ANO 2 0

DATA – –

ASSINATURA

ESTE CUPÃO DEVERÁ SER ENVIADO PARA:
ASSINATURA DA **REVISTA DE DIREITO CIVIL**
JOAQUIM MACHADO, S.A.
Rua Fernandes Tomás, n.os 76, 78, 80, 3000-167 Coimbra, ou via email para assinaturas@almedina.net.

PARA ESCLARECIMENTOS ADICIONAIS
Telefone: 239 851 903 – Fax: 239 851 901 – Email: editora@almedina.net

ALMEDINA

MB MULTIBANCO
movimenta a vida

AUTORIZAÇÃO DE DÉBITO DIRECTO (ADC)

ENTIDADE | 1 | 0 | 6 | 4 | 4 | 4 | NÚMERO DE AUTORIZAÇÃO

Na rede Multibanco poderá definir: A Data de expiração da autorização | O montante máximo de débito autorizado

AUTORIZAÇÃO DE DÉBITO EM CONTA PARA DÉBITOS DIRECTOS

NOME

EMAIL

Por débito na nossa/minha conta abaixo indicada queiram proceder ao pagamento das importâncias que lhes forem apresentadas pela empresa EDIÇÕES ALMEDINA SA

IBAN/NIB: PT 50

CONTRIBUINTE FISCAL

DATA ____ - __ - __

ASSINATURA(S) CONFORME BANCO

BENS/SERVIÇOS	VALOR	REGULARIDADE⁽¹⁾	INICIA A MÊS	INICIA A ANO	TERMINA A MÊS	TERMINA A ANO

(1) REGULARIDADE: MENSAL, TRIMESTRAL, SEMESTRAL, ANUAL

PROCEDIMENTOS

- Preencher completamente e assinar Autorização de Débito, de acordo com a ficha de assinatura de Banco. No caso de ser empresa carimbar ADC com carimbo da empresa.
- Remeter a ADC para: EDIÇÕES ALMEDINA SA, Rua Fernandes Tomás, n.ºs 76, 78, 80, 3000-167 Coimbra, ou via email para sdd@almedina.net.
- Qualquer alteração que pretenda efectuar a esta autorização bastará contactar as EDIÇÕES ALMEDINA SA por qualquer forma escrita
- Também poderá fazer alterações através do Sistema Multibanco, conforme se apresenta seguidamente, ou no sistema de home banking, caso tenha essa opção. Também neste caso agradecemos informação escrita sobre as alterações efectuadas.
- Esta autorização destina-se a permitir o pagamento de bens/serviços adquiridos à nossa empresa e só poderá ser utilizada para outros efeitos mediante autorização expressa do(s) próprio(s)
- Dos pagamentos que vierem a ser efectuados por esta forma serão emitidos os recibos correspondentes.

INFORMAÇÕES

Através do Sistema Multibanco, relativamente a esta autorização de Débito em Conta, poderá, entre outras, efectuar as seguintes operações:

- Visualizar a Autorização Débito em Conta concedida;
- Actualizar os Dados Desta Autorização de Débito em Conta;
- Cancelar esta Autorização Débito em Conta;

Em cumprimento do aviso 10/2005 do Banco de Portugal, informa-se que é dever do devedor, conferir, através de procedimentos electrónicos, nomeadamente no multibanco, os elementos que compõem as autorizações de débito em conta concedidas.

PARA ESCLARECIMENTOS ADICIONAIS

Telefone: 239 851 903 Fax: 239 851 901 Email: sdd@almedina.net